中國學術思想 研究輯刊

二 編

林慶彰 主編

第 8 冊

《商君書》與商鞅治道之研究

康 珮 著

花木蘭文化出版社

國家圖書館出版品預行編目資料

《商君書》與商鞅治道之研究／康珮 著 — 初版 — 台北縣永和
市：花木蘭文化出版社，2008〔民97〕

目 2+188 面：19×26 公分

（中國學術思想研究輯刊 二編：第 8 冊）

ISBN：978-986-6528-09-5（精裝）

1.（周）商鞅 2.商君書 3.學術思想 4.研究考訂

121.627   97016484

ISBN - 978-986-6528-09-5

9 789866 528095

中國學術思想研究輯刊
二 編 第 八 冊   ISBN：978-986-6528-09-5

《商君書》與商鞅治道之研究

作　　者　康珮

主　　編　林慶彰

總 編 輯　杜潔祥

出　　版　花木蘭文化出版社

發 行 所　花木蘭文化出版社

發 行 人　高小娟

聯絡地址　台北縣永和市中正路五九五號七樓之三

　　　　　電話：02-2923-1455／傳真：02-2923-1452

網　　址　http://www.huamulan.tw 信箱 sut81518@ms59.hinet.net

印　　刷　普羅文化出版廣告事業

封面設計　劉開工作室

初　　版　2008 年 9 月

定　　價　二編 28 冊（精裝）新台幣 46,000 元
　　　　　　　　　　　　　　　　　　　版權所有・請勿翻印

《商君書》與商鞅治道之研究

康珮 著

作者簡介

康珮，台中縣人。東吳大學中文系學士，國立中央大學中文所碩士、博士。碩士時期師從王邦雄教授，完成《商君書與商鞅治道之研究》。博士論文希望調和義理與文學，完成《忠義水滸全書的義理闡釋——從人性、權力與符號的角度分析》。曾任國立空中大學、聖德基督書院兼任講師，現任國立中央大學、中華大學、清雲科技大學兼任助理教授。

提　　要

本文以「《商君書》與商鞅治道之研究」為題，全文共分成六章完成。

第一章：緒論。本章主要論述研究動機，前人研究成果，研究範圍及研究方法。

第二章：本章旨在以前輩學者之研究成果為基礎，加以整理、歸納，以釐清《商君書》的真偽，並討論商鞅的時代背景與思想養成，包括周文疲弊的反省／三晉重法的傳統／前人觀念的啟迪／個人人格的特質，最後確立《商君書》乃商鞅學派之集合之作，以及《商君書》中可窺見商鞅治秦時的基本主張，聯繫起《商君書》與商鞅之關係。

第三章：本章主要討論《商君書》的理論體系。首先必須先確立《商君書》立論的理論基礎，分別為變古的治道觀／自利的人性觀／實效的價值觀，透過與儒道墨的對話，突顯《商君書》的治道觀／人性觀／價值觀的不同處，而《商君書》的政治體系之建構與開展正建立在以上的理論基礎上。《商君書》主要的三個主題，法治／賞刑／農戰，三者間有相輔相成的關係，形成一套以法治為體，以賞刑為用，以農戰為本的理論架構，建立起這個架構，有助於下一章探討商鞅治道在秦國的實踐。

第四章：本章旨在討論商鞅治道在秦國如何建立及其所展現的成效作用。首先由秦國的地緣環境說明秦國之所以容易接受商鞅治道的獨特性，再逐步檢視商鞅入秦後的變法過程與主張，以及其變法革新產生的作用與意義。改革的成功與否不能只看商鞅為政的數十年，必須檢查在商鞅車裂後，其法在秦國的影響力，這一部份正好可以從《睡虎地雲夢秦簡》中窺見，這是由一位生於秦昭王四十五年，卒於秦始皇三十年的獄吏「喜」之墓中所挖掘出的竹簡資料，對於商鞅卒後其法延續之情形的研究相當有幫助。

第五章：本章的重點是根據前幾章的論述，檢討商鞅變法的意義，並給予商鞅在歷史上的定位。這是將時代因素，歷史演變均考慮在內，從歷史必然性與道德必然性〔註1〕二者為切入點來作分析討論，以期客觀還原商鞅的面貌。

第六章：結論。

註1：參見牟宗三：《中國哲學十九講》（臺北：學生書局，1997年1月），頁14。「每個文化的開端，不管是從那個地方開始，它一定是通過一通孔來表現，這有形而上的必然性。但是為什麼單是這個孔，而不是那個孔？這就完全沒有形而上的必然性，也沒有邏輯的必然性，只有歷史的必然性。歷史的必然性，不是邏輯的必然性，也不是形而上學的必然性，也不是科學的因果性，它是在辯證發展中的那個必然性。從這裏我就再進一步說，光是通過歷史的發展來了解歷史，那是不夠的，那就犯了黑格爾的毛病。講歷史，一定要道德判斷和歷史判斷兩者都有。」另見牟宗三：《政道與治道》（臺北：學生書局，1996年4月），頁223。「對于歷史，道德判斷與歷史判斷無一可缺。道德判斷足以保住是非成褒貶，護住理性以為本體，提挈理想以立綱維；而歷史判斷則足以真實化歷史，使歷史成為精神之表現與發展史，每一步歷史事實皆因其在精神之表現與發展上有其曲折之價值而得真實化。無道德判斷，而只有歷史判斷，則歷史判斷只成為現象主義，歷史主義，此不足以真實化歷史。無歷史判斷，而只有道德判斷，則道德判斷只是經，而歷史只成為經之正反事例，此亦不足真實化歷史。」

目

次

第一章　緒　論

第一節　研究動機

在先秦各學派中，或許是因爲學術性格的關係，一直對法家思想特別有感受。要討論法家哲學，必須先釐清一個問題，就是法家究竟有沒有哲學？法家不似儒道二家，對天道、人性提出種種問題，企圖探究其根源。雖然少談玄言，但一套思想的提出，便不能不先有根本之設定，與系統建構的理論基礎，法家雖在政治上用力，但對人性、價值、歷史有其不同於其他學派的獨到見解，基於這些認識，才發展出法家獨特的政治理念，所以法家當然有哲學，在形式上或許並未對許多問題作深入的研究探討，著力的都是實際具體的政治事功，但實質上仍有一理論體系，而試圖對時代問題提出解決之方法。

法家哲學在先秦諸子中，與儒、道、墨列爲四大學派，然而在中國哲學史上卻不被學者重視，這與中國哲學的本質有密切之關係。中國哲學的主要課題是生命，「它是以生命爲它的對象，主要的用心在於如何來調節我們的生命，來運轉我們的生命、安頓我們的生命」，〔註1〕透過內聖與外王二條道路展現，即「達則兼善天下，窮則獨善其身」。然而法家僅純爲一政治哲學，其中並未涉及對個人修養之要求，司馬談〈論六家要旨〉中說法家是「不別親疏，不殊貴賤，一斷於法」、「尊主卑臣，明分職，不得相踰越，雖百家不能改也」，〔註2〕是法家將社會納入一客觀公正之軌道，這徹底打破了親親之殺、

〔註 1〕 參見牟宗三：《中國哲學十九講》（臺北：學生書局，1997 年 1 月），頁 15。
〔註 2〕 參見瀧川龜太郎：《史記會注考證・太史公自序》（臺北：萬卷樓圖書有限公

尊尊之等的宗法制度，無疑是對周公制禮作樂以來的儒家體制之一大挑戰，其成敗價值的定位尚待討論，但是因爲法家輕人情、否定人性之善的嚴酷態度，不能開顯出人之所以爲人之價值意義，終使它在歷史的舞台上退居次要角色。

我認爲法家的失敗並不在法治思想的本身，甚至這立意是非常值得我們肯定的，然而它卻沒有導引人往自發自覺的路上走，極爲可惜。現在學者談法家，多是以集大成之韓非爲對象，法家之前驅在哲學史上往往被束之高閣，故年輕學子對法家之瞭解極不足，且法家在「術」之介入後，在內涵上產生很大的變化，若以韓非論法家，則難免以偏概全，不能透顯出其他法家之眞實價值。在法家諸多代表人物中，有關商鞅及韓非的著作最爲齊全完整，雖然學界對於《商君書》及《韓非子》的眞僞問題無法得到確切一致的看法，然文獻之完整確實有助於提供我們研究時較爲充足的資料。以《商君書》來看，行文之簡明流暢及論理之精闢透徹都不如《韓非子》，但其中對於人性、價值、治道的觀察，以及以法治與農戰爲富國強兵之手段的思考，都被韓非吸收發揚，所以商鞅是韓非哲學的先導。而商鞅在秦國的變法，確實將法家之理論與事功結合起來，這是韓非所不能及者。但商鞅一直不被學人重視，使其在政治哲學上的地位湮滅不聞，實在是現今處於法治社會中的我們的一大損失。

爲商鞅作傳者，古有太史公司馬遷，近代則是梁啓超先生編著的《中國六大政治家》第二章的撰者麥孟華先生，然評價卻爲兩極。司馬遷說商鞅「刻薄少恩，卒受惡名於秦」，〔註3〕麥孟華先生卻說商鞅闕於德義之教，誠不可謂非商君之缺點，同時以爲商鞅之不重德義，或因牽於時勢，而不能不少有所待。〔註4〕可見商鞅之行事是爭議性極大的一個議題，故我期待透過討論商鞅人及書的相關課題後，對商鞅的治道能給一個合理客觀的價值判斷。這不僅爲了期待能解決眾多爭議，亦期待在民主政治的基礎下，回頭看看這位君主專制的完成者——商鞅，究竟在歷史的演變中扮演什麼角色，對後世又有什麼近程及遠程的影響。

司，1993 年 8 月），頁 1368。

〔註 3〕 參見瀧川龜太郎：《史記會注考證・商君列傳》，頁 896。

〔註 4〕 參見麥孟華述，梁啓超等編著：《中國六大政治家》，第二篇〈商君〉（臺北：正中書局，1991 年 12 月），頁 31。

討論商鞅治道，就必須回歸其原貌，包括商鞅所面對的時代問題，秦國特殊的地理環境、風俗民情，以及商鞅本身的人格特質，將其放到歷史中，從源流之演變看其發展的過程，才是一個全面性的研究。在同時代，看的是橫向的異同，即諸子不同的思考方向；在歷史上，看的是縱向的演變，即法家的源流發展。要回歸原貌，則不能不對《商君書》與商鞅的關係作一界定，我不想如胡適等因片面之證據否定《商君書》之價值，亦不想如史傳中的記載將人和書劃上等號，而我認為已有學者提出許多證據證明《商君書》為偽書，但卻不能完全抹煞它代表商鞅想法的價值，何況史傳中對商鞅多是具體政策之記述，理論及思考仍必須借助《商君書》。因此擬以《商君書》與商鞅治道之研究為題，先釐清書與人之關係，再建立《商君書》的理論架構，商鞅治道的討論則以史傳中之記載為主要參考，《商君書》中的理論可以彌補史傳的不足，加上《睡虎地雲夢秦簡》的發現，亦是我們現在研究商鞅的一大優勢。最後總結上述的討論結果，希望為商鞅在歷史上尋求一個客觀的歷史定位，而能使商鞅之真價值得到彰顯，其缺失能被現代民主法治所避免，就是本文之最大目的。

第二節 前人研究成果之檢討

一、《商君書》方面之研究成果

在訓詁校正方面，自清代以來，孫星衍、嚴萬里等人陸續為《商君書》作校正、訓詁的工作，而後有朱師轍、陳啟天、蔣禮鴻繼續此工作，其中以朱師轍的《商君書解詁定本》之成果最為亮眼，本文在論及《商君書》時，即以此本為根據。

在辨偽方面，容肇祖先生〈商君書考證〉、詹秀惠先生〈釋商君書並論其真偽〉、陳啟天先生〈商君書的考證〉（收於《商鞅評傳》一書中）以及鄭良樹先生《商鞅及其學派》等是較為細膩的著作，這四位學者將《商君書》分篇討論，故不犯前人以偏失真的缺失。雖然並未有確切的結論，然而這樣的觀點確實為辨偽的工作提供了新的角度。在此之前，《四庫全書總目提要》、胡適《中國古代哲學史》、熊公哲〈商君書真偽辨〉、錢穆《先秦諸子繫年·商鞅攷》以及羅根澤〈商君書探源〉等，或因稱「孝公之謚」，或因「魏襄之

事」、「長平之戰」等記載，就全面否定《商君書》之眞實性，以其爲僞書，但《韓非子》、《史記》記載商鞅確實有著作傳世，雖不能證實是《商君書》中的某一篇章，但《商君書》極有可能部分是商鞅後學拾掇商鞅之政令條文而寫成，若以某些篇章的史實之不合於商鞅之世，就全盤抹煞《商君書》的價值，未免太過武斷。故容肇祖等人之努力，爲這樣的缺失提供了另一個成果，這樣的方式也是目前學者研究《商君書》時所持的態度。

在理論建構方面，鄭良樹先生在《商鞅及其學派》中以立體式的研究方式，將《商君書》的完成分爲五個時期，再將這五個時期的各篇中所提到的論點一一分析說明，如各時期農戰政策、法律、刑賞觀的演變等。其優點是可以將各個觀念的異同區分得很精確，且足以說明這些觀念之異來自於形成時間的不同；缺點是無法將《商君書》的理論作一完整的建構，使讀者一目了然。

二、商鞅治道方面之研究成果

以商鞅作爲研究的對象以麥孟華先生之《商君》（收於梁啓超先生《中國六大政治家》第二編）與陳啓天之《商鞅評傳》爲代表，二者雖以《史記·商君列傳》中的資料論商鞅之生平、行事，然亦用《商君書》的理論爲基礎來論其法治、農戰等政策，《商君書》的精神雖可與商鞅相印證，但若把商鞅與《商君書》混爲一談則是不夠確切的做法。另外，麥孟華先生與陳啓天先生探討商鞅的變法主張後，能夠突破自古漢儒對商鞅誤解的藩籬，重新看待商鞅變法的價值，喚起之後的學者對於商鞅的重新檢討，是相當具有意義的。

三、商鞅與《商君書》分開並行之研究成果

以王曉波先生之〈商君與商君書的思想分析〉爲代表，前半以商鞅爲討論對象，資料的採用以《史記·商君列傳》、《韓非子》等記載爲主，藉以探討商君法中之平等、重罰、明法、連坐之精神；後半以《商君書》爲討論對象，將其歷史觀、人性觀、社會論與價值觀作深入的分析，再釐清書中對「法、術、勢」的幾個重要觀念，最後說明《商君書》中的政治思想。這樣將《商君書》與商鞅分開並行的討論方式是近年來的趨勢，可以避開《商君書》歷年來爭論不休的眞僞問題，又可以在史傳記載不夠詳盡的情形下，以《商君書》的理論架構適時補足理論性的缺失。

近十年來，有二部碩士論文討論有關的問題，其中八十一年黃紹梅先生以
《商鞅反人文觀研究》爲題，將商鞅之生平、入秦至車裂作完整的介紹，並考
察當時背景，討論前人思想之啓迪，作爲探討商鞅治秦前的基本論證之基礎，
其中對於《商君書》的眞僞及與商鞅的關係亦能作清楚的說明，在探討商鞅反
人文觀之實踐時，能夠盡量避免以《商君書》作爲證據，較前人有突出的進步。
在理論根基上，也能以《商君書》論其歷史觀、人性觀、法治觀及國家觀，以
補足史料中的缺憾。然因其主題爲「反人文觀」之研究，故對商鞅治道多持負
面的評價，雖緊緊扣住論題，卻難全面顯出商鞅的眞價值。另外是八十五年王
家仁先生以《商君書思想研究》爲題，專門討論書的理論架構，而棄其商鞅治
道部分不論，探討主題主要是突顯《商君書》中以法治主義爲中心，農戰主義
之完成乃奠定在法治主義能夠運轉的基礎上。

此外，亦有多人作過單篇論文之研究工作，對於商鞅或《商君書》的探
討都有卓越的貢獻，此處不一一表述。

第三節 研究範圍及研究方法

一、研究範圍之確定

本文以「《商君書》與商鞅治道之研究」爲題，採用的資料與王曉波先生
大致相同。在討論《商君書》的部分，以朱師轍先生之《商君書解詁定本》
爲主；在論商鞅治道的部分，以《韓非子》、《戰國策》、《史記》、《漢書》、《秦
史》等爲主要參考資料，部份軍爵制度與經濟政策可由《商君書》中之記述
爲佐證，加上一九七五年出土的《睡虎地雲夢秦簡》，可以避免在運用資料時，
與《商君書》發生混淆不清的情形。

二、研究方法之說明

「思想史研究」方面，著重在文獻史傳的記載。《商君書》部分，以其內
容之分析爲首要，不加預設任何立場，直接就文本之閱讀，結合評論者的觀
點，透過對文本之分析，建立《商君書》的理論架構，釐清法治主義與農戰
主義二者之關係。商鞅治道部分，以史傳中之對具體政策記載爲主，與《雲
夢秦簡》相比對，期待透過對政策內容之討論，探究商鞅之事功與價值意義。

　　「哲學理論研究」方面，著重在與時代的互動。《商君書》部分，透過與儒、道、墨三家的對話，突顯商鞅及法家的思想特質。商鞅治秦部分，透過對歷史背景、重法傳統、前人啓迪、個人特質的了解，以週邊的環境爲基礎，探討商鞅思想及治國理念的形成。

　　在寫作的過程中，必定有相應於某一目的而採用的方法，既然是基於作者本身的需要，則此方法一定會受到限制，不可能全面的掌握一切，而具有被選擇性與有限性。爲了滿足於此論文的需要，本文在行文中，以實用性爲原則，凡是能充分滿足論文的要求之方法，均是本文願意採納的。本文有兩個主題，一是《商君書》理論架構之展示，一是商鞅治道實踐之探討，前者較偏重於商鞅思想之分析，後者則偏重於商鞅實際之作爲，基於不同的研究面相，在使用的方法上也有不同的需求。

　　整體來說，本文採用勞思光先生所提出的「基源問題研究法」，〔註 5〕即是先肯定一個思想家或一個學派的理論，乃是面對某一問題而提出的回應之道。因此如果能找出這個基源問題，就能掌握理論的脈絡。研究子書，不得不面對史學考證的工作，但考證的工作相當複雜，對於思想的研究論文來說，實不宜佔用過多之篇幅心力，否則偏重於考證，難免在思想理論的分析上有所欠缺，故本文涉及考證部分，主要以前人研究成果爲基礎，加以整理釐清，使讀者一目了然，並未用力於尋找新的證據。

　　有關《商君書》理論的部分，主要是採用「系統研究法」，系統研究法的主要目的在於將一個思想家或一個學派的思想做系統性的展示，當選擇將《商君書》中的理論做系統的呈現時，必得捨棄系統外的某些概念，而不能全面的分析《商君書》中每一個概念內涵。基於本文的需要，並非專門討論《商君書》的思想，而是選擇性的以中心的概念作系統的建構，希望爲商鞅治道提供完整的理論作爲實際政策的支撐，因此避免細部的討論，而著重於大體的呈現。這樣的優點是能將《商君書》中的眾多概念統合於一整體的架構下，令讀者能迅速掌握中心思想，突出《商君書》的理論特點。

　　有關商鞅思想的養成，主要採用「發生研究法」，勞思光先生認爲發生研究法是「著眼於一個哲學家的思想如何一點點發展變化，而依觀念的發生程

〔註 5〕參見勞思光：《中國哲學史》（一）（臺北：三民書局，1995 年 8 月），頁 14～20。

序作一種敘述。」〔註6〕勞思光先生乃是將「發生研究法」界定在說明一個哲學家的思想發生之先後情形，但是本文在研究商鞅時，基於對商鞅個人思想歷程及生平之記載明顯不足的情況下，在討論商鞅思想養成的部分，則不得不藉由時代背景、環境助成、前人啓迪等因素作爲切入，故本文所採用的「發生研究法」乃是說明一個學說的發生與存在，這樣正可以明確看出在時代中，這個學說相應於時代問題而提出的種種因應之道。因爲人的存在必須面對種種情境，而產生解決問題的需求，時代環境不免對個人形成某些限制，人也會反省這些限制進而思考如何解決。所以環境及前人思想都會對個人的想法造成影響，必須說明的是，所謂影響並不等於決定。例如任何一對父母，其價值觀、處事方法都會對其子女產生影響，但並不能保證這就決定了子女具有同樣的價值觀及處事方法，但是我們卻可以透過其對其父母的了解，作爲分析其子女想法的進路，這也是在同一時空背景下，仍然有不同的學派應運而生之原因。雖然時代、環境、前人思想並不能保證決定商鞅思想的養成，但我們亦不能否認，人的經驗是隨著時間、環境而不斷豐富，這也正是教育意義的積極處，故我們仍不可忽視發生研究法的意義與價值。在商鞅個人生平背景的資料嚴重不足的情形下，發生研究法透過商鞅與時代、法家人物的互動作一考察的工作，有助於我們更能了解商鞅思想，而後探討商鞅治道在秦地之實踐。

討論商鞅治道的部分，則是順著時間這條線，逐步來看商鞅之入秦、進用及施政的過程，這樣比較能簡單地將商鞅治秦的前後關係清楚展示，再運用新出土的《睡虎地雲夢秦簡》，檢視商鞅之秦法是否在秦地持續發用。商鞅變法的政策是歷史上的具體表現，要理解商鞅之用心及變法的成效，便不能不先對秦國之風俗民情，變法前後之局勢背景進行了解，也就是說，必須就歷史的眞實來探究商鞅變法的面貌，才能進一步分析商鞅政策的時代意義及作用。

前人或從道德角度貶抑商鞅，或從事功角度讚揚商鞅的不同評價，本文則選擇兼具二者，以突顯商鞅之眞價值。

〔註 6〕 參見勞思光：《中國哲學史》（一），頁8。

第二章 《商君書》及商鞅一些問題之釐清

第一節 《商君書》的釋名與沿革

最早提及商鞅著作者爲《韓非子》：

> 今境內之民皆言治，藏商、管之法者家有之。（〈五蠹〉）〔註1〕

> 公孫鞅曰：「行刑重其輕者，輕者不至，重者不來，是謂以刑去刑。」
>
> （〈內儲說上〉）〔註2〕

> 人主者，明能知治，嚴必行之，故雖拂於民心，立其治。說在商君
>
> 之內外。（〈南面〉）〔註3〕

《韓非子》一書的眞僞至今仍是學者爭辯不休的議題，根據學者的考證，多半以爲〈五蠹〉篇是可靠的，〔註4〕又《韓非子》中幾次徵引了商鞅的文字，那麼我們便可以肯定「商之法」曾經廣泛的在民間流傳。雖然《韓非子》並未言明「商之法」就是《商君書》，然而許多學者都肯定「商之法」應該就是今本《商君書》的雛形。〔註5〕〈內儲說上〉篇所引商鞅之語，見於《商君書》的〈靳

〔註1〕 參見陳啓天：《韓非子校釋》（臺北：商務印書館，1994年11月），頁50。

〔註2〕 參見陳啓天：《韓非子校釋》，頁402。

〔註3〕 參見陳啓天：《韓非子校釋》，頁129。

〔註4〕 參見胡適：《中國古代哲學史》（臺北：商務印書館，1968年10月），頁82。
參見容肇祖：〈韓非子考證〉。參見陳啓天：《韓非子校釋》，頁25。

〔註5〕 參見容肇祖：〈商君書考證〉，《燕京學報》，第21期，1937年6月，頁102。
「司馬遷《史記・商君列傳》說：『余嘗讀商君開塞耕戰書。』今本有〈農戰〉
而無〈耕戰〉；《韓非子・南面》說：『商君之內外。』今本有〈外內〉而無〈內
外〉。這是無獨有偶的歧異。然而〈農戰〉、〈外內〉兩篇，必爲最早本《商君

令〉篇，但《韓非子》的〈飭令〉篇幾乎與〈靳令〉篇相同，學者們對於究竟是《韓非子》摘自《商君書》，或《商君書》摘自《韓非子》，仍無法有定論，依照鄭良樹先生統整各家說法，提出三個方向證明是《韓非子》摘自《商君書》，立論甚闢。〔註6〕如此我們可以說韓非在當時確曾見到商鞅留下的一些文章或法條，至於《商君書》在當時是否已經成書？亦或只是少數幾篇散論？究竟以《商君》或其他名稱命名？都是我們在研究《商君書》之前必須釐清的問題，這有助於我們瞭解應如何看待商鞅與《商君書》之關係。

現在除了《韓非子》外，最重要的資料就是司馬遷所著《史記‧商君列傳》：

　　余嘗讀商君〈開塞〉、〈耕戰〉書，與其人其事相類。〔註7〕

太史公曾經親見〈開塞〉、〈耕戰〉二篇，而今本《商君書》有〈開塞〉篇，無〈耕戰〉篇，學者們以爲〈耕戰〉應該就是今本中的〈農戰〉篇。〔註8〕至於太史公所謂的「商君」究竟是指商鞅或《商君》書，殊難論定。

先秦諸子之書在歷經秦火及楚漢之爭，〔註9〕至西漢又經過「獻書」、「傳

書》所共有。」參見陳啓天：《商鞅評傳》（臺北：商務印書館，1995 年 10月），頁 122。「《韓非子》所謂民家所藏『商之法』，或者就是今本《商君書》的最初原本。」但陳啓天在《韓非子校釋》〈內儲說上〉注 2：「內外，猶言出入也。」可見陳啓天不認爲內外指的是〈外內〉篇。鄭良樹：《商鞅及其學派》，頁 171～173，也持相同意見。參見詹秀惠：〈釋商君書並論其眞僞〉，《淡江學報》，第 12 期，1974 年 3 月，頁 321。「今本《商君書》無〈內外〉篇，而有〈外內〉篇第二十二。〈外內〉篇所論，顯爲『人主者……立其治』之說明，是以竊疑韓非子『說在商君之內外』之『商君』已爲書名：則《漢藝文志》『商君』之書名由來已久矣。（若以商君爲人名，非書名，於義亦可通，故『商君』書名是否起戰國之末，有待於進一步查證）。參見王曉波：〈商君與商君書的思想分析〉，《先秦法家思想史論》（臺北：聯經出版事業公司，1992 年 8 月），頁 136。王曉波依據《史記》及《韓非子》而斷定「《商君書》之出現當在《韓非子》與《史記》之先。」

〔註6〕參見鄭良樹：《商鞅及其學派》（臺北：學生書局，1987 年 8 月），頁 120～141。

〔註7〕參見瀧川龜太郎：《史記會注考證》（臺北：萬卷樓圖書有限公司，1993 年 8月），頁 896。

〔註8〕參見陳啓天：《商鞅評傳》，頁 123。「由司馬遷這段敘述，可證《商君書》在漢武帝以前尚存在。不過書名爲何，篇數若干，俱難考定。有人說司馬遷所謂〈開塞〉〈耕戰〉書是統稱商君全書，而疑『太史公時《商君書》有此名。』如呂思勉的《經子解題》。又有人說司馬遷所謂〈開塞〉指今本第七篇，如紀昀等的《四庫全書總目提要》：所謂〈耕戰〉指今本第三篇〈農戰〉，農戰即耕戰，如王時潤的《商君書斠詮》。按《史記‧管晏列傳》亦舉管子的重要篇名，此當相同，呂說未足爲據。」

〔註9〕參見柳詒徵：《中國文化史》（臺北：正中書局，1987 年），頁 388～389。「〈焚

寫」，本來就已非本來面目，而後由劉向等人重新編次校勘，諸子之書依劉向整理，多所變動，如劉向《七略佚文》中提到「《晏子》由三十篇校定爲八篇；《荀子》由三百二十二篇校定爲三十二篇；《管子》由五百六十四篇校定爲八十六篇；《列子》由二十篇校定爲十二篇；《鄧析子》由五篇校定爲一篇。」〔註10〕其中未包含《商君書》，但經過歷史的幾番摧毀整理，《商君書》原貌必然也非今本所見。根據劉向重新編定後的結果，在《漢書·藝文志》「法家」內著錄《商君》二十九篇；「兵權謀家」著錄《公孫鞅》二十七篇；〔註11〕二者應非同一本書。〔註12〕至三國時，《商君書》之名首先出現。《三國志·蜀書·先主傳》裴松之注：

> 《諸葛亮集》載先生遺詔敕後主曰：「可讀《漢書》、《禮記》，閒暇
> 歷觀諸子及《六韜》、《商君書》，益人意志。」〔註13〕

但並未言及篇數。隋唐時仍稱《商君書》，並將《商君書》重新編次，開始分卷，而不言篇，《隋書·經籍志》：「《商君書》五卷。」〔註14〕魏徵《群書治要》改稱爲《商君子》，之後稱《商子》即由此轉出。魏徵《群書治要》中所引之篇目也與今本不同，多出〈六法〉一篇。五代時《舊唐書·經籍志》稱「《商子》五卷」，〔註15〕《新唐書·藝文志》稱「《商君書》五卷」。〔註16〕宋代時《商君書》與《商子》之名並行，分卷亦分篇，俱爲五卷，篇數則稍

書辯〉（劉大櫆）指出：『六經之亡，非秦亡之，漢亡之也。何則？李斯怨天下學者道古以非今，於是禁天下私藏詩書百家之語，其法至於偶語詩書者棄市，而吏見之不舉，則與之同罪。噫，亦烈矣。然其所以若此者，將以愚民，而固不欲以自愚也，故曰非博士官所職，詣守尉雜燒之，然則博士之所藏具在，未嘗燒也。迨項羽入關，殺秦降王子嬰，收其貨寶婦女，燒秦宮室，火三月不滅，而後唐虞三代之法制，古先聖人的微言，乃始蕩爲灰燼。』

〔註10〕參見劉向《七略佚文》，轉引自陳啓天：《商鞅評傳》，頁124。

〔註11〕參見班固：《漢書·藝文志》（臺北：鼎文書局，1979年2月），頁1735，1757。

〔註12〕參見陳啓天：《商鞅評傳》，頁125。「原來法家的《商君》，是由劉向校定；兵權家的《公孫鞅》是由任宏校定。兩人所取篇數既不同，內容當亦有所不同。……今《公孫鞅書》已失傳，僅《商君書》尚殘存。而此殘存的《商君書》，有三篇是專言兵事的，其他還有涉及兵事的，可見《商君書》與《公孫鞅書》也有相同的所在。」

〔註13〕參見《三國志·先主傳》卷32（臺北：鼎文書局，1991年4月），頁891。裴松之之注引《諸葛亮集》。

〔註14〕參見《隋書》（臺北：鼎文書局，1980年6月），頁1003。

〔註15〕參見《舊唐書·經籍志》（臺北：鼎文書局，1989年12月），頁2031。

〔註16〕參見《新唐書·藝文志》（臺北：鼎文書局，1992年1月），頁1531。

有不同。王堯臣等《崇文總目》:「《商子》五卷,……侗按:漢志《商君》二十九篇。」〔註17〕鄭樵《通志》:「《商君書》五卷,……漢有廿九篇,今亡三篇。」〔註18〕晁公武《郡齋讀書志》:「《商子》五卷。……所著本二十九篇,今亡者三篇。」〔註19〕陳振孫《直齋書錄解題:「《商子》五卷,漢志二十九篇,今二十八篇,又亡其一。」〔註20〕故鄭樵與晁公武在當時所見爲二十六篇,但陳振孫卻見到二十八篇,說法不同。元明清時多稱《商子》,《宋史·藝文志》只著錄「《商子》五卷」,未言篇。〔註21〕明初宋濂《諸子辨》:「《商子》五卷,……《漢志》二十九篇,陳氏謂二十八篇,予家藏本二十六篇,其第二十一篇亡。」〔註22〕可見明初時該書有二十五篇。清嚴萬里《商君書新校正·附攷》:

> 又其篇帙,《漢志》:「二十九篇」,《讀書志》:「今亡者三篇」。《書錄解題》:「今二十八篇,又亡其一。」是宋本實二十六、二十七篇。余得元鏤本,始〈更法〉,止〈定分〉,爲篇二十六,中間亡篇二:第十六、第二十一,實二十四篇,與今所行范欽本正同。後又得秦四麟本,頗能是正謬誤,最爲善本,其篇次亦同。因以知宋無鏤本,或有之而流傳不廣,故元時已有所亡失也。舊本缺總目,范本有,今遂錄爲一篇,冠諸卷首云。〔註23〕

嚴萬里依范欽本所錄總目爲:

第一卷:更法第一,墾令第二,農戰第三,去彊第四。

第二卷:說民第五,算地第六,開塞第七。

第三卷:壹言第八,錯法第九,戰法第十,立本第十一,兵守第十二,靳令第十三,修權第十四。

〔註17〕 參見王堯臣等編次:《崇文總目》,卷3,法家類(臺北:商務印書館,國學基本叢書,1968年3月),頁139。

〔註18〕 參見鄭樵:《通志》,卷68,〈藝文略〉第六,法家類(臺北:新興書局,1963年10月),頁797上欄。

〔註19〕 參見晁公武:《郡齋讀書志》,卷3上子部,法家類(臺北:商務印書館,國學基本叢書,1968年3月),頁219~220。

〔註20〕 參見陳振孫:《直齋書錄解題》,卷10,法家類(臺北:商務印書館,國學基本叢書,1968年3月),頁283。

〔註21〕 參見《宋史·藝文志》(臺北:鼎文書局,1980年5月),頁5202。

〔註22〕 參見宋濂:《諸子辨》,附於楊家駱主編:《偽書考五種》(臺北:世界書局,1960年12月),頁18。

〔註23〕 參見嚴萬里:《商君書》(臺北:商務印書館,1956年4月),頁2~3。

第四卷：徠民第十五，刑約第十六（篇亡），賞刑第十七，畫策第十
　　　　八。

第五卷：境內第十九，弱民第二十，□□第二十一（篇亡），外內第
　　　　二十二，君臣第二十三，禁使第二十四，慎法第二十五，
　　　　定分第二十六。

明初宋濂所藏為二十五篇，但篇目不詳。范欽本指的是明代四明范欽天一閣
藏本，內附有總目，篇目雖為二十六篇，但其中二篇亡佚，只剩二十四篇，
與今本相同。清代《四庫全書總目提要》：

　　此本自〈更法〉至〈定分〉，目凡二十有六，似即晁氏之本。然其中
　　第十六篇、第二十一篇又皆有錄無書，則並非宋本之舊矣。〔註24〕

根據嚴萬里「余得元鐫本，始〈更法〉，止〈定分〉，為篇二十六，中間亡篇
二：第十六、第二十一，實二十四篇，與今所行范欽本正同」之敘述，范欽
本、《四庫本》及嚴校本的篇目皆同，可知自元代至今，篇數未再亡佚。又嚴
萬里《商君書新校正‧商君書附攷》：「案《隋志》、《唐志》及唐代註釋家徵
引，並作《商君書》，不曰《商子》，今復其舊稱。」〔註25〕民國後多流行嚴
校本，且依照嚴校本稱該書為《商君書》，篇目二十六，第十六篇有目無文，
第二十一篇目文皆亡，故實有二十四篇。另外，注釋家多把魏徵《群書治要》
中的〈六法〉篇附錄於〈定分〉篇之後。

今列表以說明《商君書》的釋名及沿革的大致情形：

時代	出　　　處	名稱	篇卷	備　　　註
戰國	《韓非子‧南面》			提及「內外」，不能確定是否為今本的〈外內〉篇。
西漢	《史記‧商君列傳》			太史公曰：「余嘗讀商君開塞耕戰書。」可能為今本的〈開塞〉及〈農戰〉二篇，但「商君」所指為人名或書名，不能確定。
東漢	《漢書‧藝文志‧諸子略》法家	商君	29篇	
	《漢書‧藝文志‧諸子略》兵權家	公孫鞅	27篇	

〔註24〕參見《四庫全書總目提要》第5冊（臺北：商務印書館，1939年9月），頁
　　　　66。
〔註25〕參見嚴萬里：《商君書》，頁2。

三國	《三國志・蜀書・先主傳》	商君書			始稱《商君書》。
唐	《隋書・經籍志》	商君書	5 卷		
	司馬貞《史記索隱》				
	魏徵《群書治要》	商君子			《商子》之名由此轉稱。魏徵《群書治要》中所引《商君子》比今本多出〈六法〉篇。
五代	《舊唐書・經籍志》	商子	5 卷		
宋	《新唐書・藝文志》	商君書或商子	5 卷		
	王堯臣等《崇文總目》	商子			
	鄭樵《通志・藝文略》	商君書		26 篇	
	陳振孫《直齋書錄解題》	商子		28 篇	《四庫》本與今本《書錄解題》中對《商子》的篇數有差異。〔註26〕
	晁公武《郡齋讀書志》	商子		26 篇	
元	《宋史・藝文志》	商子			
明	宋濂《諸子辨》	商子	5 卷	25 篇	第 21 篇亡，共 25 篇。
	范欽天一閣藏本	商子	5 卷	24 篇	第 16 篇、第 21 篇亡，篇目與今本同。
清	《四庫全書》	商子	5 卷	24 篇	第 16 篇、第 21 篇亡，篇目與今本同。
	嚴萬里《商君書新校正》	商君書	24 篇		第 16 篇、第 21 篇亡，篇目與今本同。復《商君書》舊稱。

第二節　《商君書》的作者與眞僞問題

　　自孟子時，就已提出「盡信書，則不如無書」〔註27〕的觀念，先秦諸子留下的著作往往不是當時的原貌，〔註28〕《韓非子・顯學》就曾表示懷疑的態度：

　　　　孔子、墨子俱道堯舜，而取捨不同，皆自謂眞堯舜，堯舜不復生，

　　　　將誰使定儒墨之誠乎！〔註29〕

《商君書》在歷史洪流中，必經過多次更改、添入、整理、編次，今本所見，必然不是一人一時所成就的。對於《商君書》眞僞的爭辯，可以分爲三派，

〔註26〕 參見賀凌虛：《商君書今註今譯》（臺北：商務印書館，1992 年 10 月），頁 224，註 19。

〔註27〕 參見朱熹集註，蔣伯潛廣解：《四書讀本・孟子・盡心下》（臺北：啓明書局），頁 346。

〔註28〕 參見顧實：《重考古今偽書考》，轉引自陳啓天：《商鞅評傳》，頁 136。「凡子書多非自著，身後有官學師事者或賓客爲之綴輯成書，故往往時代不符。」

〔註29〕 參見陳啓天：《韓非子校釋》，頁 2。

第一是主張《商君書》全書皆爲商鞅所著；第二是主張《商君書》全書皆非商鞅所著；第三是分篇討論每一篇的可靠性，而主張其中部分爲商鞅所作，其餘則是商鞅學派所加入的。

一、主張《商君書》爲商鞅所著者

　　主張這一派者，多是史志中記載，對內容沒有明確的分析說明，只對於《商君書》的名稱及篇卷有所著錄，如司馬遷《史記・商君列傳》：

　　余嘗讀商君開塞、耕戰書，與其人行事相類。〔註30〕

班固《漢書・藝文志》著錄《商君》二十九篇，自注曰：「名鞅，姬姓，衛後也，相秦孝公，有列傳。」〔註31〕王堯臣《崇文總目》著錄《商子》五卷，並曰：「商鞅撰。」〔註32〕鄭樵《通志・藝文略》著錄《商君書》五卷，自注曰：「秦相衛鞅撰，漢有二十九篇，今亡三篇。」〔註33〕晁公武《讀書志》著錄《商子》五卷，自注：「右秦公孫鞅撰。……鞅封於商，故以名其書。本二十九篇，今亡者三篇。」〔註34〕陳振孫《直齋書錄解題》著錄《商子》五卷，自注：「秦相衛公孫鞅撰，或稱商君者，其封邑也。《漢志》二十九篇，今二十八篇，又亡其一。」〔註35〕孫星衍的《商子》校本說：

　　三代諸子之書出於手撰，未經竄亂者惟此書及《晏子》、《孫子》、《老》、《莊》、《墨子》、《韓非》數種。商子書中屢稱臣，竊以爲臣之所謂云云，蓋此二十九篇是見秦孝公所上書，……後人以其前有〈更法〉一篇，疑爲編次者襲《史記》之文，謂其非先秦書。然《商子》所引郭偃之法云云，《史記》略而不載，餘文亦多節減者，證知《史記》用《商子》，非《商子》引《史記》矣。蓋由商子既死，爲其學者哀其師而次其文，紀以遇合始末于卷端，如今世之序錄者，不得以此疑其非古書也。〔註36〕

〔註30〕參見瀧川龜太郎：《史記會注考證》，頁896。
〔註31〕參見《漢書・藝文志》，頁1735。
〔註32〕參見王堯臣：《崇文總目》，頁139。
〔註33〕參見鄭樵：《通志・藝文略・諸子類》，頁797。
〔註34〕參見晁公武：《郡齋讀書志》，頁219～220。
〔註35〕參見陳振孫：《直齋書錄解題》，頁283。
〔註36〕參見孫星衍：《商子》，問經堂叢書。轉引自黃紹梅：《商鞅反人文觀研究》，私立東吳大學中國文學研究所碩士論文，1992年5月。頁54，註7。

民國後，呂思勉《經子解題》亦肯定《商君書》是商鞅所著：

> 今《商君書》精義雖不逮《管》、《韓》之多，然要爲古書，非僞撰。
> 〔註37〕

二、主張《商君書》非商鞅所著者

宋代黃震首先懷疑《商君書》是僞書：

> 《商子》者，公孫鞅之書也，始於墾草督民耕戰。其文煩碎不可以
> 句，至今開塞於千載之下，猶爲心目紊亂，況當時身被其禍者乎？
> 然殿中與御史之號，實用此書，事必問法官，亦出此書。後世一切
> 據法爲斷者，亦合省所自出矣。或疑鞅爲法吏之有才者，其書不應
> 煩亂若此，眞僞殆未可知。〔註38〕

黃震的理由是「其文煩碎不可以句」，以商鞅之才，文章應不至於凌亂如此，
因而對《商君書》的眞僞抱持懷態度，但他並沒有對眞僞與否下定論。自他
以後，學者紛紛提出質疑，《周氏涉筆》中進一步以《商君書》內容除《史記》
中所載之外，無足觀者，而判定《商君書》非商鞅所著。

> 《商君書》亦多附會後事，擬取他辭，非本所論著也。其精確切要
> 處，《史記》列傳包括已盡，今所存大抵氾濫淫辭，無足觀者。蓋有
> 地不憂貧，有民不憂弱，凡此等語，殆無幾也。此書專以誘耕督戰
> 爲根本。今云：「使商無得糴，農無得糶。農無糶，則窳惰之農勉；
> 商無糴，則多歲不加樂。」夫積而不糶，不耕者誠困矣，力田者何
> 利哉？暴露如邱山，不時焚燒，無所用之。《管子》謂：「積少而食
> 寡，則民不力。」不知當時何以爲餘粟地也。「貴酒肉之價，重其租，
> 令十倍其樸，則商酤少而農不酣。」然則酒肉之用廢矣。凡《史記》
> 所不載，往往爲書者所附合，而未嘗通行者也。秦方興時，朝廷官
> 爵豈有以貨財取者？而賣權者以求貨，下官者以冀遷，豈孝公前事
> 耶？（《周氏涉筆》）〔註39〕

《四庫全書總目提要》則是根據二個理由，一是商鞅在孝公死後不久，即被
車裂，怎麼會有時間著書？二是〈更法〉篇中提到「孝公」，「孝公」乃秦獻

〔註37〕 參見呂思勉：《經子解題》（臺北：商務印書館，1957年10月），頁160。

〔註38〕 參見黃震：《黃氏日抄》，卷55，轉引自陳啓天：《商鞅評傳》，頁130。

〔註39〕 參見馬端臨：《文獻通考・經籍考》（臺北：新興書局，1963年10月），頁1738。

公之子，姓嬴，名渠梁，而「孝公」是渠梁死後的諡號，若非「孝公」死後著書，那麼怎麼會在〈更法〉篇中出現「孝公」之諡？因而斷定此爲僞書。

> 今考《史記》，稱秦孝公卒，太子立，公子虔之徒告鞅欲反，惠王乃車裂鞅以徇。則孝公卒後，鞅即逃死不暇，安得著書？如爲平日所著，則必在孝公之世，又安得開卷第一篇即稱孝公之諡？殆法家者流掇鞅餘論以成是編，猶管子卒於齊桓公前，而書中屢稱桓公耳。諸子之書，如是者多。既不得撰者之主名，則亦姑從其舊，仍題其所託之人矣。〔註40〕

胡適在《中國古代哲學史》中是站在歷史發生先後的角度判定《商君書》是僞書：

> 今世所傳《商君書》二十四篇，乃是商君死後的人所假造的書。如〈徠民〉篇説：「自魏襄以來，三晉之所亡於秦者，不可勝數也。」魏襄王死在西曆前二九六年，商君已死四十二年，如何能知他的諡法呢？〈徠民〉篇又稱「長平之勝」，此事在前二六〇年，商君已死七十八年了。書中又屢稱秦王，秦稱王在商君死後十餘年。此皆可證《商君書》是假書。〔註41〕

熊公哲以爲學者根據歷史事件發生先後的理由，以爲《商君書》中出現商鞅身後事，如「魏襄之事」、「長平之戰」，而判斷《商君書》是僞作，卻不知《商君書》中多處與《愼子》、《韓非子》雷同，故熊公哲認爲《商君書》根本就是韓非之徒所託：

> 然今二十六篇者，吾人讀之，乃但覺其爲《愼子》、《韓非》之書，而不覺其爲眞商君之書。獨搏力農戰之意時一及焉；然亦僅矣；而稽之於時，有如虛後以應之説，學士廧力之論，抑有萬萬非商君時所有者。論者但知摘其身事孝公而書稱其諡，又引及魏襄之事、長平之戰，以爲此皆遠在其後，因以致疑於其書。不知就其説而求之，其不可通者乃彌多也。且如「明分貴勢，一兔在野」之文，若果出商君者，《呂覽》各家往往摭焉，固不應舍其所祖，而從所述，歸之《愼子》矣。又所謂「勢治者不可亂，勢亂者不可治」云者，《韓非・難勢》中《愼子》之説，上繫「故曰」之文，明亦引《愼》語也。則其書之決不前

〔註40〕參見《四庫全書總目提要》，卷101，〈子部〉11，法家類，頁66～67。
〔註41〕參見胡適：《中國古代哲學史》（臺北：商務印書館，1968年10月），頁80。

出於是數子，明矣。然則果孰爲之？曰：今所傳二十六篇者，考其文，
出於《韓非》者十之六七；出於《愼子》者，蓋二三焉。吾意必韓非
之徒，非死後，雜取二家之言託諸商君爾。〔註42〕

熊公哲以爲「虛後以應之說」及「學士虛力之論」皆非商鞅時當有的觀念，
加上「一兔在野」若出自《商君書》，《呂覽》中便不應記載「《愼子》云」，
而應歸之於《商君書》，因此可證《商君書》是僞作。

其他學者的說法大致不離以上幾種論點，錢穆以「孝公之諡」、「魏襄之
事」、「長平之戰」等，以及〈弱民〉篇襲《荀子》，〈靳令〉篇同《韓非》，而
認爲「其書非出鞅手，明明甚顯。」〔註43〕羅根澤除了根據以上學者之言論
證，還提出〈定分〉篇：「公問於公孫鞅曰」，因出現「公孫鞅」，故可證《商
君書》非商鞅自作。〔註44〕

三、主張《商君書》部分爲商鞅所著，其餘爲商鞅學派所加入

劉咸炘《子疏》：

今觀其書，大抵〈更法〉、〈定分〉本後人所記；〈墾令〉、〈境內〉或
本鞅條上之文；〈去彊〉以下諸篇文勢有異，而語或複冗，必有徒裔
所增衍。然其稱臣者，亦或當時敷奏之詞，而後人記之，不得全謂
鞅作，亦不得謂全無鞅作也。〔註45〕

陳啓天先生對古書眞僞的辨識下了一個定義：

大概古書的完成，不外幾個來源：第一爲本人自著，例如《韓非子》；

〔註42〕參見熊公哲：〈商君書眞僞辨〉，《國立政治大學學報》，第 9 期，1964 年，頁
27～28。「虛後以應之說」下，自注曰：「〈禁使〉篇，或曰：『人主虛後以應，
則物應稽驗，稽驗則妄得。』所謂『虛後以應』，蓋即《韓非》：『虛以靜後，
未嘗用己』；『不言而善應，不約而善增』之意。其所謂術者，在是，其所以
與申商不同者，亦即在是，雖末云，臣竊以爲不然，然此等亦如《管子》：『兼
愛之說勝，則士卒不戰』，云云，但當問其果否其時之所有，不須問書中是否
以此爲然也。」又「學士虛力之論」下，自注曰：「蘇張未縱，稷下未盛，學
士談說，或非時俗所甚惡。《韓非・五蠹》者，即本傳所云：『反舉浮淫之蠹，
加之功實之上』，而《商君傳》，並無片語及此，亦一證也。」

〔註43〕參見錢穆：〈商鞅攷〉，《先秦諸子繫年》（臺北：東大圖書公司，1990 年 9 月），
頁 229～230。

〔註44〕參見羅根澤：〈商君書探源〉，《古史辨》第六冊（上海：上海古籍出版社，1982
年 11 月），頁 296～298。

〔註45〕參見劉咸炘：《子疏》，卷 8，轉引自陳啓天：《商鞅評傳》，頁 137～138。

第二爲後人記述，例如《魯論》；第三爲後人輯錄，例如《尚書》；第
四爲後人假託，例如《列子》。我們即用他的來源做標準。由第四來
源而成的，當列入偽書；至由第一至第三來源而成的，則均應認爲是
眞書。但先秦古書多有散亡和補輯的經過，當後人補輯時，有無意誤
入的，也有故意附益的，致使一書眞偽混雜，尚須依上說四個來源，
對於全書各篇加以分析的考證，不宜輕下籠統的斷定。〔註46〕

在第二派舉出《商君書》的種種問題之後，第一派以爲《商君書》皆爲商鞅
所作的說法已不成立。依照陳啓天這個原則，那麼第二派根據幾篇有問題的
篇章，就斷定《商君書》皆非商鞅所作的說法似乎也過於武斷。如此，劉咸
炘「不得全謂鞅作，亦不得謂全無鞅作也」的說法是較爲中肯的，他以篇章
爲單位來看待《商君書》，而後容肇祖、陳啓天、詹秀惠以及鄭良樹都採取這
個觀點，對《商君書》各篇作更完整深入的分析，研究成果逐漸受到學界承
認，論證也較前二派學者合理。

現以上述四位學者的說法爲依準，列表說明之。〔註47〕

【《商君書》各篇作者分析表】

篇　　名	容　肇　祖	陳　啟　天	詹　秀　惠	鄭　良　樹
更法第一	非商鞅所作	後人記述	商鞅之徒	非商鞅所作
墾令第二	非商鞅自撰	商鞅自撰	商鞅自撰	商鞅自撰
農戰第三	非商鞅自撰	後人推衍	同上	商鞅學派正統者
去彊第四	同〈農戰〉作者	後人節錄	商鞅之徒	商鞅學派異議者
說民第五	同〈農戰〉作者	疑商鞅自撰	商鞅自撰	商鞅學派
算地第六	同〈墾令〉作者	後人假託	商鞅的奏疏，死後後人編入	商鞅學派正統者
開塞第七	同〈農戰〉作者	疑商鞅自撰	商鞅自撰	商鞅學派
壹言第八	同〈農戰〉作者	後人推衍	同上	同上
錯法第九	同〈農戰〉作者	同上	戰國末期法家者流追論鞅之奏疏	同上
戰法第十	同出一手，未言明作者是否爲商鞅	疑商鞅自撰	商鞅自撰	商鞅或其學派
立本第十一		同上	同上	

〔註46〕參見陳啓天：《商鞅評傳》，頁130。
〔註47〕參見容肇祖：〈商君書考證〉，《燕京學報》，第二十一期，1937年6月。參見
　　　陳啓天：〈商君書的考證〉，《商鞅評傳》第六章，頁138～153。參見詹秀惠：
　　　〈釋商君書並論其眞偽〉，《淡江學報》，第12期，1974年3月。參見鄭良樹：
　　　《商鞅及其學派》第二章，頁11～224。

兵守第十二		同上	同上	非商鞅所作,甚至非商學派所作
靳令第十三	同〈農戰〉作者	後人假託	商鞅自撰,經後人竄改附益	商鞅學派
修權第十四	可能出於商鞅	疑商鞅自撰	商鞅自撰	商鞅學派正統者
徠民第十五	同〈墾令〉作者	他人撰	戰國末年法家者流之作	商鞅學派
刑約第十六	有　　目　　無　　文			
賞刑第十七	同〈農戰〉作者	疑商鞅自撰	商鞅自撰	非商鞅所作
畫策第十八	同〈墾令〉作者	後人假託	戰國後期法家者流之作	同上
境內第十九	同〈農戰〉作者	商鞅自撰	商鞅自撰	商鞅自撰
弱民第二十	同〈農戰〉作者	後人假託	戰國後期法家者流推衍商鞅思想而成	商鞅學派
□□第二十一	篇　　目　　俱　　缺			
外內第二十二	同〈農戰〉作者	後人假託	商鞅自撰	非商鞅所作
君臣第二十三	同〈農戰〉作者	疑商鞅自撰	同上	同上
禁使第二十四	非商鞅所作	同上	同上	同上
慎法第二十五	同〈農戰〉作者	同上	同上	同上
定分第二十六	漢初人依託於商君而作	後人記述	戰國末年法家者流追述商鞅之意	商鞅學派

【《商君書》各篇成篇年代分析表】

※代表商鞅自撰或疑商鞅自撰,空白處代表並未評論

篇　　名	容　肇　祖	陳　啟　天	詹　秀　惠
更法第一		戰國末	
墾令第二	秦昭王晚年	※	※
農戰第三	秦昭王或略後	戰　國	※
去彊第四	同　上	戰國末或西漢	
說民第五	同　上	※	※
算地第六	秦昭王晚年	戰　國	
開塞第七	秦昭王或略後	※或戰國末	※
壹言第八	同　上	戰國末	※
錯法第九	同　上	戰國末	戰國末期
戰法第十		※	※
立本第十一		※	※
兵守第十二		※	※

靳令第十三	秦昭王或略後	漢（多襲韓非）	
修權第十四	※	戰國末	※
徠民第十五	秦昭王之世	戰國末（漢人誤入）	戰國末期
刑約第十六	有　目　無　文		
賞刑第十七	秦昭王或略後	※	※
畫策第十八	秦昭王晚年	戰國	戰國後期
境內第十九	秦昭王或略後		※
弱民第二十	同　上	戰國末或西漢初	戰國後期
□□第二十一	篇　目　俱　缺		
外內第二十二	秦昭王或略後	西漢初	※
君臣第二十三	同　上	※	※
禁使第二十四	秦昭王之世	※	※
慎法第二十五	秦昭王或略後	※	※
定分第二十六	漢　初	戰國末	戰國末年

　　鄭良樹先生將《商君書》以立體式的分析，以爲各篇分屬於商鞅及其學派，〔註48〕成書年代由商鞅執法至秦國滅亡，共一百一十多年，爲保留鄭良樹先生分析之原貌，故另製表列出：

【鄭良樹先生之《商君書》成書年代分析表】

階　段	分　　期	年　　代	篇　　名
一	商鞅車裂前（商鞅思想建立）	秦孝公元年（361B.C.） 至 秦孝公二十四年（338B.C.）	更　　法
			墾　　令
			境　　內
			戰　　法
			立　　本
			兵　　守
二	商學派第一期（開拓）	秦惠文王元年（337B.C.） 至 秦惠文王更元八年（318B.C.）	算　　地
			農　　戰
			修　　權

〔註48〕　參見鄭良樹：《商鞅及其學派》之自序，頁Ⅲ。「所謂商學派，當然不必全是商鞅親炙的學生，也不需要是商鞅直系的弟子，孟子就不是孔子親授的學生，董仲舒的思想也未必盡是儒家；只要膺服商鞅的農戰思想，以秦孝公變法以後秦國的『政治趨勢』和『強國主張』爲主要認同對象，就是商學派了。」

三	商學派第二期（發展）	秦惠文王更元八年（317B.C.） 至 秦莊襄王三年（247B.C.）	去　彊
			徠　民
			弱　民
			說　民
			外　內
四	商學派第三期（定型）	秦始皇元年（246B.C.） 至 始皇二十六年（221B.C.）	靳　令
			壹　言
			開　塞
			錯　法
			賞　刑
			畫　策
			愼　法
五	商學派第四期（後勁）	始皇二十六年（221B.C.） 至 秦亡（210B.C.）	君　臣
			禁　使
			定　分

　　根據以上三個表，《商君書》除了商鞅自撰外，還有後人追記、後學所作或疑爲商鞅法令之殘篇，各家的考證結果眾說紛紜，其中沒有四家都認同是商鞅親撰的篇章，但有多篇是四家都認同非商鞅親撰的。以下對《商君書》的各篇做一價值的評定：

1. 三家以爲商鞅自撰的篇章有：〈墾令〉、〈境內〉二篇。
2. 二家以爲商鞅自撰的篇章有：〈說民〉、〈開塞〉、〈戰法〉、〈立本〉、〈兵守〉、〈修權〉、〈賞刑〉、〈君臣〉、〈禁使〉、〈愼法〉等十篇。
3. 一家以爲商鞅自撰的篇章有：〈壹言〉、〈外內〉二篇。
4. 四家以爲非商鞅自撰的篇章有：〈更法〉、〈農戰〉、〈去彊〉、〈算地〉、〈錯法〉、〈靳令〉、〈徠民〉、〈畫策〉、〈弱民〉、〈定分〉等十篇。

　　在第一部份：劉咸炘認爲〈墾令〉、〈境內〉二篇「或本鞅條上之文」，而提出的種種措施都能與商鞅的思想應合，可以作爲看待商鞅治道時的佐證。

　　在第二部分：〈開塞〉篇因見於《史記》，且文氣一致，陳啓天以爲「本篇文字和理論俱像商鞅所爲，尋不出後人僞託的證據。即令爲戰國末人所作，也足以代表商鞅的思想。」〔註49〕容肇祖以爲《戰國策・秦策》中記載孝公欲傳位給商鞅，商鞅辭不受，與〈修權〉篇中的「爲天下位天下」的見解相合，以

〔註49〕 參見陳啓天：《商鞅評傳》，頁 144～145。

爲這可能是商鞅的遺說。〔註50〕〈賞刑〉篇中「壹賞、壹刑、壹教」的主張與
《韓非子》、《史記》中記載的精神符合，應可作爲研究商鞅時的佐證。〈修權〉、
〈賞刑〉二篇經賀凌虛分析各家說法後，以爲就算非商鞅所作，思想卻是商鞅
的。〔註51〕〈說民〉篇容肇祖及鄭良樹都因爲其中有幾處與〈去彊〉篇相雷同，
而以爲這是因襲了〈去彊〉篇，可能爲〈去彊〉篇的註腳，〔註52〕但本篇「以
姦治民」、「刑九賞一」、「行刑重輕，刑去事成」均屬商鞅思想，與《漢書・刑
法志》：「秦用商鞅，連相坐之法，造參夷之誅，增加肉刑、大辟、有鑿顚、抽
脅、鑊烹之刑」〔註53〕的嚴苛刑治相吻合，故我認爲〈說民〉篇仍是重要的參
考資料。〈戰法〉、〈立本〉、〈兵守〉三篇，內容雖短，但卻有所本，《漢書・藝
文志》著錄兵權家有《公孫鞅》二十七篇，今已亡佚，荀子稱商鞅爲「世俗之
所謂善用兵者」（《荀子・議兵》），〔註54〕《史記・商君列傳》：「民勇於公戰，
怯於私，鄉邑大治。」〔註55〕與〈戰法〉篇：「故王者之政，使民怯於邑，而勇
於寇戰」的精神是相合的。賀凌虛分析此篇「雖無法確證係出於商鞅之手，或
曾經割裂，但很可能是其徒屬或後學掇拾其餘論而成，起碼亦在闡述其思想。」
今從賀凌虛的說法。〈君臣〉、〈禁使〉、〈愼法〉三篇因爲篇幅均不長，文中都以
「臣」自稱，陳啓天先生雖視爲商鞅所作，卻又說「未能斷定」，〔註56〕但他認
爲思想和商鞅是相符合的。但因爲此三篇的中心思想，並非商鞅思想之重者，
故暫將其視爲次要的參考資料。

　　第三部分：〈壹言〉篇僅詹秀惠一人以爲可能是商鞅自撰，只因其思想與
商君相符，所持的理由過於薄弱，商鞅學派的思想也可能和商鞅相符。陳啓
天以爲作者未能斷定，持比較保留的態度。鄭良樹引容肇祖的話，以爲容肇
祖是肯定〈壹言〉篇出自商鞅親著，其實容肇祖分析此篇時，認爲〈壹言〉
篇與〈農戰〉篇是出同一手，而〈農戰〉篇又和〈去彊〉、〈弱民〉二篇出
自同一手，容肇祖分析〈弱民〉篇著作的時代不能早於秦昭王三十年以前，
依錢穆《先秦諸子繫年・通表》之附表第一，商鞅車裂後，秦朝又歷經了惠

〔註50〕參見容肇祖：〈商君書考證〉，頁106。

〔註51〕參見賀凌虛：《商君書今註今譯》，頁114，132。

〔註52〕參見容肇祖：〈商君書考證〉，頁91～94。參見鄭良樹：《商鞅及其學派》，頁
　　　　59～75。

〔註53〕參見《漢書・刑法志》（臺北：鼎文書局，1979年2月），頁1096。

〔註54〕參見李滌生：《荀子集釋》（臺北：學生書局，1984年10月），頁317。

〔註55〕參見瀧川龜太郎：《史記會注考證・商君列傳》，頁893。

〔註56〕參見陳啓天：《商鞅評傳》，頁151。

文王、武王，而後才是昭王，〔註57〕那麼容肇祖又怎會以爲〈壹言〉篇出自商鞅自撰呢？雖然考證本篇的學者，多以爲〈壹言〉篇代表商鞅思想，但本篇章旨與〈說民〉、〈開塞〉篇中治民以人情之所好，制度須因應時勢之觀點多有重疊，可能爲商鞅後學秉持商鞅的思想雛形而又加以發揮，因而行文較其他篇章顯得簡明流暢，將其列爲次要參考資料。〈外內〉篇亦僅詹秀惠認爲是商鞅自撰，所持之理由一是符合商鞅農戰之思想，二是《韓非子‧南面》篇中提到「說在商君之內外」，而以爲「內外」即〈外內〉篇。第一個理由上述已經說過，商鞅學派之思想亦可能爲商鞅思想之延伸，不足以作爲評斷此篇作者之依據，第二個理由鄭良樹根據陳奇猷的說法，將「說在商君之內外」中的「內外」解釋爲「出入」，關於「內外」究竟是不是今本之〈外內〉篇各持異說，賀凌虛就從文章多採用問答，極少脫誤，與可能爲商鞅自撰的篇章相較，也顯得流暢易讀，而認爲應該不是商鞅手筆。其中對邊戰、農事的重要性，闡述的極爲有條理，我認爲也可能是商鞅學派將商鞅的思想更深入的詮釋，亦列爲次要參考的篇章。〔註58〕

　　第四部分：這部分是四家都認爲非商鞅自撰的，所持的理由不盡相同，在此不加贅述。但是否非商鞅自撰，就沒有主要參考的價值呢？在此特別討論〈更法〉、〈算地〉二篇。〈更法〉篇中記載商鞅與甘龍、杜摯辯論變古與法古，學者因〈更法〉篇中多次稱「孝公之諡」，斷定本篇不可能是商鞅自撰。《史記‧商君列傳》及劉向《新序‧善謀》幾乎完全將這一段記載採入，〔註59〕可見太史公認爲這篇文章足以代表商鞅「當時而立法，因事而制禮」及「治世不一道，便國不必法古」的中心思想，很可能是後人追述商鞅的言論，對研究商鞅治道仍是重要之資料，故將其收入主要參考資料。〈算地〉篇根據陳啓天的考定，以爲其中多提到「術」，很像申不害的說法，〔註60〕其實《商君書》中的「術」和申不害的「術」並不相同，〔註61〕《商君書》中的「術」指的是君主治國之理，侯家駒以爲〈算地〉篇是整個商鞅農戰思想中最重要

〔註57〕　參見錢穆：〈先秦諸子繫年通表‧附表第一〉，《先秦諸子繫年》，頁591～596。

〔註58〕　本段參見容肇祖：〈商君書考證〉；陳啓天：〈商君書的考證〉，《商鞅評傳》第六章；詹秀惠：〈釋商君書並論其眞偽〉；鄭良樹：《商鞅及其學派》。

〔註59〕　參見瀧川龜太郎：《史記會注考證‧商君列傳》，頁892。參見劉向：《新序‧善謀》（臺北：世界書局，1958年5月），頁61～62。

〔註60〕　參見陳啓天：〈商君書的考證〉，《商鞅評傳》第六章，頁143～144。

〔註61〕　參見王曉波：〈商君與商君書的思想分析〉，《先秦法家思想史論》，頁184～190。參見賀凌虛：《商君書今註今譯》，〈算地〉篇考證部分，頁60。

的一環，〔註62〕其中多保留了實施田制之相關訊息，與商鞅以農戰爲國之根本的思想相應合，我認爲雖不是商鞅所作，但卻是看待商鞅治道時的重要資料。

根據上述分析，《商君書》討論治道，依重要性可分成下列二個部分：

（一）主要著作：包括商鞅親撰、可能爲商鞅親撰，以及後人追記，足以代表商鞅思想的篇章，分別爲〈更法〉、〈墾令〉、〈說民〉、〈開塞〉、〈戰法〉、〈立本〉、〈兵守〉、〈修權〉、〈賞刑〉、〈境內〉等十篇。

（二）次要著作：〈農戰〉、〈去彊〉、〈算地〉、〈壹言〉、〈錯法〉、〈靳令〉、〈徠民〉、〈畫策〉、〈弱民〉、〈外內〉、〈君臣〉、〈禁使〉、〈慎法〉、〈定分〉等十四篇。

第三節　商鞅的時代背景與思想養成

第一章已經說明了時空環境、前賢思想對思想家雖有影響，卻並不等於決定，我們雖不能經由對時代背景的考察全面掌握商鞅思想之養成，但不能否認，環境的助成是我們在討論思想家的想法時一項重要的參考。特別是法家人物現實感強，在先秦諸子中，強烈的顯出對時代改革的要求，因此，時代背景及生長環境在研究法家人物的想法時更顯重要，史傳中對商鞅的生長背景記載的很少，故透過發生研究法，對了解商鞅的思想有很大的幫助。

商鞅是中國歷史上的大政治家，這是無庸置疑的。一個大政治家的思想孕育，與其時代、環境及個人特質都有密切之關係。除商鞅以外，法家前有管仲、子產、李克、吳起爲先導，後有申不害、慎到，至韓非而集其法家之大成，商鞅實扮演了承先啓後的關鍵角色。身處於分崩離析的動亂時代，他的思考不能不針對時代而發；而孕生他的環境，民風背景自然會對他產生影響。在這樣大時代的轉折處，商鞅的變法，可謂時勢造英雄，不過英雄也造時勢，他特有的人格特質亦爲成就一番功業的原因，故在討論這個政治家的治道之前，必須先對其時代背景及其思想養成有所了解。本節分爲四個部分討論，分別爲：周文疲弊的反省、三晉重法的傳統、前人觀念的啓迪以及個人人格的特質。

〔註62〕參見侯家駒：〈商鞅的農戰理論與實際〉，《先秦法家統制經濟思想》（臺北：聯經事業出版公司，1985 年 12 月），頁 130。

一、周文疲弊的反省

　　牟宗三先生說:「夏商周三代歷史之演進,可視為現實文質之累積。累積至周,則燦然明備,遂成周文。周文一成,以其植根于人性及其合理性,遂得為現實的傳統標準。周文演變至孔子,已屆反省之時。反省即是一種自覺的解析。」〔註63〕韋政通先生亦對「周文疲弊」加以說明:

> 所謂周文,扼要的說,就是在政治方面創立封建制度,在教化方面
> 大興禮樂,這兩項,從歷史文化發展義看,是中國原型文化理想的
> 一步實化。任何文化理想,初必具有普遍性的價值,當理想一旦落
> 實表現後,此普遍性理想在實然界中就必然受到限制;所以,理想
> 實現之日,亦即是流弊滋長之時。周室東遷以後,上至天子,下至
> 諸侯大夫,大家都可毀法亂紀,爭權奪利,封建制度已露敗相;實
> 施教化的一套文制,也因外化日久,漸變成人的生命的桎梏。處處
> 都顯露了西周的那套生命豐富的文化理想,經客觀化形式化以後,
> 受了現實的腐蝕,日趨于僵化乾枯,此即所謂文弊。〔註64〕

周室東遷以後,進入春秋時代,孔子說:「天下有道,則禮樂征伐自天子出;天下無道,則禮樂征伐自諸侯出。」(《論語·季氏》)〔註65〕可見春秋時已是無道,但春秋時代,周天子雖失去了中心的地位,諸侯仍宗周王。至戰國時代,卻連諸侯都無法自保。顧亭林《日知錄》中,對春秋戰國之差別分析的很透徹:

> 春秋時,猶尊禮重信,而七國則絕不言禮與信矣。春秋時,猶宗周
> 王,而七國則絕不言王矣。春秋時,猶嚴祭祀,重聘享,而七國則
> 無其事矣。春秋時,猶論宗姓氏族,而七國則無一言及之矣。春秋
> 時,猶宴會賦詩,而七國則不聞矣。春秋時,猶有赴告策書,而七
> 國則無有矣。邦無定交,士無定主。—— 此皆變於一百三十三年之
> 間,史之闕文,而後人可以意推者也。不待始皇一并天下,而文武
> 之道盡矣。〔註66〕

商鞅就是生在戰國這個大變化的時代,在《史記·商君列傳》中,對於商鞅的生年沒有詳細的記載,只記載了商鞅在秦孝公死後即被車裂,依照《史記》,

---

〔註63〕參見牟宗三:《歷史哲學》(臺北:學生書局,1988年8月),頁95。
〔註64〕參見韋政通:〈法家反人文思想之歷史觀〉,《民主潮》,第7卷第4期,1957年2月,頁4。
〔註65〕參見朱熹集註,蔣伯潛廣解:《四書讀本·論語》(臺北:啟明書局),頁252。
〔註66〕參見顧亭林:《日知錄》第三冊(臺北:商務印書館,1956年4月)。

商鞅曾事魏相公叔痤，因爲魏惠王不能重用，才入秦國。那麼商鞅在入秦之前曾跟隨公孫痤，年紀應該已有二十餘歲，死於秦孝公二十四年，約在五十歲上下，那麼他的生年與孟子便相當接近，〔註67〕他們面對同樣的時代，卻對周文產生不同的反省，牟宗三先生說：「同是針對周文疲弊，然而產生的態度有二：一是向著人生之基本問題方向發展；一是將周文疲弊視爲一政治社會之客觀問題來處理。」〔註68〕孟子是前者，而商鞅是後者。前者思考人生的基本問題，具有普遍性，但理想性高，緩不應急；後者思考如何解決當下之困境，具有現實感，雖實用性強，卻無法長治。

周公制禮作樂，豐富了周文的生命，牟宗三先生稱之爲中國歷史的發展中第一個關鍵。〔註69〕中國政治史上，分爲貴族政治、君主政治及民主政治，周公制禮作樂正是第一個政治典型，而法家推翻封建體制，進入君主獨制的時代，扮演了第二個重要的關鍵。周文的具體落實在制度上，便是親親之殺，尊尊之等，二者的分定，決定了社會整體的合理秩序。促成社會急劇變化的原因包括列國兼併、戰爭頻仍、商工勢力興起、井田制度破壞、游士爭鳴等，〔註70〕終至於禮壞樂崩。各國的君主莫不以強國爲主要目標，諸子百家只有法家能切合君主的要求，達到稱霸的目標。所以商鞅的政治哲學可以說是對於周文的反省，只是他選擇在儒家重注周文的源頭、道家超越周文之外，另覓一條反對周文，打垮封建的新道路，從此中國政治進入第二個階段，君主

〔註67〕 參見錢穆：《先秦諸子繫年》，〈商鞅攷〉，頁229。「今姑定商君入秦年三十，則其生年應與孟子相先後，其壽殆過五十，而未及六十也。」參見陳啓天：《商鞅評傳》，頁14～15。「商鞅……的生年不詳。孟子生於民國紀元前二二八三年，而商鞅於民國紀元前二二八一至二二七三年中已在魏作官，此時他雖年少，但至少約長孟子十五至二十歲。在魏若干年，在秦二十四年，自生至辛，大約共五十歲上下，即約自民國紀元前二三〇二至二二四九年。」依照錢穆《先秦諸子繫年‧通表》，孟子生於西元前三八九年前後，商鞅生於西元前三九〇年前後；依照陳啓天《商鞅評傳》，孟子生於西元前三七二年，商鞅生於西元前三九一年。二者對孟子的生年推算雖稍有出入，但對商鞅的生年推算卻相當接近，孟子生年究竟爲何時這裡暫不討論，但可以確定的是，商鞅與孟子面對的時代問題卻是一致的。

〔註68〕 參見牟宗三：《中國哲學十九講》（臺北：學生書局，1997年1月），頁158。

〔註69〕 參見牟宗三：《中國哲學十九講》，頁177。「在中國歷史的發展中有三個主要關鍵：第一個是周公制禮作樂；第二個是法家的工作完成了春秋戰國時代政治社會的轉型；第三個是由辛亥革命到現在所要求的民主建國。」

〔註70〕 參見牟宗三：《歷史哲學》，頁100～101。參見陳啓天：《商鞅評傳》，頁1～11。

專制了幾千年，商鞅的影響不可忽視。

二、三晉重法的傳統

　　蕭公權先生及沈剛伯先生分別由二個切入點來看三晉重法的傳統（這裡說的三晉，尚包括了鄭衛），蕭公權先生認為儒、道、墨三家似有殷遺民之背景，稱之為舊學；但法家的流域多在三晉及秦國（管子或託始於齊，商鞅生長於衛，實居少數），因無殷文化的背景而稱之為新學，故「法家一掃中庸柔順和平謙退之風，而以尊君重國，富強進取為務。」〔註71〕沈剛伯先生則以社會觀點作切入，而認為任何學說都是順應時代的要求，反映社會的情形，社會類型的不同亦會使群體間相處的模式有所改變，故以社會的類型來說明禮、刑的運用。井田制度下，農業社會的爵主與農民間有著親密的合作關係，容易實施禮治；但商業發達的地方，必須有契約制度，因此自然刑重於禮，而晉、鄭、衛諸國，正是商業發達的社會型態，法家也就在這樣的環境下孕育成長。〔註72〕

　　商鞅是衛人，衛是殷的故都，周朝要以農業社會的姿態，去統治已有較高文明的商朝，必須要用商人原有的政治制度。〈酒誥〉中記載：「妹土、嗣爾股肱，純其藝黍稷，奔走事厥考厥長。肇牽車牛遠服賈，用孝養厥父母。」〔註73〕可見已有相當的商業規模。《荀子・正名》說：「後王之成名，刑名從商，爵名從周，文名從禮。」〔註74〕《左傳》昭公六年：「叔向曰：商有亂政而作湯刑。」〔註75〕《呂覽・孝行覽》：「商書曰：刑三百莫重於不孝。」說明了商早有刑律。子路曾問孔子：「衛君待子而為政，子將奚先？」孔子回答：「必也正名乎！」〔註76〕接著又說：「名不正則言不順，……禮樂不興則刑罰不中。」（《論語・子路》）可見孔子以為衛國之政事，首重「正名」，正名的目的之一便是為了使刑罰得中，故衛國具備深厚的法學傳統，因此吳起、商

〔註71〕　參見蕭公權：《中國政治思想史》上冊（臺北：聯經出版事業公司，1982年），頁19～23。

〔註72〕　參見沈剛伯：〈從古代禮、刑的運用探討法家的來歷〉，《大陸雜誌》，第47卷第2期，1973年8月，頁57～58。

〔註73〕　參見《尚書・酒誥》，轉引自黃紹梅：《商鞅反人文觀研究》，私立東吳大學中國文學研究所碩士論文，1992年5月，頁72。

〔註74〕　參見李滌生：《荀子集釋》，頁506。

〔註75〕　參見左丘明著，杜預集解，竹添光鴻會箋：《左傳會箋》下冊（臺北：明達出版社，1986年10月），頁1472。

〔註76〕　參見朱熹集註，蔣伯潛廣解：《四書讀本・論語》，頁191。

鞅的法家性格與衛國的法學淵源不可分割。

除了衛國外，晉國在魯昭公二十九年鑄有刑鼎；〔註 77〕《左傳》昭公六年：「鄭人鑄刑書。」〔註 78〕鄭國的地理位置居於大國之間，唯有用刑罰求得富強圖存；李克輔佐魏文侯，《晉書‧刑法志》記載李克著《法經》；〔註 79〕韓非是韓國的公子，集法術勢之大成。由此可知，三晉及鄭衛的政治環境及文化背景，都有助於法家思想的醞釀，商鞅的法家性格與其生於衛國這樣的環境脫離不了關係。

三、前人觀念的啓迪

一個學派的形成，絕非一人之獨創，而是有一共同之觀念爲中心，慢慢推衍而成爲一個學派。就如同我們討論荀子思想，便不能不先理解孔、孟的學說；討論莊子，便不能不先理解老子的學說，這是一樣的道理。商鞅思想亦必有所承，追溯法家的源流，其實和儒家有密切之關係，法的根源在禮，法家的代表人物也多出於儒者門下，如李悝師事子夏、吳起師事曾子、韓非師事荀卿，李晃世先生在〈三晉法家思想淵源的剖析〉一文中，提出「尊君」、「正名」等思想也多源自儒家，〔註 80〕可見法家的思想並非獨創，應該是反省儒家的思想，而後慢慢修正而成的。由儒入法的演變，王邦雄老師有一圖示如下：〔註 81〕

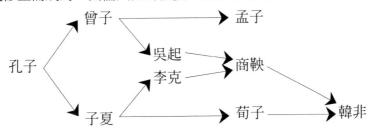

商鞅在見秦孝公時，也曾講述帝道、王道，講述不能代表認同，但可知道商鞅對儒家思想也有所涉獵，錢穆先生說「鞅入秦相孝公，攷其行事，則受李克吳起之遺教爲多。」〔註 82〕而李克、吳起曾是儒家的學生，儒家思想

〔註 77〕 參見左丘明著，杜預集解，竹添光鴻會箋：《左傳會箋》下冊，頁 1775。
〔註 78〕 參見左丘明著，杜預集解，竹添光鴻會箋：《左傳會箋》下冊，頁 1470。
〔註 79〕 參見《晉書‧刑法志》（臺北：鼎文書局，1990 年 6 月），頁 922。
〔註 80〕 參見李晃世：〈三晉法家思想淵源的剖析〉，《成功大學歷史學系歷史學報》，第 7 號，1980 年 9 月，頁 21～22。
〔註 81〕 參見王邦雄：《韓非子的哲學》（臺北：東大圖書公司，1993 年 3 月），頁 36。
〔註 82〕 參見錢穆：《先秦諸子繫年》，〈商鞅攷〉，頁 227。

對法家的影響可謂深矣。

　　道家思想也被法家吸收轉化，林啓彥先生說：

　　　　早期法家的思想，揉合了道家及儒家學說的要素而產生了兩個派

　　　　別，正好代表法家早期兩系思想。

　　　1. 李悝──鄧析──商鞅，此系統主要是承襲儒家的子夏學派而

　　　　　興起。

　　　2. 慎到──申不害，此系統乃自老子學派脫胎而來。〔註83〕

道家質素的注入是到了慎到、申不害、韓非以後的事，這裡就不作討論。墨
家對人性的看法，以及「尚同」等觀念，路數和法家十分接近，對法家的思
考也有相當大的影響。〔註84〕除了儒、道、墨三家的學說質素注入外，在商
鞅之前，法家的代表人物尚有管仲、子產、李克和吳起，他們的學說部分被
商鞅治國時，用來作為重要的施政方針，以下分別敘述。

（一）管仲與子產

　　管仲，齊國人。對於管仲是否應歸屬於法家，說法不一。牟宗三先生認
為管仲是個大政治家，但不是法家。〔註85〕《史記・管晏列傳》：「管仲既任
政相齊，以區區之齊在海濱，通貨積財，富國強兵，與俗同好惡。故其稱曰，
倉廩實而知禮節，衣食足而知榮辱，上服度而六親固，四維不張，國乃滅亡。
下令如流水之原，令順民心，故論卑而易行。俗之所欲，因而予之，俗之所
否，因而去之。其為政也善，因禍而為福，轉敗而為功。貴輕重，慎權衡。」
〔註86〕其中說他「富國強兵」、「貴輕重，慎權衡」，似乎具有法家之性格，
但我們必須深入來看，管仲以為「倉廩實而知禮節，衣食足而知榮辱」，這
和《論語・顏淵》：「足食，足兵，民信之矣」〔註87〕的精神是吻合的。《論
語・憲問》：「管仲相桓公，霸諸侯，一匡天下，民到于今受其賜。微管仲，
吾其被髮左衽矣！」〔註88〕這是孔子對子貢「管仲非仁者」的回答，可見孔
子是給予管仲極高的評價，管仲雖不似聖德一般高尚，但站在政治家的角

〔註83〕參見林啓彥：《中國學術思想史》（臺北：書林出版有限公司，1996年8月），
　　　　頁54。

〔註84〕參見李晃世：〈三晉法家思想淵源的剖析〉，頁26。

〔註85〕參見牟宗三：《中國哲學十九講》，頁160。

〔註86〕參見瀧川龜太郎：《史記會注考證・管晏列傳》，頁851。

〔註87〕參見朱熹集註，蔣伯潛廣解：《四書讀本・論語》，頁177。

〔註88〕參見朱熹集註，蔣伯潛廣解：《四書讀本・論語》，頁216。

度，他的所作所爲，絕不是太史公所說「天資刻薄」的法家人物。管仲雖然「尊君」，但又「順民」；雖然「以法治國」，其實法治的內涵與商鞅、申不害、韓非等人相異。根據《國語・齊語》，管仲曾實施「參其國而伍其鄙」的社會組織，〔註89〕這可能是商鞅後來施行什伍制度的參考。《管子》一書爲僞書，《漢書・藝文志》將其列於道家，《隋書・經籍志》將其列爲法家，可見內容駁雜。蕭公權先生說：「吾人如謂管子爲商韓學術之先驅，而非法家開宗之寶典，殆不至於大誤。」〔註90〕這個說法是中肯的，我以爲管仲並非一個純儒家或純法家的人物，而是介於儒法之間的轉化人物。

　　子產，鄭國人。子產並沒有留下任何著作，只能憑藉史書對他的記載，從中了解他的主張。見《史記・鄭世家》，子產是在鄭簡公十二年爲卿，子產爲政期間，深得百姓愛戴，子產卒，「鄭人皆哭泣，如亡親戚。」子產「爲人仁愛，事君忠厚。孔子嘗過鄭，與子產如兄弟云。及聞子產死，孔子爲泣曰：『古之遺愛也。』」〔註91〕《論語・公冶長》：「子謂子產：『有君子之道四焉：其行己也恭，其事上也敬，其養民也惠，其使民也義。』」〔註92〕這麼說來，子產也不是純法家的人物，他和管仲一樣，是個政治家，但不是刻薄之人，所以孔子說：「人謂『子產不仁』，吾不信也！」（《左傳・襄公三十一年》）〔註93〕子產雖不能稱之爲純法家的人物，但和管仲一樣，都有法家的傾向，他的鑄刑書及重刑的觀念，都爲後來的法家所吸收。管仲、子產重禮與德，和當時春秋時代的背景有關，禮與德的內涵與作用都與周朝時稍有不同，〔註94〕王曉波先生以爲：「子產以下，把禮的形式和禮的實質分開了，認爲禮的形式不過是儀而已。相對於禮的實質，禮的形式是可以變通的。……雖然這是變『禮』之『儀』，但卻爲『變古』開了一個大門。」〔註95〕禮、

〔註89〕參見王曉波：《先秦法家思想史論》，頁10～12。

〔註90〕參見蕭公權：《中國政治思想史》，頁206。以上管子學說內容亦參見於此書之第六章〈管子〉，頁205～226。

〔註91〕參見瀧川龜太郎：《史記會注考證・鄭世家》，頁681～682。

〔註92〕參見朱熹集註，蔣伯潛廣解：《四書讀本・論語》，頁62。

〔註93〕參見左丘明著，杜預集解，竹添光鴻會箋：《左傳會箋》下冊，頁1357。

〔註94〕參見王曉波：〈法家的前驅——管仲與子產〉，《先秦法家思想史論》，頁26～33。「在當時春秋時代形勢下，子產在國內，對『禮』的具體運用，其實就是對大夫的約束。……管仲以禮尊王（周天子），而子產則是以禮尊君（鄭公室）。……從西周『尊尊』『親親』的實際需要，而制作了『禮』。『禮』的形式不變，而爲『禮』所規範的實際內容卻改變了。」

〔註95〕參見王曉波：〈法家的前驅——管仲與子產〉，《先秦法家思想史論》，頁33。

德的涵義雖與儒家有些出入，但和法家駁斥仁義禮廉的路徑也不一致，我認爲管仲、子產都是儒法轉化間的人物，兼具儒法的性格。子產對鄭國很大的貢獻在其「鑄刑書」，是一明文的公佈法，在中國法制史上視爲成文法公佈的標誌。〔註 96〕《左傳・昭公六年》：「鄭人鑄刑書。」而後晉國公子叔向致書給子產，以爲「昔先王議事以制，不爲刑辟，懼民之有爭心也。」〔註 97〕但子產仍然堅持。另外，子產有「重刑」的傾向，他說：「夫火烈，民望而畏之，故鮮死焉；水懦弱，民狎而翫之，則多死焉，故寬難。」（《左傳・昭公二十年》）〔註 98〕《韓非子・內儲說上》亦有同樣一段記載，〔註 99〕子產這樣的觀點給了後來的法家重法嚴刑的理論雛形。

（二）李 克

　　牟宗三先生認爲眞正的法家從李克相魏，吳起相楚開始。〔註 100〕李悝和李克，近代學者多認爲二者是同一人，今即依此爲基礎討論李悝（李克）的思想對商鞅的影響。錢穆先生說明了商鞅受之於李克之處有二：「其（商鞅）變法，令民什伍相牧司連坐，此受之於李克之網經也。……開阡陌封疆，此李克盡地力之教也。」〔註 101〕《晉書・刑法志》記載：

> 秦漢舊律，其文起魏文侯李悝，撰次諸國法，著《法經》；以爲王者之政，莫急於盜賊，故其律始於〈盜〉、〈賊〉。盜賊須劾捕，故著〈囚〉、〈捕〉二篇；其輕狡、越城、博戲、假借、不廉、淫侈、踰制，爲〈雜〉律一篇。又以其律〈具〉其加減，是故所著六篇而已。商君受之以相秦。〔註 102〕

《唐律疏義》亦保存了這六篇的篇目，〔註 103〕孫星衍說：「《法經》存唐律中，即《漢藝文志》之《李子》三十二篇，在法家者；後人援其書入律令，故隋

〔註 96〕 參見鄭秦：《中國法制史》（臺北：文津出版社，1997 年 4 月），頁 57～58。
〔註 97〕 參見左丘明著，杜預集解，竹添光鴻會箋：《左傳會箋》下冊，頁 1470。
〔註 98〕 參見左丘明著，杜預集解，竹添光鴻會箋：《左傳會箋》下冊，頁 1660。
〔註 99〕 參見陳啓天：《韓非子校釋》，〈內儲說上〉，頁 398。「子產相鄭，病將死，謂游吉曰：『我死後，子必用鄭，必以嚴人。夫火形嚴，故人鮮灼；水形懦，故人多溺。子必嚴子之形，無令溺子之懦。』」
〔註 100〕 參見牟宗三：《中國哲學十九講》，頁 164。
〔註 101〕 參見錢穆：《先秦諸子繫年》，〈商鞅攷〉，頁 227。
〔註 102〕 參見《晉書・刑法志》，頁 922。
〔註 103〕 參見《唐律疏義》，轉引自王曉波：〈戰國初期的法家——李悝和吳起〉《先秦法家思想史論》，頁 103。

以後志經籍諸家不載。」〔註104〕因爲《法經》被唐律吸收保留，而使得《法經》逐漸亡佚。沈剛伯先生對《晉書》中說商君受《法經》於李悝提出質疑，他認爲二人年紀相差起碼七、八十歲，不太可能有授受的關係。〔註105〕雖然商君未必直接受《法經》於李克，但曾見到《法經》，並受其影響，應該是沒有問題的，所以陳啓天說：「晉鑄刑鼎，鄭鑄刑書，……只能算是一種初步的草創。到了《法經》，一面集諸國刑典的大成，而制爲一個有系統的法典，又一面爲秦律的淵源，負有承先啓後的兩重功用。」〔註106〕

　　李克另一項對商鞅有啓迪作用的是他盡地力的經濟政策，《史記・平準書》：

> 魏用李克，盡地力，爲彊君。自是之後，天下爭於戰國，貴詐力而賤仁義，先富有而後推讓。故庶人之富者或累巨萬，而貧者或不厭糟糠。有國彊者，或并群小以臣諸侯，而弱國或絕祀而滅世。〔註107〕

李克盡地力是有其時代背景的，主要的目的便是爲了富國彊君，爲了避免被「絕祀而滅世」，李克深知國富才能有與他國競爭的力量。《漢書・食貨志》有下列之記載：

> 李悝爲魏文侯作盡地力之教，以爲地方百里，提封九萬頃，除山澤邑居參分去一，爲田六百萬，治田勤謹則益三升，不勤則損亦如之，地方百里之增減，輒爲粟百八十萬石矣。又曰：糴甚貴傷民，甚賤傷農；民傷則離散，農傷則國貧，故甚貴與甚賤，其傷一也。善爲國者，使民無傷而農益勸。……善平糴者，必謹觀歲有上中下孰（熟）。……故大孰則上糴（政府買進）三而舍一，中孰則糴二，下孰則糴一，使民適足，賈平則止。小饑則發小孰之所斂，中饑則發中孰之所斂，大饑則發大孰之所斂，而糶之。故雖遇饑饉水旱，糴不貴而民不散，取有餘以補不足也。行之魏國，國以富彊。〔註108〕

李克重農的政策，一是盡地力，增加農業的生產；一是平糴法，不但調節糧價，

〔註104〕參見《嘉穀堂集李子法經序》，轉引自陳啓天：《中國法家概論》（臺北：中華書局，1970 年 2 月），頁 49。

〔註105〕參見沈剛伯：〈從古代禮、刑的運用探討法家的來源〉，《大陸雜誌》，第 47 卷第 2 期，1973 年 8 月，頁 59。

〔註106〕參見陳啓天：《中國法家概論》（臺北：中華書局，1970 年 2 月），頁 49。

〔註107〕參見瀧川龜太郎：《史記會注考證・平準書》，頁 535。

〔註108〕參見《漢書・食貨志》，頁 1124～1125。

也儲備糧食以備災荒之需。盡地力之教是經濟政策的轉型，逐步要衝破固有的封建井田制度，到了商鞅，更是極端壓抑商人，在經濟上採完全重農的政策。

（三）吳　起

　　吳起，衛人。吳起是兵家兼法家的人物。錢穆說商鞅的行事，受李克及吳起的影響最多。「其（商鞅）變法，……立木南門，此吳起償表之故智也。……遷議令者邊城，此吳起令貴人實廣虛之地之意也。」〔註109〕太史公記載吳起「遂事曾子」，〔註110〕或者吳起受到孔子所說「民無信不立」的影響，深知要推行政治制度必須先立信於民，《呂氏春秋・慎小》：

> 吳起治西河，欲諭其信於民，夜日置表於南門之外，令於邑中曰：「明日有人能償南門之外表者，仕長大夫。」明天日晏矣，莫有償表者。民相謂曰：「此必不信矣。」有一人曰：「試往償表，不得賞而已，何傷？」往償表來僨吳起。起自見而出，仕之長大夫。夜日又復立表，又令於邑中如前，邑人守門爭表，表加植，不得所賞。自是之後，民信吳起之賞罰，賞罰信乎民，何事不成，豈獨兵哉？〔註111〕

商鞅的徙木立信，明顯受到吳起的影響。另外，吳起曾對楚悼王說：「荊所有餘者，地也。所不足者，民也。今君王以所不足益所有餘，臣不得爲也。」（《呂氏春秋・貴卒》）〔註112〕故楚悼王「令貴人實廣虛之地」，表面上是爲了增加土地的生產力，實際上大有打擊貴族之意。《淮南子・繆稱訓》中還記載了「吳起相楚，設貴臣連坐之法，卒車裂也。」〔註113〕由此來看，商鞅變法時所採取的步驟幾乎與吳起一致，立信、裁抑貴族，連最後被車裂的下場都是相同的，這正是因爲他們極力打破封建貴族特有權利的關係。

四、個人人格的特質

　　一個人的人格形成，仰賴於其生長背景、時空環境及個人經歷等種種複雜的因素，現在要去探究古人的人格特質，在客觀性的資料上顯然存在相當

〔註109〕參見錢穆：《先秦諸子繫年》，〈商鞅攷〉，頁227。
〔註110〕參見瀧川龜太郎：《史記會注考證・孫子吳起列傳》，頁867。
〔註111〕參見高誘注，畢沅校《呂氏春秋新校正・慎小》（臺北：世界書局），頁326～327。
〔註112〕參見《呂氏春秋新校正・貴卒》，頁283。
〔註113〕參見《淮南子・繆稱訓》（臺北：世界書局，1978年3月）。

的困難，故我們必須藉由史實的記載作一些還原釐清的工作。但史料的記載往往是不夠充分的，而思想性格的養成受到多元的影響，僅由單薄的記載來作論斷，便難免有將問題簡單化的盲點。但是研究一個思想家，其想法的形成雖受到時代背景、前賢學說的影響，但個人的特質亦為決定思想家何以容易接受此一思想的重要因素之一，故雖礙於資料的不足，亦不能將此一重要因素捨去。

要討論商鞅的人格特質其實是一件困難的工作，理由是史傳中對商鞅個人生長情形的記載幾乎無跡而尋，僅記載了商鞅事魏公孫痤及入秦後的史事，因此只能就這些資料，從商鞅的應事觀、施政觀作一些追溯的判斷。當然，吾人的性格會反映在吾人的行事上，所以經由商鞅的施政應事之行為結果，亦可對商鞅人格之特質有一初步的解讀。

根據《戰國策・秦策》及《史記・商君列傳》的記載，試著從中探究商鞅的性格特質。《戰國策・秦策》：

> 商君治秦，法令至行，公平無私，罰不諱強大，賞不私親近，法及太子，黥劓其傅。期年之後，道不拾遺，民不妄取，兵革強大，諸侯畏懼。然刻深寡恩，特以強服之耳。孝公行之八年，疾且不起，欲傳商君，辭不受。……惠王車裂之，而秦人不憐。〔註114〕

《史記・商君列傳》中有三件事可窺見商鞅的性格：

> 鞅少好刑名之學，事魏相公叔痤為中庶子。……會痤病，魏惠王親往問病。……公叔曰：「痤之中庶子公孫鞅，年雖少，有奇才，願王舉國而聽之。」王嘿然。王且去，痤屏人言曰：「王即不聽用鞅，必殺之，無令出境。」王許諾而去。公叔痤召鞅謝曰：「今者王問可以為相者，我言若，王色不許我。我方先君後臣，因謂王即弗用鞅，當殺之。王許我。汝可疾去矣，且見禽。」鞅曰：「彼王不能用君之言任臣，又安能用君之言殺臣乎？」卒不去。

> 公孫鞅聞秦孝公下令國中求賢者，將修繆公之業，東復侵地，迺遂西入秦，因孝公寵臣景監以求見孝公。

> 衛鞅說孝公曰：「秦之與魏，譬若人之有腹心疾，非魏并秦，秦即并魏。何者？魏居嶺阨之西，都安邑，與秦界河而獨擅山東之利。利

則西侵秦，病則東收地。今以君之賢聖，國賴以盛。而魏往年大破
於齊，諸侯畔之，可因此時伐魏。魏不支秦，必東徙。東徙，秦據
河山之固，東鄉以制諸侯，此帝王之業也。」孝公以為然，使衛鞅
將而伐魏。魏使公子卬將而擊之。軍既相距，衛鞅遺魏將公子卬書
曰：「吾始與公子驩，今俱為兩國將，不忍相攻，可與公子面相見，
盟，樂飲而罷兵，以安秦、魏。」魏公子卬以為然。會盟已，飲，
而衛鞅伏甲士而襲虜魏公子卬，因攻其君，盡破之以歸秦。〔註115〕

由第一件史事記載來看，商鞅是一個處事冷靜有遠見，臨危不亂之人。
他能夠識得魏惠王的為人氣度，不因公叔痤之言而慌亂，故能面對強大的保
守貴族的勢力，打破舊有封建體系，成就變法功業。

由第二件史事記載來看，太史公貶其「因由嬖臣」，在《史記‧商君列傳》
中，趙良就曾對商鞅說：「今君之見秦王也，因嬖臣景監以為主，非所以為名
也。」〔註116〕司馬遷在〈報任少卿書〉中亦舉此事，以為商鞅透過宦官來見
秦孝公，是一件羞恥之事。〔註117〕因此有人認為商鞅「因由嬖臣」是急功近
利，不擇手段的表現，而對商鞅大肆批評。但是由此卻可以知道商鞅是一個
自己爭取機會的人，他積極行事的態度正是變法所急切需要的。

由第三件史事記載來看，商鞅「欺魏將卬」的行事風格無信義可言，加
上他黥劓太子傅，不師趙良之言，太史公評其為天資刻薄少恩，這樣的人格
特質使他在實施富國強兵之政策時，能夠不顧情面，凡事依法。

太史公對商鞅無情的批判，或許有其背景因素，不能說是十分客觀。徐
復觀先生說：「西漢像樣點的儒生，無不反秦反法，一方面是站在人民要求生
存的立場，一方面也是站在統治者政治的利害立場。」〔註118〕張文立先生亦
說：「由于漢距秦太近，感情的因素相對較重，而理性的思考尚且準備不足。」
〔註119〕王曉波先生就回應司馬遷的批評：

「天資刻薄」、「因由嬖臣」，這都是人身攻擊之辭，由此也可以反映

〔註115〕以上三則均參見瀧川龜太郎：《史記會注考證‧商君列傳》，頁891～894。。

〔註116〕參見瀧川龜太郎：《史記會注考證‧商君列傳》，頁895。

〔註117〕參見《漢書‧司馬遷傳》，頁2727。「昔衛靈公與雍渠載，孔子適陳；商鞅因
景監見，趙良寒心；同子參乘，爰絲變色。自古而恥之。」

〔註118〕參見徐復觀：〈漢初的啓蒙思想家〉，《兩漢思想史》卷二（臺北：學生書局，
1979年9月），頁99～100。

〔註119〕參見張文立：《秦文化論業》第二輯，轉引自余宗發：《先秦諸子學說在秦地
之發展》（臺北：文津出版社，1998年9月），頁18。

> 出太史公的立場是站在貴族大臣這一旁的。……一般毫無憑藉的平
> 民，如商君雖爲衛公子，曾相公叔痤，但在秦卻無朝中之人可以提
> 拔他，故也只能因「嬖臣」而晉見。「刑公子虔」是「刑過不避大臣」。
> 「欺魏將卬」是「兵不厭詐」。這應該是商君的公正和善用兵。……
> 「不師趙良之言」，趙良之言是從商君個人的自私的立場的勸告，所
> 以還警告商君說：「君之危若朝露，尚將欲延年益壽乎？」商君「不
> 師趙良之言」，其實是「極身無二慮，盡公不顧私。」「少恩」，若我
> 們具體的說，「恩」是一種「私恩」，是國君對其親近者的一種特殊
> 待遇，也就是「特權」，能享受這種特權的，只有親近國君的少數貴
> 族大臣而已。從太史公對商君的批評，我們更可以知道商君的作爲
> 及其所代表的思想，在當時是消滅特權的。〔註120〕

我以爲商鞅在當時推行變法新政，必受到相當大的阻礙，面對行之久遠的舊
制度，必須堅定立場、大刀闊斧一番，就因爲商鞅有這樣的性格特質，冷靜
判斷、急迫積極，根據形勢以攻代守，主動出擊，方能完成這般不可能的任
務。當然「欺魏將卬」是不盡情理、違背信義的事，但戰國情勢互相兼併，
商鞅本有「非魏并秦，秦即并魏」的考量，故此舉爲求戰之勝也，司馬遷站
在儒家立場評斷，商鞅之行事自然落得刻薄寡恩。又史傳中並未記載景監的
爲人，雖經由嬖臣，似乎不宜因此而對商鞅有過多的苛責，如果站在法家求
富彊之立場，我以爲必須給予商鞅更大的同情。

第四節　《商君書》與商鞅之關係

在這一節中，主要說明二個重點，一是《商君書》是整個商鞅學派的集
合之作，二是由《商君書》中可以窺見商鞅治秦時的基本主張。

一、《商君書》是整個商鞅學派的集合之作

《商君書》整體的思想雖是一致，但其中有一些觀念卻是混雜不清的，
因此往往給人「無足觀」的感覺，《周氏涉筆》便依此而認爲《商君書》是僞
作，但因爲這樣就全盤否定《商君書》未免太過武斷。鄭良樹先生說的最好：

〔註120〕參見王曉波：〈商君與商君書的思想分析〉，《先秦法家思想史論》，頁 155～
　　　　156。

「《商君書》當然不盡是商鞅的『眞著』，但是，也不必是他人的『僞作』；……應該是商鞅及其學派的集體著作，小部分是商鞅的『眞著』，大部分是學派裏的學生的作品。這些作品，對商鞅而言，固然是『僞作』；對商學派而言，無疑的卻是『眞著』了。」〔註121〕其中對於賞刑的觀念、蝨害的類別都有出入之處，今若將《商君書》視爲商學派集合之作，而這些差異正代表不同時期，那麼矛盾就可以得到解決。余宗發先生亦肯定這樣的看法：「同爲《商君書》的篇章，而對於『刑賞』所以存在不同的觀點，乃是因爲《商君書》各篇成文時代不一致所致。」〔註122〕今以賞刑的觀念爲例說明之。

本處根據鄭良樹先生對《商君書》各篇的考定，將商學派分爲五個時期來看賞刑觀念的演變。今整理《商君書》，將各篇對賞刑的敘述作一表如下：

時期	篇 名	賞 刑 觀	備 註
一	墾令第二	重 刑	重刑而連其罪。
二	修權第十四	厚賞刑重	厚賞而信，刑重而必。
三	去彊第四	重罰輕賞 刑九賞一 行刑重輕	重罰輕賞，則上愛民，民死上。……王者刑九賞一。
	說民第五	罰重賞輕 行刑重輕 刑九賞一	罰重，爵尊；賞輕，刑威。爵尊，上愛民；刑威，民死上。……王者刑於九，而賞出一。
	外內第二十二	賞多刑威	賞則必多，威則必嚴。
四	開塞第七	刑多賞少 刑九賞一	治國刑多而賞少，亂國賞多而刑少。故王者刑九而賞一。
	壹言第八	少賞重刑 先刑後賞	多賞以致刑，輕刑以去賞。……上之於民也，先刑而後賞。
	靳令第十三	重刑少賞 行刑重輕	重刑少賞，上愛民，民死上。……行罰，重其輕者，輕者不至，重者不來。
	賞刑第十七	重 刑	重刑連其罪，則民不敢試。
	畫策第十八	刑重、不賞善	刑不善，而不賞善。……不刑而民善，刑重也。刑重者，民不敢犯，故無刑也。

〈墾令〉篇是《商君書》最可靠的篇章，劉咸炘說：「或本鞅條上之文。」〔註123〕其中提到「重刑而連其罪」，與《史記·商君列傳》：「卒定變法治令，……

〔註121〕參見鄭良樹：《商鞅及其學派》自序，頁Ⅱ。
〔註122〕參見余宗發：《先秦諸子學說在秦地之發展》，頁143。
〔註123〕參見劉咸炘：《子疏》，卷8，轉引自陳啓天：《商鞅評傳》，頁137～138。

而相牧司連坐。不告姦者，腰斬；告姦者，與斬敵者同賞；匿姦者，與降敵同罰。」〔註124〕那麼商鞅主張重刑是無疑問的，但是〈墾令〉篇並沒有提到關於賞的敘述，依照鄭良樹先生的分析，認爲商鞅應是主張厚賞，〔註125〕因爲商鞅治秦變法前，爲取得人民的信任，曾立木示信，而厚賞徙木者。另在《韓非子・姦劫弒臣》：「商君說秦孝公以變法易俗而明公道，賞告姦，因末作而利本事。當此之時，秦民習故俗之有罪可以得免，無功可以得尊顯也，故輕犯新法。於是犯之者其誅重而必，告之者其賞厚而信。」〔註126〕由以上二例可知，商鞅原來應是主張重刑厚賞的，到了〈修權〉篇，「厚賞而信，刑重而必」的主張依然持續。第三期之後，「重刑」的觀念依舊，但是在《商君書》中對於「厚賞」的敘述卻很少，這是因爲「重刑」的觀念一直是法家治民的基礎，而「厚賞」的觀念卻因商學派的分歧而有了不同。

在第三期中，〈去彊〉、〈說民〉二篇主張「重罰輕賞」、「刑九賞一」，〈外內〉篇主張「賞多刑威」，這正說明了學派內的不同聲音，而有這樣的演變是因爲商鞅學派認爲賞輕才能顯出刑重，所以說「賞輕，刑威」。到了第四期，「少賞重刑」幾乎是一致的主張，〈畫策〉篇甚至認爲「刑重、不賞善」，賞的部分與商鞅時相比，差異極大，若因鄭良樹先生的看法，將《商君書》視爲商鞅學派作品，用立體式來觀察，這些矛盾處便可獲得解決。

另外蟲害的不同也可藉由商鞅學派的分期得到說明。〔註127〕鄭良樹先生將《商君書》視爲商鞅學派的集體之作，是研究《商君書》的一大進步。

二、由《商君書》論商鞅治秦時的基本主張

史書中對商鞅治秦的政策唯《史記》中記載較爲詳細，商鞅大約生於西元前三九〇年，司馬遷約生於西元前一三五年（另有一說爲西元前一四五年），〔註128〕二者相差了二百多年，但司馬遷作《史記》的謹慎態度，博採群書，使得其中的資料可信度極高，柴德賡先生在〈史籍舉要——史記〉一文中，說明司馬遷作《史記》時對於史料的取得來源有四，分別爲書籍、檔案、

〔註124〕參見瀧川龜太郎：《史記會注考證・商君列傳》，頁892～893。
〔註125〕參見鄭良樹：《商鞅及其學派》，頁53。
〔註126〕參見陳啓天：《韓非子校釋》，頁217。
〔註127〕參見鄭良樹：《商鞅及其學派》，頁141～146。
〔註128〕參見〈司馬遷生年爲建元六年辨〉《司馬遷的人格與風格》（臺北：開明書店，1992年12月），頁23～26。

見聞及遊歷，〔註129〕且學者根據許多出土資料比對《史記》所記載，都發現《史記》有高度的詳實性，雖然《商君書》的成書非一人一時之作，由《史記》中也很難看出太史公所見之《商君書》究竟為何貌，但商鞅的具體政策在秦國行之多年，太史公必定有相當的考證，因此在論及商鞅治秦時，便以《史記》中之記載為據。

　　根據《史記・商君列傳》，商鞅治秦，實行了二次變法，分別在孝公三年及十二年，內容如下：〔註130〕

（一）孝公三年，第一次變法內容

1. 令民為什伍，而相牧司連坐。不告姦者，腰斬；告姦者，與斬敵者同賞；匿姦者，與降敵同罰。
2. 民有二男以上不分異者，倍其賦。
3. 大小僇力耕織，致粟帛多者，復其身，事末利及怠而貧者，舉以為收孥。
4. 有軍功者各以率受上爵。為私鬥者各以輕重被刑，宗室非有軍功，論不得為屬籍。明尊卑爵秩等級，各以差次，名田宅臣妾衣服以家次。有功者顯榮，無功者雖富無所芬華。

（二）孝公十二年，第二次變法內容

1. 令民父子兄弟同室者息者為禁。
2. 集小都鄉邑聚為縣，置令丞，凡三十一縣。
3. 為田開阡陌封疆，而賦稅平。
4. 平斗桶、權衡、丈尺。

　　在《商君書》中，雖多為商鞅法治思想及農戰思想之理論闡發，對於商鞅曾實施的具體政策較少提及，但還是可以從其中窺見一二。

> 重刑而連其罪。（《商君書・墾令》）

> 用善，則民親其親；任姦，則民親其制。合而復之者，善也；別而規之者，姦也。章善則過匿，任姦則罪誅。過匿則民勝法，罪誅則法勝民。……重輕，刑去。常官，則治。省刑，要保，賞不可倍也。有姦必告知，則民斷於心。（《商君書・說民》）

〔註129〕參見柴德賡：〈史籍舉要——史記〉，附於瀧川龜太郎：《史記會注考證》，頁1457。
〔註130〕參見瀧川龜太郎：《史記會注考證・商君列傳》，頁892～893。

能攻城圍邑斬首八千以上，則盈論；野戰斬首二千以上，則盈論；吏自操及校以上大將，盡賞行間之吏也。故爵公士也，就爲上造也。故爵上造，就爲簪裏。故爵簪裏，就爲不更。故爵不更，就爲大夫。爵吏而爲縣尉，則賜虜，六加五千六百。爵大夫而爲國尉，就爲官大夫。故爵官大夫，就爲公大夫。故爵公大夫，就爲公乘。故爵公乘，就爲五大夫，則稅邑三百家。故爵五大夫，就爲庶長。故爵庶長，就爲左更。故爵三更也，就爲大良造——皆有賜邑三百家，有賜稅三百家。爵五大夫有稅邑六百家者，受客。大將、御、參，皆賜爵三級。故客卿相論盈，就正卿。以戰故，暴首三，乃校三日，將軍以不疑致士大夫勞爵。夫勞爵，其縣過三日，有不致士大夫勞爵，能。其縣四尉，訾由丞尉，能得甲首一者，賞爵一級，益田一頃，益宅九畝。級除庶子一人，乃得入兵官之吏。（《商君書・境內》）

實施連坐法、告姦法、以軍功受爵等政策的理論基礎都可由《商君書》中得知。又如〈墾令〉篇中：「訾粟而稅」的政策，正是一種平賦稅的政策。

《商君書》整體重農戰的精神，和《史記・商君列傳》中對商鞅重農務戰的描述是相符合的。且商鞅變法爲務的治道觀、價值觀等理論根基，都可由《商君書》中找到相應的論述，因此在探討商鞅治秦時，《商君書》仍是最重要的證據之一。

第三章 《商君書》的理論體系

第一節 《商君書》的理論基礎

中國哲學不同於西方哲學對「智」的重視，[註1] 而是著眼於生命，環繞著對生命的安頓而展開。牟宗三先生說中國哲學的主要課題就是生命，「是以生命為對象，主要的用心在於如何來調節我們的生命，來運轉我們的生命、安頓我們的生命。」[註2] 中國哲學對人生的關心，可以用「內聖外王」一語涵蓋，「內聖」是要修養個人的人格，「外王」是要求得群體的和諧。

法家在先秦諸子中，不同於儒道兩家對個人修養提出完整的一套想法，反而將思考重心完全放在群體的相處上，因此，我們可以說法家哲學是一套

[註1] 參見姚蒸民：《法家哲學》（臺北：東大圖書公司，1991 年 8 月），頁 2。「西洋哲學之出發點，全在於所謂『愛智』：因而特重思維與存在之關係，宇宙之根源，認識之性質、方法與界限等之研究，而尤重形式上之系統。」

[註2] 參見牟宗三：《中國哲學十九講》（臺北：學生書局，1997 年 1 月），頁 15。「這不同於希臘那些自然哲學家，他們的對象是自然，是以自然界作為主要課題。」參見韋政通：《中國思想史》上冊（臺北：水牛出版社，1996 年 10 月），頁 16～18。「不論是儒、墨顯學，或是戰國諸子，現代我們稱他們是哲學家，但他們主要的任務，並不是想建立一個哲學系統，且以學問傳世的。支持他們生活最強烈的因素是用世，是直接參與政治並影響社會，他們對政治社會有強烈的責任感、使命感，能遇明主採納他們的意見實現他們的抱負，才是人生最大的願望。」韋政通認為中國哲學「特別強調實踐與實用」。參見成中英：〈中國哲學的特性〉，《中國哲學思想論集》（臺北：水牛出版社，1990 年 7 月），頁 87～97。成中英先生將中國哲學的特性以四點統括說明，分別為內在的人文主義、具體的理性主義、生機的自然主義以及自我修養的實效主義。

政治哲學。〔註3〕這當然跟法家所面對的時代問題有密不可分的關係，使得法家在先秦諸子中展現最強烈的現實感。在理論系統建構之前，必定有這個理論架構需要仰賴的條件作爲支撐，〔註4〕姚蒸民先生說：「儒、道、墨三家在孔子、老子、墨子時代，即已個別建立其完整之思想體系；雖其門弟子後學之闡述，不無偏重或更新；然仍精神一貫，不離其宗。惟法家思想之發展，則爲先有實際運動之出現，而後乃有理論之建立，且遲至韓非時代始形成完整之體系。」〔註5〕又說：「法家思想理論之發展，至戰國中期而加速，並以商鞅爲其首要人物。」〔註6〕法家人物多爲事功家，著眼的是政治經濟各方面客觀的問題，很少用心於理論的建立，若將《商君書・更法》視爲後人對商鞅與杜摯、甘龍辯論之記載，那麼商鞅已有初步理論的提出，但法家理論直至韓非才趨成熟。《商君書》並非商鞅親手所著，而是其後學經歷多時完成，整個商鞅學派將商鞅已有雛形的理論內容整理的更爲完整，形成一個理論系統，在這個系統中，存在著支撐理論內容的條件，我們必須先掌握這些基礎，才能徹底了解《商君書》蘊含的思想。

　　《商君書》以政治問題爲其主要關心的對象，檢視整本《商君書》，其主要的課題分別爲法、賞刑及農戰，以及三者之關係，故吾人可以說此三者爲《商君書》理論之主要內容。基於因果律，則理論內容的提出，必然有其所以可能之條件。〔註7〕易言之，《商君書》中以法、賞刑、農戰爲理論內容，乃建立於三者之所以能成之條件，即所謂的理論根基之上。此理論根基分別爲變古的治道觀、自利的人性觀以及實效的價值觀三點，雖分列三項，實際上卻是環環相扣，必須通貫三者，才能眞正把握住《商君書》的理論體系。

〔註3〕　參見姚蒸民：《法家哲學》（臺北：東大圖書公司，1991年8月），頁5。「儒道墨法四家之學，均爲行爲的學問，具有政治哲學的特性。其不同處，在於法家僅有政治哲學，雖兼涉有人性論或知識論之類，但均爲政治哲學所吸收。」

〔註4〕　參見高柏園：《韓非哲學研究》（臺北：文津出版社，1994年9月），頁54、55。「如前所論，超越方法之所以追溯存在之所以可能之可能性條件，乃是基於因果律之使用，而凡是存在皆有其所以可能之條件以爲其存在之支持。依此，則任何理論內容做爲一已然存在之事實而言，亦必然有其所以可能之條件爲其支持，此條件即是此理論內容之理論根基。」

〔註5〕　參見姚蒸民：《法家哲學》，頁7。

〔註6〕　參見姚蒸民：《法家哲學》，頁20。

〔註7〕　參見高柏園：《韓非哲學研究》，頁55。「理論內容是如是如是之然，而理論根基則說明如是如是之然何以是如此。」

一、變古的治道觀

　　許多學者都指出《商君書》的歷史觀是變古，〔註8〕但是檢視整個《商君書》，重心並沒有放在對歷史全面的理解或闡述，〔註9〕而是強調相應於歷史的發展，群體關係乃由血緣維繫演變到制度規範，《商君書》要說明的是政治型態乃隨歷史而轉變，因此與其說是變古的歷史觀，不如說是變古的治道觀更爲貼切。

　　《商君書》是一部在戰國亂世完成的著作，面對儒家傳統的禮樂制度已不能解決當時的社會亂象，必須重新思考出一個新的方向。儒家提出「仁義四端」，企圖對舊有制度重新賦予新的生命，重開禮樂躍動的生機；〔註10〕道家把禮樂制度視爲外在人爲，提出無爲超越一途，試圖藉由心靈的解放達到逍遙的境界；〔註11〕不同於儒、道，法家則提出「以時制宜」的因應之道。

〔註8〕 如馮友蘭《中國哲學史新編》中「商鞅的進步的歷史哲學」；姚蒸民《法家哲學》中「歷史進化論」；賀凌虛《商君書今註今譯》中「演變不復的歷史觀」；王曉波《先秦法家思想史論》中「變古的歷史觀」等。

〔註9〕 參見王邦雄：《韓非子的哲學》（臺北：東大圖書公司，1993年3月），頁141。「事實上，韓非從未有『歷史是進化』一類之命題出現，而只是建立了歷史由外在物質條件所決定的觀點。也就是說，他以爲外在的客觀情勢決定了歷史的步伐，而不是由人的主觀心態，選擇了歷史的動向。……在人類有了才學智慧，有了自覺道德之後，尚言爭於氣力，……此時爲歷史的大悲劇，那有進化可言？故韓非的歷史觀，無所謂進化與退化，而只言演化；而其演化，完全由於外在環境與物質條件所決定。」韓非的歷史觀承商鞅而來，故此敘述亦可說明商鞅的歷史觀。

〔註10〕 參見牟宗三：《中國哲學十九講》，頁 60～62。「孔子對周文是採取什麼態度呢？……孔子對周文是採取肯定的態度。但是它之所以成其爲儒家的思想，是在他使周文生命化。……那麼如何使周文生命化呢？孔子提出仁字，因此才有『禮云禮云，玉帛云乎哉？樂云樂云，鐘鼓云乎哉？』以及『人而不仁，如禮何？人而不仁，如樂何？』這些話。人如果是不仁，那麼你制禮作樂有什麼用呢？可見禮樂要有真實的意義、要有價值，你非有真生命不可，真生命就在這個『仁』。」參見王邦雄：《韓非子的哲學》（臺北：東大圖書公司，1993年3月），頁31。「在禮壞樂崩之後，孔子不再由王室與諸侯的小圈子中去重建宗法的親和力，轉而向廣大人群共有的人心之仁，爲禮制深植更普遍堅實的根基。曰：『人而不仁，如禮何？人而不仁，如樂何？』禮樂若無人心之仁爲其活水源頭，則其發用，是無根的，亦一外在乾枯的形式而已！有了人心之仁以爲其內在的根源，則不僅足以使周文恢復其活潑的生命，且重新注入新的精神，呈現新的意義。」

〔註11〕 參見牟宗三：《中國哲學十九講》，頁64。「道家也是否定周文，……道家思想背後有個基本的洞見（insight），就是自由自在。所以他把周文看成虛文，看成形式主義。因爲如此，他把周文通通看成是外在的（external）。……所以老

〔註12〕《商君書》的作者認為歷史是不斷變動的，順應歷史的演化，而使得政治型態必須有所轉變，既然傳統周文已不能順應時代，就必須被另一套制度所取代。我們必須了解的是，法家變古的治道觀，要求的是順應時勢，只要能符應時勢，能達成功效，就是好的治道。故法家並非絕對反對儒家，而是認為儒家已不能達到時勢的要求，就必須以另一套制度取代之，這不是孰是孰非的問題，而是適不適合的問題。

《商君書‧開塞》：

> 天地設而民生之，當此之時也，民知其母而不知其父，其道親親而愛私。親親則別，愛私則險，民眾而以別險為務，則民亂。當此時也，民務勝而力征，務勝則爭，力征則訟。訟而無正，則莫得其性也。故賢者立中正，設無私，而民說仁。當此時也，親親廢，上賢立矣。凡仁者以愛為務，而賢者以相出為道。民眾而無制，久而相出為道，則有亂。故聖人承之，作為土地貨財男女之分，分定而無制不可，故立禁。禁立而莫之司不可，故立官。官設而莫之一，不可，故立君。既立君，則上賢廢而貴貴立矣。然則上世親親而愛私，中世上賢而說仁，下世貴貴而尊官。上賢者，以道相出也；而立君者，使賢無用也。親親者，以私為道也；而中正者，使私無行也。
>
> 此三者，非事相反也，民道弊而所重易也，世事變而行道異也。

〈開塞〉篇中將歷史的變動分成上世、中世、下世，而分界點的關鍵都在「亂」，所謂「民眾而以別險為務，則民亂」、「民眾而無制，久而相出為道，則有亂」，因為社會爭亂紛擾，所以必須改變現有的制度來因應，「此三者，非事相反也，民道弊而所重易也，世事變而行道異也」，其中並未蘊含社會演化過程中任何價值判斷，只是說明隨著社會演化，制度也應隨之改革。在〈開塞〉篇的歷史觀察中，我們可以發現《商君書》的作者把歷史的變動歸之於外在條件的變化，顯然《商君書》認為歷史是唯物的，〔註13〕是受外在物質條件牽動的。

> 子說『故失道而後德，失德而後仁，失仁而後義，失義而後禮。夫禮者，忠信之薄而亂之首。』（《老子》第三十八章）」

〔註12〕《商君書‧更法》：「禮法以時而定，制令各順其宜，兵甲器備各便其用。」孔子亦有「因時制宜」的思想，但基於價值觀的不同，如何順應時宜的用心也不同。儒家是就周文禮樂文制斟酌損益，法家則根據變古的治道觀、實效的價值觀，根本上否定周文制度存在的必要性，而思考另一套足以取代的新制度，完成富國強兵的目標。

〔註13〕參見王邦雄：《韓非子的哲學》，頁 133。「歷史的主體誠然是人，然人性皆好

王曉波先生說《商君書》並沒有找出「何以亂」的根本原因，〔註14〕其實《商君書》的作者已經注意到「亂」的原因可能出自於物質分配的問題，只是並未深究。在〈說民〉篇中提到：「民之情也治，其事也亂」，朱師轍先生注：「民之情本望治，而其事勢常趨於亂，蓋飢寒衣食之爭，而變亂生焉。」〔註15〕檢視人類歷史，人類爭亂的主要原因來自於物質供應量有限，而人的慾望無窮，若物質沒有得到合理的安排，就會產生爭亂。《荀子‧禮論》說：「人生而有欲，欲而不得，則不能無求，求而無度量分界，則不能不爭。爭則亂，亂則窮。」〔註16〕《韓非子‧五蠹》也說：「饑歲之春，幼弟不讓。穰歲之秋，疏客必食。非疏骨肉，愛過客也，多少之實異也。是以古之易財，非仁也，財多也。今之爭奪，非鄙也，財寡也。」〔註17〕《商君書》中雖未如荀子及韓非將慾望與物質間的關係論述得如此透徹，但仍然注意到人口增加會使社會無序，使得社會組織成為必然，故從「民眾而亂」為出發點，說明政治的產生。

　　至於〈開塞〉篇中的上世、中世、下世，究竟是指何時？學者們提出不同的看法。馮友蘭先生以為這三世所描寫的是實際上「西周到戰國之間的社會變化」，他說：

> 此所說上世、中世、下世，自人類學及社會學之觀點觀之，雖不必盡當，然若以之說春秋、戰國世代之歷史，則此段歷史，正可分為此三時期也。春秋之初期，為貴族政治時代，其時即「上世親親而愛私」之時也。及後平民階級得勢，儒墨皆主「尊賢使能」，「汎愛眾而親仁」，其時即「中世上賢而悅仁」之時也。國君或國中之一二貴族，以尚賢之故，得賢能之輔，削異己而定一尊。而「賢者」又

利自為，不免彼此衝突，兩相對抗，故功利的價值，由人之內在主體顯然開不出來，而只得取決於外在客體的自然環境，此說已近乎慎子『與物推移』之意。故歷史的演化，恆視外在之物質條件以為定。此一歷史觀，已步入唯物論的領域。人在歷史的長流中，已失去其砥柱中流的應有地位，惟隨波逐浪，順應時代環境之流變而已！此說雖是論及韓非的歷史觀，然韓非的歷史觀深受商鞅影響，故仍可用以說明商鞅的歷史觀。

〔註14〕參見王曉波：〈商君與商君書的思想分析〉，《先秦法家思想史論》（臺北：聯經出版事業公司，1992 年 8 月），頁 162。

〔註15〕參見朱師轍：《商君書解詁定本》（臺北：鼎文書局，1979 年 2 月初版），頁22。

〔註16〕參見李滌生：《荀子集釋》（臺北：學生書局，1984 年 10 月），頁 417。

〔註17〕參見陳啓天：《韓非子校釋》（臺北：商務印書館，1994 年 11 月），頁 29。

復以材智互爭雄長，「以相出爲道」。「久而相出爲道則有亂」，君王惡而又制裁之。戰國之末期，即「下世貴貴而尊官」之時也。「立君者，使賢無用也」，此爲尚賢之弊之反動，而戰國末期之現實政治，即依此趨勢進行也。〔註18〕

羅根澤先生說：

此所言雖未必與歷史一一符合，然大體不甚相遠。夏以前尚矣，商代蓋爲氏族社會，周代則爲封建社會。氏族社會以氏族爲單位，其爲親親之政無疑。封建社會下之封建諸侯，以天子之同姓及功臣爲主，世襲侯王，無間賢愚，亦當然爲親親之政治。至春秋戰國之交，一因封建諸侯自身之腐潰爭鬥，二因新興地主階級與知識階級之逐漸滋長，使世襲貴族不能應付時艱，由是各國皆招賢納士，延攬賓客，甚或借材異地。所謂士亦砥礪學行，以康濟時艱自任。由是造成戰國時代之上賢政治，——得士者昌，失士者亡，各國君主，皆傀儡耳。及至戰國末年，士人過多，「各以相出爲道，民眾而無制，久而相出爲道則有亂。」由是又逐漸壓抑士人，統治言論，遂自上賢政治變爲貴貴政治矣。〔註19〕

　　羅根澤先生與馮友蘭先生都認爲〈開塞〉篇這一段論述與歷史的演化大致是吻合的，但二人對三世說的時代界定有些出入。馮友蘭先生將三世說界定在春秋戰國時代，春秋初期爲上世、戰國末期爲下世，中世則介於春秋中期至戰國中期。顯然羅根澤先生將三世說的時間拉長了許多，他認爲商、周都是「親親」的政治，及至春秋戰國時期才因封建政治內部的解體，以及社

〔註18〕參見馮友蘭：《中國哲學史》增訂本上冊（臺北：商務印書館，1994 年 5 月），頁 387。另見馮友蘭：《中國哲學史新編》上冊（北京：人民出版社，1998 年 12 月），頁 304～305。「所謂『親親而愛私』，是指周朝的以氏族社會的血緣關係爲基礎的宗法制度。這是周朝所用以進行統治的一個重要工具。所謂『上賢而說仁』是指春秋、戰國初，反映了地主階級及小私有生產者參加政權的要求。早期法家和早期墨家主張『尚賢』，提倡『兼愛』，是這個要求在思想上的反應。所謂『貴貴而尊官』，是指戰國以來地主階級奪了奴隸主的權而專由自己專政的要求。在這個鬥爭中，地主階級聯合君主，打倒貴族，實行專制主義的中央集權的政治。因爲要專制，要中央集權，所以要尊君（貴貴）：因爲要用官僚，所以要『尊官』。『官』不必是賢：君也不必是賢。法家以爲，只要用他們的辦法，完全用不著『親親』、『悅仁』和『尚賢』。」

〔註19〕參見羅根澤：〈晚周諸子反古考〉《古史辨》第六冊（上海：上海古籍出版社，1982 年 11 月），頁 29～30。

會新興階級興起的外在壓力，轉而變成「上賢」及「貴貴」的政治。

　　雖然馮友蘭先生與羅根澤先生對於上世的「親親」政治由何時開始有不同的看法，但對於下世的「貴貴」政治始於戰國末期卻是意見一致的。這一點王曉波先生與賀凌虛先生有不同的觀察。王曉波先生說：「《商君書》的『下世』是指將來臨的時代，而他所自覺的『現在』乃是一向『下世』過度的時期。」〔註20〕王曉波先生所持的理由是：

　　《商君書‧壹言》：「故聖人之爲國也，不法古，不修今，因世而爲之治，度俗而爲之法。」又《商君書‧開塞》：「聖人不法古，不修今。法古則後於時，修今則塞於勢。」既然「不修今」，可見「今」是必須改革的，是時勢所不容的，那麼當然不是《商君書》所要求的「貴貴」政治，而是「上賢而說仁」的末期，正要走向下世，去開創「貴貴而尊官」的新時代。

　　我認爲王曉波先生所持的論點較爲合理。如此，聖人不要再去追求「親親」政治，即「不法古」；也不要拘泥於「上賢」政治，即「不修今」，面對歷史的不斷前進，只有開創「貴貴」政治，才能撥亂反正，解決社會爭亂的問題。

　　《商君書》基於對歷史的觀察，因此提出變古的治道觀，在〈更法〉篇中就有一段商鞅堅持「變古」、「反古」，而與支持「法古」的甘龍、杜摯激烈辯論的記錄。

　　《商君書‧更法》：

> 公孫鞅曰：「前世不同教，何古之法？帝王不相復，何禮之循？伏羲、
> 神農，教而不誅；黃帝、堯、舜，誅而不怒；及至文、武，各當時而
> 立法，因事而制禮。禮、法以時而定，制、令各順其宜，兵甲器備，
> 各便其用。臣故曰：『治世不一道，便國不必法古。』湯、武之王也，
> 不脩古而興；殷、夏之滅也，不易禮而亡。然則反古者未必可非，循
> 禮者未足多是也。」

商鞅針對甘龍、杜摯所提出的「聖人不易民而教，知者不變法而治」，〔註21〕以及「法古無過，循禮無邪」，認爲這是「世俗之言」，因爲「愚者闇於成事，知者見於未萌」，只要可以強國、利民，聖人應該「不法其故」、「不循其禮」。商鞅認爲伏羲神農、黃帝堯舜、文武的教化方式各有不同，卻都能收其成效，所謂「三代不同禮而王，五霸不同法而霸」，這些都是順應時勢變化，不拘泥

〔註20〕參見王曉波：〈商君與商君書的思想分析〉，《先秦法家思想史論》，頁163。
〔註21〕本段「」中的引文均引自《商君書‧更法》。

於古代禮法而能治的證明。

「時」的觀念是《商君書》面對演化不復的歷史和治道所提出的重要觀點。〔註22〕「時」是相對於「史」而言，史是歷史的情境，相對於歷史的情境，「時」則是當下的情境。

《商君書‧畫策》：

> 昔者昊英之世，以伐木殺獸，人民少而木獸多。黃帝之世，不麛不卵，官無供備之民，死不得用椁。事不同，皆王者，時異也。神農之世，男耕而食，婦織而衣，刑政不用而治，甲兵不起而王。神農既沒，以彊勝弱，以眾暴寡。故黃帝作為君臣上下之義、父子兄弟之禮、夫婦妃匹之合，內行刀鋸，外用甲兵。故時變也。由此觀之，神農非高於黃帝也，然其名尊者，以適於時也。故以戰去戰，雖戰可也；以殺去殺，雖殺可也；以刑去刑，雖重刑可也。

這一段的說法可說是〈開塞〉篇與〈更法〉篇的重述，但是更具體的提出「事不同，皆王者，時異也」，隨著歷史的前進，社會結構由「人民少而木獸多」，轉而成為「不麛不卵」、「死不得用椁」，可見人口逐漸增加，木獸的數目不敷需求，在供需產生不平衡時，聖王必須做出不同的政治判斷，這是因為「時」的改變，時空環境不同了，政治方針也需隨之改變。神農氏不用刑政，不興甲兵，人民安居樂業，自給自足；黃帝卻要制定種種規範，約束人與人之間的關係，甚至必須運用刑罰，發動戰爭，這並不是神農氏比黃帝善於治理國家，也不是神農氏的品德比黃帝高尚，只是因應「時變也」，治理的方法自然不同。因此《商君書》的作者觀察現在的時勢及民心，是一個必須以戰、殺、刑來作為治理國家時的一個手段的社會狀態，那麼又何必要一味的「法古」呢？

《商君書‧開塞》：

> 古之民樸以厚，今之民巧以偽。故效於古者，先德而治；效於今者，前刑而法。

《商君書‧算地》：

> 故神農教耕而王天下，師其知也；湯、武致彊而征諸侯，服其力也。今世巧而民淫，方倣湯、武之時，而行神農之事，以隨世禁，故千

〔註22〕如〈壹言〉：「凡將立國，制度不可不時也。」〈壹言〉：「今世主皆欲治民，而助之以亂：非樂以為亂也，安其故而不闚於時也。是上法古而得其塞，下修今而不時移，而不明世俗之變，不察治民之情，故多賞以致刑，輕刑以去賞。」

乘惑亂，此其所加務者，過也。

《商君書》明確指出現在的人民不似古時的人民樸實敦厚，社會充斥淫巧之風，時代是類似於湯武時代，君王若不知效法湯武以力致彊，反而盲目追求神農氏那樣的教化方式，將是導致混亂的過失。

　　《商君書》提出變古的治道觀，強力反駁了要求「法古」的貴族大臣，一掃孔子以來的託古改制之風，〔註23〕更基於此一治道觀，為變法圖強提供了一個強而有力的基礎，證明了伏羲、神農、黃帝、堯舜、文、武之所以能治，皆在於他們能「各當時而立法，因事而治禮」，強調政治制度必須因應時勢，而這正是法家成為先秦諸子學派中最能適應時代實際需求的原因。這一唯物的治道觀，為韓非所承接，韓非更明確抨擊諸子託古之風，《韓非子・顯學》：「孔子墨子俱道堯舜，而取捨不同，皆自謂眞堯舜。堯舜不復生，將使誰定儒墨之誠乎？殷周七百餘歲，虞夏二千餘歲，而不能定儒墨之眞，今乃欲審堯舜之道於三千歲之前，意者其不可必乎？無參驗而必之者愚也，弗能必而據之者誣也。故明據先王，必定堯舜者，非愚即誣也。」〔註24〕這樣的觀點，受到荀子「法後王」的影響，破除儒墨「法先王」的思想，但荀子「法後王」並非因為先王之政不適於今，而是因為時代久遠，無法考見先王之法，因此「欲觀聖王之跡，則於其粲然者矣，後王是也」（《荀子・非相》），〔註25〕先王之道已不能詳見，但卻隱含在後王之道中，可經由後王的政績窺見先王之跡，後王能積累先王之政道，而集成統類，故「法後王」可得王道之詳。韓非由荀子推論的路徑出發，但並非要效法先王之道，而論證出既然先王之道已不能定其眞，那麼便不可據，且韓非對歷史的觀察是「上古競於道德，中世逐於智謀，當今爭於氣力」（《韓非子・五蠹》），〔註26〕順應不同的時代，則「世異則事異，事異則備變」（《韓非子・五蠹》），〔註27〕而提出「法與時轉則治，治與事宜則功」（《韓非子・心度》）〔註28〕的治道觀，可以說實證的論證方法來自荀子，比商君更進一步，但在唯物觀的歷史觀察與得到的結論

〔註23〕參見馮友蘭：《中國哲學史》，頁388。「法家之言，皆應當時現實政治及各方面之趨勢，當時各方面之趨勢為變古；法家亦擁護變古，其立論一掃自孔子以來託古立言之習慣。」

〔註24〕參見陳啓天：《韓非子校釋》，頁2。

〔註25〕參見李滌生：《荀子集釋》，頁80。

〔註26〕參見陳啓天：《韓非子校釋》，頁33。

〔註27〕參見陳啓天：《韓非子校釋》，頁33。

〔註28〕參見陳啓天：《韓非子校釋》，頁814。

上卻更近商君。

二、自利的人性觀

　　《商君書》中沒有對人性有一個完整的論說，作者並未企圖對人性的本質作探索與分析，只是就現象面、經驗面作一觀察，而得到人性是好利自爲的結論。當然《商君書》的作者可能認爲人性本質就是自利的表現，但是本文所謂沒有對人性本質做探索與分析，乃是根據《商君書》並未全面的對人性做剖析，只就好利惡害的部分論人性，而沒有說明善從何來的問題。雖然〈算地〉篇中說：

> 民之求利，失禮之法；求名，失性之常。奚以論其然也？今夫盜賊
> 上犯君上之所禁，下失臣子之禮，故名辱而身危，猶不止者，利也。
> 其上世之士，衣不煖膚，食不滿腸，苦其志意，勞其四肢，傷其五
> 臟，而益裕廣耳，非性之常也，而爲之者，名也。故曰：名利之所
> 湊，則民道之。

《商君書》以爲人之所以「衣不煖膚，食不滿腸，苦其志意，勞其四肢，傷其五臟」，是爲了「益裕廣耳」，即增大名聲，目的是爲了追求名，但這樣的了解顯然是片面偏頗的，人之所以爲善，並不一定是爲了虛名，所以我們說《商君書》只是就經驗面對人性做一觀察，而忽略了德性這一層。

　　儒家、道家則不同，二者通過對人性的考察，繼而確立其人性論，延伸出完整的修養工夫論以及政治學，這並不是說法家就沒有對人性有所說明，只是法家重視的是現實的社會狀況，再由政治上尋求解決之道，《商君書》重視的是國家、是君王，而不是個人，它思考的是一套政治哲學，而不是個人要如何修德，因此人性最終的本質是什麼並非它要探討的問題核心，而是君王要如何面對人性在亂世中的種種表現，消極的說，是解決人性自利造成的紛亂；積極的說，是利用人性好利的特點，加以誘導，成就富國強兵的事業。〔註29〕

　　中國哲學一向是以人生哲學及政治哲學爲重心，目的在透過政治的安排運

〔註29〕《商君書‧算地》：「故聖人之爲國也，入令民以屬農，出令民以計戰。夫農，
　　　　民之所苦；而戰，民之所危也。犯其所苦，行其所危者，計也。故民生則計
　　　　利，死則慮名。名利之所出，不可不審也。利出於地，則民盡力；名出於戰，
　　　　則民致死。入使民盡力，則草不荒；出使民致死，則勝敵。勝敵而草不荒，
　　　　富強之功，可坐而致也。」

作，達到安頓民情的目的。〔註30〕因此在談論政治哲學之前，必須對人性所表現出的特質有了解，也就是說人性論是政治哲學的基礎，政治乃環繞人性的表現而展開。在先秦諸子中，人性論的開端應屬孔子，孔子論性，未言性善性惡，只提出人之性是相近的，所謂「性相近也，習相遠也。……唯上知與下愚不移」（《論語・陽貨》），〔註31〕人之本質之性大體是相近的，後來的差異是由於積習不同，受到環境的影響，習於善者則爲善，習於惡者則爲惡。但每個人的天資則有不同，因此有「生而知之者」、「學而知之者」、「困而學之者」及「困而不學」的差別。〔註32〕孔子的心性論開出二派：一是重仁心的推擴與道德自覺，一是重禮義的教化與化性起僞；前者以曾子、孟子爲代表，後者以子夏、荀子爲代表。〔註33〕子貢曾說：「夫子之言性與天道，不可得而聞也」（《論語・公冶長》），〔註34〕這是因爲孔夫子的文采事業，見之於外，學生可以聽聞學習，但性與天道是必須靠主體去領略的，因此孔子不願用客觀的話語去談論，而以仁心去啓發學生，通過主體的修養來契悟天道。〔註35〕

在孟子之前，告子提出性無善無不善，只是受到環境的影響，告子說：「性，猶湍水也。決諸東方則東流，決諸西方則西流，人性之無分善不善也，猶水之無分於東西也。」（《孟子・告子》）〔註36〕孟子卻更進一步，用水性向下來比喻人性爲善，「水信無分於東西，無分於上下乎？人性之善也，猶水之就下也！今夫水，搏而躍之，可使過顙；激而行之，可使在山，是豈水之性哉，其勢則然也。人之可使之爲不善，其性亦猶是也。」（《孟子・告子》）告子又說：「生之謂性」，以及「食色，性也」，告子既然用人的基本生理需求說性，自然無善惡可分，孟子說性乃肯定人性爲善，是由心說性：〔註37〕

〔註30〕參見王邦雄：《韓非子的哲學》，頁103。
〔註31〕參見朱熹集註，蔣伯潛廣解：《四書讀本・論語》（臺北：啓明書局），頁262。
〔註32〕此四句出自《論語・季氏》，參見朱熹集註，蔣伯潛廣解：《四書讀本・論語》，頁256。
〔註33〕參見蔡仁厚：《孔孟荀哲學》（臺北：學生書局，1984年12月），頁362。「孔子之後，孟荀繼起，先後成爲先秦儒學之大師。孟子順承孔子之仁而發揮，開出心性之學的義裡規模。荀子則順承孔子外王禮憲之緒，彰顯禮義之統。」
〔註34〕參見朱熹集註，蔣伯潛廣解：《四書讀本・論語》，頁61。
〔註35〕參見牟宗三：《中國哲學的特質》（臺北：學生書局，1998年5月），頁39～40。
〔註36〕參見朱熹集註，蔣伯潛廣解：《四書讀本・孟子・告子》，頁257～308。以下孟子告子語均出自此，不另加註。
〔註37〕參見牟宗三：《中國哲學的特質》，頁89。「孔子論語中未曾有『心』字，『心』

乃若其情，則可以爲善矣，乃所謂善也。若夫爲不善，非才之罪也。
惻隱之心，人皆有之；羞惡之心，人皆有之；恭敬之心，人皆有之；
是非之心，人皆有之。惻隱之心，仁也；羞惡之心，義也；恭敬之
心，禮也；是非之心，智也。仁義禮智，非由外鑠我也，我固有之
也，弗思耳矣。(《孟子‧告子》)

孟子說性爲善而未全善，是因爲受到外物牽引而非本性，而這正是吾人必須
涵養擴充吾人之性之因，是一個實踐的修養歷程，儒家的修養工夫主要就是
「踐仁」的工夫，孔子用「仁」來遙契天道，孟子便由仁心來說人性，仁義
之心是我固有之的，受到外在的牽引而使人有不善，因此只要「求其放心」，
便可逆覺體證天道賦予吾人之善性。牟宗三先生說：「孟子是心性之學的正
宗。」〔註38〕這是因爲中國哲學一向重視人的主體性，講的是生命哲學，孟
子的心是道德自覺心，就是要人自覺自己與禽獸的不同，和中國哲學的路數
是一貫的，因此是正宗。如果以如此的角度來看待中國哲學及儒家，荀子便
是其中的歧出。荀子的年代雖在商鞅之後，但基於對儒家人性論有完整的認
識，且荀子的人性論影響了法家的韓非，故在此仍稍加說明。

　　荀子與孟子最大的不同，即是其對於人性論的看法，因其不同的人性
論，開出不同的人生哲學，但最終極目的卻是一致。王邦雄老師說：「荀子
之人性論，著眼在人之情欲爭奪心的存在，與孟子之著眼在人之道德自覺心
的存在，實大有不同。一爲生理之情性，一爲價值之心性，前者指人與禽獸
所共有者，後者指人與禽獸所別異者。」〔註39〕此言十分精闢，將孟荀心性
論的差異說明的很清楚。荀子論性，將其視爲生理情欲，所謂「性者，天之
就也；情者，性之質也；欲者，情之應也。」(《荀子‧正名》)〔註40〕荀子
人性論與告子相近，是一經驗主義的立場，認爲人性是「飢而求飽，寒而欲
煖，勞而欲休」〔註41〕的，如此以生理需求說人性，只觸及其中的動物性，
而未含有任何道德價值的成分，那麼一切的善都是人爲，是僞，化性起僞的
工夫將只能交給「心」負責，因爲心有知慮擇，若能使心保持虛靜，便可以

　　的概念是首先由孟子創出的。其實是自然就可從仁轉出的。」
〔註38〕參見牟宗三：《中國哲學的特質》，頁92。
〔註39〕參見王邦雄：《韓非子的哲學》，頁106。
〔註40〕參見李滌生：《荀子集釋》，頁529。
〔註41〕參見李滌生：《荀子集釋》，〈性惡〉篇，頁542。

通過禮義師法來教化。〔註42〕既然以生命的自然之質說性，那麼便無善惡可分，因此荀子並非說人性本惡，「惡」是針對情欲不加節制而導致的結果而言，《荀子・性惡》：「然則從人之性，順人之情，必出於爭奪，合於犯分亂理，而歸於暴。」〔註43〕這樣用經驗主義觀察人性的方法與法家的人性觀相近，因此荀子是一位儒法間轉化的關鍵人物。

　　相對於儒家，道家似乎沒有對人性加以論述，因此容易讓人以爲道家沒有人性論，其實老子雖然沒有給予「性」一詞明確的界說，仍然對人的本質之性有一些界定。徐復觀先生認爲「老子的道德論，無異是儒家的性命論」，〔註44〕道家說道蘊生萬物，對天地萬物而言，道是既超越又內在，道家不是憑空說道，其實道就在萬物的生成中呈顯，《道德經》說道德，道是無，德是有，道下貫爲德，德內在於萬物之中，因此吾人便有得以體悟天道的憑藉。〔註45〕老子說：「人法地，地法天，天法道，道法自然。」（《道德經》第二十五章）〔註46〕又說：「道之尊，德之貴，夫民莫之命而常自然。」（《道德經》第五十一章）人有道賦予的德，如此則能體證天道自然，自然便是天眞不妄作，人性本是天眞，但卻由於心知的介入，而使人有無窮的欲求，才會有爭亂紛擾。莊子的哲學基本上就是講述人生之道，因此有較多機會論及到人性，〔註47〕依唐君毅先生之見，莊

〔註42〕參見李滌生：《荀子集釋》，〈解蔽〉：「心知道，然後可道：可道然後守道以禁非道。」〈解蔽〉：「人何以知道？曰：心。心何以知？曰：虛壹而靜。」
〔註43〕參見李滌生：《荀子集釋》，頁538。
〔註44〕參見徐復觀：《中國人性論史》（臺北：商務印書館，1990年12月），頁338。
〔註45〕參見王邦雄：《韓非子的哲學》，頁104。「道把自身表現在宇宙萬物之中，萬物所得自於道者即爲德，此德就是人的本質之性。……故德的存在，就是道賦予萬物展現其自身與回歸其自身的可能性。道既爲最高價值的存在，得自於道的德，也不得不予善的設定。」另王邦雄：《老子的哲學》（臺北：東大圖書公司，1999年8月），頁82。「而『無，名天地之始：有，名萬物之母』，故道是無，而有就是道下貫的德。也就是說，道之生化萬物，是以德之內在的方式，以畜養成全萬物。」
〔註46〕參見《老子王弼注》（《老子四種》，魏・王弼等著，臺北，大安出版社印行，1999年2月）。以下所引老子白文，只標註篇章，不另加註。
〔註47〕參見唐君毅：《中國哲學原論・原性篇》（臺北：學生書局，1979年2月），頁33～34。「先秦諸子中，道家之老子書中雖有關連於人性之思想，而未嘗環繞於性之一名而論之。蓋老子之論道，重在視道爲客觀普遍者，亦如墨子之言天志兼愛等，皆重其爲一客觀普遍之原則。老子與墨子，皆客觀意識強而主觀意識弱之人。人之情性則屬於人生之主體，故二人皆初不直接論性。先秦道家中莊子之主觀意識強於老子，而對人生之感情，亦遠較老子爲深厚。……莊子內篇中之論道，……罕直就其與『人性』之關係以爲論。然在莊子外雜

子論性可歸旨於「復性命之情」一語。〔註48〕為何要復性？莊子說：「不離於真，謂之至人。」（《莊子‧天下》）〔註49〕因為性的本身就是自然，自然就是真、是善、是美，而智巧、機心、成心都將傷其自然之性，因此回歸到本真之性，便可當下自得自適、逍遙無待。

墨子學說中看似有「義」的成分，墨子講天志尚同，「義」並不出於人，乃出於天。蔡仁厚先生有一篇〈墨學中的心性問題〉，〔註50〕將墨子的心性之義與天之義做了一番釐清，他認為墨子看似有心性之義，其實這個義是不自覺的，與孟子所說的義不同，既不是自覺，就不是根植於至善的道德理性，而墨子認為人是「欲福祿而惡禍祟」（《墨子‧天志上》），〔註51〕且〈所染〉篇中記載墨子見染絲，曰：「染於蒼則蒼，染於黃則黃，所入者變，其色亦變。」可見人並無獨立為善的可能性，因此墨子的善性是外鑠的，但天之志乃外在，而非道家的「道」是既超越又內在，是以人也失去了體悟天道的依據。

根據以上所述，可以看出二條路線，孔、孟、老、莊皆肯定人性為善，重視人的內在修養；告子、荀、墨則將人性視為自然需求，以經驗主義的立場來評斷，但得到中性、性惡的不同結論。法家對於人性的看法相近於第二種，也是採取經驗主義來觀察人性，《商君書》也是從經驗主義出發，只看到人所表現出的動物性，卻未審思人也有超乎於動物的德性面。林義正先生說：「人性之古義即以『生』訓『性』，誠如告子所言『生之謂性』。唯中庸又言『天命之謂性』，二者合觀之，吾人乃可謂人秉天所賦予之性而有生命，有種種活動，與潛能的表現，此表現從橫剖面看可分三部份：知、情、意。知有智愚，情有好惡，意有強弱。從縱剖面看，則可由最基本的動物本能，發展到自主的德性、靈性、神性。儒家對性所以有善惡之對諍，乃在動物性以上一層，因討論有無自主之德性之問題而有。嚴格的說，法家只討論到德性以下一層，以論民性，而以高出民性一層之德性（含知情意）以屬君性，此是二層上下觀，以君智民愚，君公民私作歸結，由此才促成其『使民』之根本主張。」〔註52〕林義正先生將人

篇，則時言及於性。」參見徐復觀：《中國人性論史》，頁 372。「莊子的外篇、雜篇，不斷的提到性字。前面說過，內篇的德字，實際便是性字。」

〔註48〕同上註，頁 34。

〔註49〕參見錢穆：《莊子纂箋》（臺北：東大圖書公司，1993 年 1 月），頁 269。

〔註50〕參見蔡仁厚：《墨家哲學》（臺北：東大圖書公司，1983 年 9 月），頁 74～87。

〔註51〕參見孫詒讓撰，楊家駱主編：《定本墨子閒詁》（臺北：世界書局，1982 年 4 月），以下所引墨子語皆出自此，只標篇章，不另加註。

〔註52〕參見林義正：〈論商君書對人性的看法〉，《鵝湖》，4 卷 12 期，1979 年 6 月，

性區分爲君性與民性，我以爲並不恰當，因爲《商君書・畫策》：

> 凡人主德行非出人也，知非出人也，勇力非過人也。然民雖有聖知，
> 弗敢我謀；勇力，弗敢我殺；雖眾，不敢勝其主；雖民至億萬之數，
> 縣重賞而民不敢爭，行罰而民不敢怨者，法也。

可見君主之性與一般人並無二致，雖然君主背負著制法御民之責，但這並不能保證凡是君主必然能使國家達到至治之境，因爲「禹不能以使十人之眾，庸主安能以御一國之民」（《商君書・慎法》），連明君如大禹都不能夠使役十人，何況平庸的君主呢？由此可知君有明君、庸主之別，人性又何以能用君性、民性作爲區分？只能說《商君書》對明君存在著理想性的要求，如「必信」、「不以私害法」、「不蔽」等，但在現實生活中卻無法確立其必然性。

（一）以所欲所惡論人情

> 民之有欲有惡也，欲有六淫，惡有四難。（〈說民〉）

【按】：高誘注曰：「六欲，生死耳目口鼻也；蓋心淫於死生，耳淫於聲，目淫於色，口淫於味，鼻淫於臭。四難謂嚴刑、峻法、力農、務戰。〔註53〕

> 民之生，饑而求食，勞而求佚，苦則索樂，辱則求榮，此民之情也。（〈算地〉）

> 羞辱勞苦者，民之所惡也；顯榮佚樂者，民之所務也。（〈算地〉）

> 夫人情好爵祿而惡刑罰。（〈錯法〉）

> 人之欲富貴也，共闔棺而後止。（〈賞刑〉）

賀凌虛先生將《商君書》中對人情之好惡做了一個簡表如下：〔註54〕

		內　容　與　層　次		
		基本層次（求生存）	次級層次（求安樂）	最高層次（求名利）
民　情	好	生　食	佚　樂	顯榮爵祿富貴
	惡	死　饑	勞　苦	羞辱刑罰貧賤

　　民有所欲有所惡，而好惡的內容從最基本的生理需求，其次是好逸惡勞，最高層則是追求榮華富貴，逃避貧辱刑罰，這已經由生理需要進而要求心理

〔註53〕參見朱師轍：《商君書解詁定本》，頁 23。

〔註54〕參見賀凌虛：《商君書今註今譯》（臺北：商務印書館，1992 年 10 月），頁 243。

需要，總結人除了動物性的求溫飽之外，一生所欲者就是名利。正如〈算地〉篇中所言：

> 民之求利，失禮之法；求名，失性之常。奚以論其然也？今夫盜賊上犯君上之所禁，下失臣子之禮，故名辱而身危，猶不止者，利也。其上世之士，衣不煖膚，食不滿腸，苦其志意，勞其四肢，傷其五臟，而益裕廣耳，非性之常也，而為之者，名也。故曰：名利之所湊，則民道之。

人對名利的追求，甚至到了不惜犧牲最基本層次的生食需求，而且是死而後已的。孟子以為「人性之善也，猶水之就下也！」（《孟子‧告子》）《商君書》卻說：「民之於利也，若水於下也，四旁無擇也。」（〈君臣〉）這裡顯出儒法二家完全不同的人性觀，其實儒家所說的是高於實用意義的理想性，是一個尚未受到外物牽引時的純善狀態；法家卻是站在經驗的角度，是針對已受到環境著染的人性表現所言，這樣的差異也導引出儒法二家完全不同的政治哲學，儒家講禮治是期待君民修德養性後才能付諸實現的理想境界，法家著眼於時代的大動盪，無法等待君民修德，勢必將提出一個急迫解決現況的主張，所以我們說儒家的理想性強，但現實感卻不如法家。

（二）以計慮心論人心

　　既然人性是好逸惡勞，趨利避害的，那麼法家要如何使人民致力於令其勞苦危難的農耕呢？最根本的原因就在於人性中的「計慮心」。

> 故聖人之為國也，入令民以屬農，出令民以計戰。夫農，民之所苦；而戰，民之所危也。犯其所苦，行其所危者，計也。故民生則計利，死則慮名。名利之所出，不可不審也。利出於地，則民盡力；名出於戰，則民致死。（〈算地〉）

> 民之性，度而取長，稱而取重，權而索利。（〈算地〉）

「生則計利」、「死則慮名」、「度而取長」、「稱而取重」、「權而索利」都是心知的作用。在各種民之所欲與民之所惡相衝突時，如何取得最大利益，避免最大禍害，必先經過心知的計算而後取之，而有此計算之心正是君主可以利用來使人民趨於農戰的條件。〈錯法〉篇：

> 人情而有好惡，故民可治也。人君不可以不審好惡。好惡者，賞罰之本也。夫人情好爵祿而惡刑罰，人君設二者以御民之志，而立所

> 欲焉。夫民力盡而爵隨之，功立而賞隨之，人君能使其民信於此明
> 如日月，則兵無敵矣。

只要君主善用人之好惡來治民、使民，名利之所出必須是能有助於國家富強的，這就是〈說民〉中所說的：「民之所欲萬，而利之所出一。民非一則無以致欲，故作一。……塞私道以窮其志，啓一門以致其欲。」讓農戰成爲人民唯一獲得名利的途徑，那麼人民自然樂意於農戰。

（三）以勇怯論人性

民性有勇、怯之意的不同，人君仍可依其所欲所惡，加之以刑賞來駕馭。〈說民〉篇：

> 民勇，則賞之以其所欲；民怯，則刑之以其所惡。故怯民使之以刑，
> 則勇；勇民使之以賞，則死。

勇怯之意雖因人而異，卻可以透過好惡之情、計慮之心使其克服怯懦，在取最大利、避最大害的前提下，可以使勇者不畏死，怯者近於勇。雖然人性是相同的，但是好惡的內容依當時的環境需要而不同，而這也正是「連坐」、「相監」能夠被實行的原因，因爲〈禁使〉篇中明白指出「夫事同體一者，相監不可。且夫利異而害不同者，先王所以爲保也」，這便是利用人的自利心及彼此間不同之利害使其勇於檢舉，而無法匿過隱非。

《商君書》的人性觀顯然完全忽略人之所以能超拔於萬物的主因，取而代之的是由經驗主義論人性，以爲人性的表現是好利自爲的，與韓非自利的人性觀察如出一轍，《商君書》之人性觀是否直接影響韓非？

王邦雄老師說：

> 韓非的人性論，雖師承荀子，順著荀子由人之情欲來觀察人性的路
> 子，卻不以人之欲求在群體社會所引起之暴亂的流弊言性惡，轉而落
> 在人心深處說。荀子之性惡說，出於自然之本能，且以其流弊而言；
> 韓非之性惡，則直就其本身說，且出乎人心所刻意爲之者。〔註55〕

荀子之人性論在之前已大略陳述，那麼韓非師承荀子，受到荀子以經驗主義一途論人性的影響固然不必致疑，那麼是否直接受到商鞅或《商君書》的影響呢？從史傳中之記載可以看到商鞅變法建立在變古之治道觀、實效而功利的價值觀，卻無法清楚看出商鞅對人性的看法主張，我們可以判斷商鞅有具

〔註55〕參見王邦雄：《韓非子的哲學》，頁107。

體之政策在前，商鞅學派補足其理論體系及根基在後，但《商君書》的年代又無法確切認定，《韓非子》之雖言「商之法」，然「商之法」卻非《商君書》全貌，故雖說商鞅年代稍早於荀子，〔註56〕然在討論韓非人性論之形成，仍不能肯定說由《商君書》而來。基於師承荀子的事實，說韓非受到荀子的影響則是無庸置疑。

三、實效的價值觀

在了解《商君書》的價值觀之前，必須先釐清此價值觀的根源由何而來？又實現價值的目的爲何？基於上一節所探討之人性觀，吾人可以知道《商君書》的人性觀是好利自爲的，如此自然不是價值的根源，王邦雄老師認爲價值的根源乃「超乎個人私心而統合君臣異利的法」；〔註57〕人人異利，則價值的目的自然非實現個人的價值，而落在君國群體的公利而言。王邦雄老師又說：

> 韓非的價值觀，乃是現實功利的價值觀。價值的內涵，不落在人心
> 自覺應該如何的理想上，而落在現實情境可能如何的實效上。故其
> 價值觀，已無異是實效論。凡有助於君尊國強者，就有價值。〔註58〕

《商君書》亦與韓非相同，講的是實效的價值觀，所謂「國之所以興者，農戰也。」（〈農戰〉）「國待農戰而安，主待農戰而尊。」（〈農戰〉）戰國時代是一個大動盪的時代，七雄爲了爭霸而大興兵甲，「富國強兵」成爲當時各國急迫的要求，國如何富？兵如何強？《商君書》認爲首務農戰。但《商君書》同時也指出：「使民之所苦者無耕，危者無戰。二者，孝子難以爲其親，忠臣難以爲其君。今欲歐其眾民，與之孝子忠臣之所難，臣以爲非劫以刑而歐以賞莫可。」〔註59〕（〈慎法〉）人性是好逸惡勞、趨利避害的，那麼又如何能使人民能夠務農、樂戰呢？基於對人性的認識，《商君書》提出的方法是賞刑，〈算地〉篇：「故刑戮者，所以止姦也；而官爵者，所以勸功也。」「賞」是使人民務農樂戰便有利可圖，「刑」是讓農民在爲與不爲之間，以計慮心作一衡量，自然會選擇賞而非刑。

> 凡人主之所以勸民者，官爵也；國之所以興者，農戰也。……善爲

〔註56〕參見本文第二章第三節。

〔註57〕參見王邦雄：《韓非子的哲學》，頁122。

〔註58〕參見王邦雄：《韓非子的哲學》，頁122。

〔註59〕參見朱師轍：《商君書解詁定本・慎法》，頁90。「無耕無戰，猶言無如耕無如戰也。」

國者，其教民也，皆作壹而得官爵。是故不以農戰，則無官爵。(《商
君書・農戰》)

民之所欲萬，而利之所出一。民非一，則無以致欲，故作一。……
塞私道以窮其志，啓一門以致其欲。(《商君書・說民》)

民之欲富貴也，共闔棺而後止，而富貴之門必出於兵，是故民聞戰
而相賀也。起居飲食所歌謠者，戰也。(《商君書・賞刑》)

因爲「農戰」是唯一可獲得官爵富貴的途徑，大家「聞戰而相賀」、「民之見
戰也，如餓狼之見肉」(《商君書・畫策》)，甚至還會彼此規勸：

凡戰者，民之所惡也，能使民樂戰者，王。彊國之民，父遺其子，
兄遺其弟，妻遺其夫，皆曰：「不得，無返。」又曰：「失離法令，
若死，我死，鄉治之。行間無所逃，遷徙無所入。」行間之治，連
以五，辨之以章，束之以令，拙無所處，罷無所生，是以三軍之衆，
從令如流，死而不旋踵。(《商君書・畫策》)

樂戰的目標，在嚴密的社會組織監控下，又有親情輿論的壓力，再加之以賞
刑的作用，自然能使人民「從令如流，死而不旋踵」。

至於如何使人民務農，《商君書》有一篇〈墾令〉有許多具體的措施，陳
啓天先生將其歸類爲政治及經濟二項：〔註60〕

（一）政治方面

1. 無宿治。政事刻期辦理，無使官吏稽遲，得有餘暇作弊以病農。

2. 不以有外交權勢而與以官爵，致使民貴學賤農。

3. 各縣禁止聲色，以壹民意。

4. 廢止逆旅，使姦民無所寄食。

5. 重刑連坐，使褊急，狠剛，怠惰，巧諛，惡心之人不生。

6. 禁民擅徙，使姦民無所寄食，農民壹意爲農。

7. 家中餘夫均須役於官，不得游事人。

8. 達官貴人文人學士不得居游各縣，致搖惑民心，棄農他務。

9. 統一縣治，使姦官污吏不得更制病農。

10. 不許爲罪人請食於官，使害農的姦民無所依仗。

11. 軍市不許游女流氓寄寓，使農民不淫。

〔註60〕參見陳啓天：《商鞅評傳》(臺北：商務印書館，1995 年 10 月)，頁 79～82。

12. 按法徵民送糧，不得從中作弊，致農荒業。

（二）經濟方面

1. 按照收穫多少以定賦稅的比例，使官取民有一定的限度，而人民的負擔也平均。《史記‧商君列傳》有「爲田開阡陌封疆而賦稅平」的話，可知商鞅於改革田制外又改革稅制以保護農民。

2. 按照每家游惰坐食而不務農的口數而重稅之。

3. 由政府平糴平糶以調劑民食，使商無得糴，農無得糶，以免商人居奇，農民偷懶。

4. 統制山澤，使民非農無由得食。

5. 重稅酒肉，使其價貴，以防官民趨於奢侈。

6. 加重關市的賦稅，以困商護農。

7. 商家須按口數充役，而不許多用家奴，以苦商。

8. 禁止傭人代興土木或代耕，以防奢侈或游惰。

上述種種措施，一爲重農，二爲賤商，這是因爲在「國富兵強」的要求下，便不能容許農民有其餘工作的選擇，「民之內事，莫苦於農」（〈外內〉），農事如此勞苦，必須打擊那些不事生產的商人，加重其賦稅，才能杜絕農民企圖轉農爲商。

> 今境內之民，皆曰：「農戰可避，而官爵可得也。」是故豪傑皆可變業，務學《詩》、《書》，隨從外權，上可以得顯，下可以求官爵；要靡事商賈，爲技藝，皆以避農戰。具備，國之危也。……故其境內之民，皆化而爲好辯、樂學，事商賈，爲技藝，避農戰。如此，則亡國不遠矣。（《商君書‧農戰》）

《商君書》除了要賤商，同時亦要壓制這些好辯、樂學、技藝之士，爲了建立務農樂戰的新價值觀，勢必得要對舊有價值與以否定及壓制，這些舊的價值包括詩書、禮樂、善修、仁廉、辯慧。

> 《詩》、《書》、禮、樂、善、修、仁、廉、辯、慧，國有十者，上無使守戰。國以十者治，敵至必削，不至必貧。國去此十者，敵不敢至；雖至必卻；興兵而伐，必取；按兵不伐，必富。（《商君書‧農戰》）

> 國有禮、有樂、有《詩》、有《書》、有善、有修、有孝、有弟、有廉、有辯。國有十者，上無使戰，必削至亡；國無十者，上有使戰，

必興至王。……國用《詩》、《書》、禮、樂、孝、弟、善、修治者，敵至，必削國，不至，必貧國。不用八者治，敵不敢至；雖至，必卻；興兵而伐，必取；按兵而不攻，必富。（《商君書・去彊》）

辯慧，亂之贊也；禮樂，淫佚之徵也；慈仁，過之母也；任譽，姦之鼠也。……八者有群，民勝其政；國無八者，政勝其民。民勝其政，國弱；政勝其民，兵彊。故國有八者，上無以使守戰，必削至亡；國無八者，上有以使守戰，必興至王。（《商君書・說民》）

《商君書》中對這些仁廉禮樂的說法稍有出入，可以知道《商君書》非出自一人之手，才會有這樣的差異，或說是十者，或說是八者，且內容所指亦不一致，但可以確定的是《商君書》中對於這些舊的價值觀確實是加以駁斥，如果儒家重仁義禮樂的價值觀存在，就會產生國家賞罰的依準與社會毀譽的憑藉相矛盾的現象，所以必須使世俗毀譽與國家賞罰相符合，這樣在重農務戰的新價值觀成形後，而後依照新價值觀，唯有農戰才能獲得「名利」，就能使人民趨之若鶩，而達到《商君書》要求的強國目標。

余英時在〈反智論與中國政治傳統〉中指出《商君書・算地》篇中提到的「五民」〔註61〕分別是指儒家的詩書談說之士、游俠、不做官的知識分子（含儒、道二家）、工及商，而這些都是會動搖務農的決心的。〔註62〕因此《商君書》的價值觀為：凡是對「富國強兵」有助益的才是好的。這價值觀是講求實效的，是單一的，蔡英文先生稱其為「價值一元論」，〔註63〕否定一切此價值外之價值的存在，只講君國之大利、人主之大利，〔註64〕而這和法家的

〔註61〕《商君書・算地》：「夫治國舍勢而任說說（朱師轍：上「說」字當為「談」字之），則身脩而功寡。故事詩書言談說之士，則民游而輕其君；事處士，則民遠而非其上；事勇士，則民競而輕其禁；技藝之士用，則民剽而易徙；商賈之士佚且利，則民緣而議其上。故五民加於國用，則田荒而兵弱。談說之士資在於口，處士資在於意，勇士資在於氣，技藝之士資在於手，商賈之士資在於身。故天下一宅，而圜身資。民資重於身，而偏託勢於外，挾重資，歸偏家，堯舜之所難也，故湯武禁之，則功立而名成。」

〔註62〕參見余英時：《歷史與思想》（臺北：聯經出版事業公司，1980年11月），頁23～24。

〔註63〕參見蔡英文：〈價值一元論的政治基本原則〉，《韓非的法治思想及其歷史意義》（臺北：文史哲出版社，1986年2月），頁29～35。

〔註64〕參見姚蒸民：《法家哲學》，頁45。「而國家則為人類進入政治社會後之組織體，其生存發展之價值，均遠在個人之上；且政治之直接教用，固在於保護個人權利，而尤重在維持群俗之秩序。」

歷史觀及人性觀三者是不可分割的。

第二節　《商君書》政治體系之建構與開展

　　檢視整個《商君書》，環繞著三個主題展開：法、賞刑、農戰。以往學者或稱《商君書》爲重農主義；或稱《商君書》爲法治主義，其實在法、賞刑與農戰間，實存在相輔相成的關係，缺其一而不能成就商君之變法，完成強秦之目的。在《商君書》「富國強兵」之要求下，只有務農樂戰才是全國致力的目標，但農戰爲人性之所苦者，故應輔之以賞刑，而賞刑又應有法律作爲規範，如此則知「富國強兵」乃以農戰爲本，賞刑爲用，而法治爲體。〔註65〕故本文將以此三者爲主軸，試著討論《商君書》政治體系之建構與開展。

一、中心思想的完成 —— 法治

（一）制法 —— 法權的歸屬

　　法權可分爲制定法令的權利，以及行使法令的權利，也就是立法權及行法權。而這二種權利在不同的政治型態下歸屬於不同的團體或個人，從古至今，政治型態由貴族政治、進入君主政治而後進入民主政治，法權也從少數的貴族手中，轉變爲君主獨制，再轉變爲近代的多數人民決議。商鞅正是由貴族政治的時代走向君主獨制時代的轉捩點。〔註66〕

> 國之所以治者三：一曰法，二曰信，三曰權。法者，君臣之所共操也；信者，君臣之所共立也；權者，君之所獨制也。人主失守則危，君臣釋法任私必亂。故立法明分，而不以私害法，則治；權制獨斷於君，則威；民信其賞，則事功成，信其刑，則姦無端。惟明主愛權重信，而不以私害法。（《商君書・修權》）

「法」是君臣所必須共同遵守，「信」是君臣共同建立的，但「法權」卻是君

〔註65〕參見姚蒸民：《法家哲學》，頁 42。「故力主變法圖強，因時立法，以法爲體，以刑爲用，以農戰爲本，以治強爲務。」

〔註66〕參見陳啓天：《商鞅評傳》，頁 46。另見麥孟華述，梁啓超等編著：《中國六大政治家》，第二篇〈商君〉（臺北：正中書局，1991 年 12 月），頁 14。「當春秋戰國之交，一般人民，未必有參與立法之能力，且方爲貴族專政時代，政出多門，不可爲治；故增主權者之勢力，以君主之意思，爲法律之淵源，務催抑貴族政體，進之於君主獨裁政體。」

王一人獨有的，因爲只有君主擁有立法的最高權，才能樹立其威信，既然要
保有強勢的立法權，自然不容許人民議法。

> 今法令不明，其名不定，天下之人得議之。其議，人異而無定。人
> 主爲法於上，下民議之於下，是法令不定，以下爲上也。此所謂名
> 分之不定也。夫名分不定，堯、舜猶將皆折而姦之，而況眾人乎！
> 此令姦惡大起，人主奪威勢，亡國滅社稷之道也。(《商君書・定分》)

> 有敢剟定法令，損益一字以上，罪死不赦。(同上)

《商君書》認爲人民議法是君臣上下不分，那樣便不足以建立法的威信，又
如何能讓人民信法進而守法。「法權」完全屬於君主一人，但立法的標準又是
什麼？《商君書》雖講君主專制，但並非讓君主恣意對法令有所增改，而是
有一定的原則必須遵守，也就是君主必須「公私分明」、「觀時俗，察國本」。

> 處君位而令不行，則危；五官分而無常，則亂；法制設而私善行，
> 則民不畏刑。君尊則令行，官修則有常事，法制明而則民畏刑，法
> 制不明，而求民之從令也，不可得也。民不從令，而求君之尊也，
> 雖堯、舜之知，不能以治。明王之治天下也，緣法而治，按功而賞。
> (《商君書・君臣》)

> 君好法，則端直之士在前；君好言，則毀譽之臣在側。公私之分明，
> 則小人不疾賢，而不肖者不妒功。故堯、舜之位天下也，非私天下
> 之利也，爲天下位天下也。……三王以義親，五霸以法正諸侯，皆
> 非私天下之利也，爲天下治天下也。是故擅其名而有其功；天下樂
> 其政，而莫之能傷也。今亂世之君臣，區區然皆擅一國之利，而管
> 一官之重，以便其私，此國之所以危也。故公私之交，存亡之本也。
> (《商君書・修權》)

《商君書》雖賦予君王專制的權利，但同時要求君王必須「爲天下位天下」、
「爲天下治天下」，如果君王只想到自己一人的私利，那麼人民是會群起反抗
的；反過來說，君王能以天下之公利爲治天下的準繩，人民將樂意接受君王
的領導，君王自然能夠有一番功業，「公私之交，存亡之本也」，公私的分際，
實在是君王不能不愼的啊！除此之外，《商君書》基於對歷史的認識，更提醒
君主在立法治國時必須注意到時俗民情的變化，才能使法令有效的實行。

> 故聖人之爲國也，觀俗立法則治，察國事本則宜。不觀時俗，不察
> 國本，則其法立而民亂，事劇而功寡，此臣之所謂過也。(《商君書・

算地》）

故聖人之為國也，不法古，不修今，因世而為之治，度俗而為之法。

故法不察民之情而立之，則不成；治宜於時而行之，則不干。（《商
君書·壹言》）

《商君書》同時也稱這些能「不以私害法」、「觀俗立法」的君主為聖人，也
就是明君，卻無法保證每位國君都有如此的智慧及「為天下位天下」的胸襟，
而這正是《商君書》在庸主治國之時，無法保證治道可完全實行之弊端。

（二）明法——法明白易知而必行

商鞅變法，便是要摒棄舊法，改用新法，那麼使人民先明白新法為何，
才能確實要求人民知法守法。法令不能太艱澀，必須簡明易知，全國百姓都
知道法令、瞭解法令，是使法制之能行的必要條件。

聖人為法，必使之明白易知。名正，智愚能知之。為置法官，置主
法之吏，以為天下師，令萬民無陷於危險。故聖人立天下而無刑死
者，非不刑殺也，法令明白易知，為置法官吏為之師以道之知，萬
民皆知所避就。——避禍就福，而皆以自治也。（《商君書·定分》）

《商君書》雖講專權、講獨制，但卻不是任君主為所欲為、恣意操權，雖然
君主有立法權，但是法令制定後卻是君臣必須共同遵守的，而法令的設置有
其積極的意義，因為有明確的法令規定，使得人民可以清楚地知道何者當為，
何者不為，而能夠趨福避禍，這樣人民便能夠自治。至於在知識不易流傳的
戰國時代，必須有一套公佈法令為何的措施，便是以法官代替書簡。

法令皆副置：一副天子之殿中，為法令為禁室，有鋌鑰為禁而以封
之，內藏法令；一副禁室中，封以禁印。有擅發禁室印，及入禁室
視禁法令，及禁剟一字以上，罪皆死不赦。〔註67〕（《商君書·定分》）

為法令，置官吏。樸足以知天下之謂，以為天下正者，則秦天子。
天子名，則主法令之，皆降，受命，發官。各主法令之民，敢忘行
主法令之所謂之名，各以其所忘之法令名罪之。主法令之吏有遷徙
物故，輒使學者讀法令所謂，為之程式，使數日而知法令之所謂；

〔註67〕參見朱師轍：《商君書解詁定本·定分》，頁93。「鋌鑰：孫詒讓曰，鋌當為鍵。
方言云，戶鑰自關而東，陳楚之間謂之鍵，自關而西謂之鑰。」「禁剟一字以
上：孫詒讓曰，禁剟當作剟禁，說文刀部，剟刊也，謂刊削禁令之字。上文
云：有敢剟定法令，損益一字以上，罪死不赦。」

不中程，爲法令以罪之。有敢剟定法令、損益一字以上，罪死不赦。諸官吏及民有問法令之所謂，於主法令之吏，皆各以其故所欲問之法令明告之。各爲尺六寸之符，書明年、月、日時，所問法令之名，以告吏民。主法令之吏不告，及之罪，而法令之所謂也，皆以吏民之所問法令之罪，各罪主法令之吏。（《商君書・定分》）

天子置三法官，殿中置一法官，御史置一法官及吏，丞相置一法官，〔註68〕諸侯、郡、縣皆各爲置一法官及吏，皆比秦一法官。郡、縣、諸侯一受禁室之法令，并學問所謂。吏民欲知法令者，皆問法官，故天下之吏民，無不知法者。吏明知民知法令也，故吏不敢以非法遇民，民不敢犯法以干法官也。（《商君書・定分》）

由此可知，《商君書》中有一套相當完善的法官制度，並清楚說明法官的職責所在，法官有解釋法令之義務，而非今日之司法官，甚至有教導人民的義務，這就是「以法爲教，以吏爲師」（《韓非子・五蠹》），〔註69〕《商君書・定分》：「故聖人必爲法令置官也，置吏也，爲天下師，所以定名分也。」此外，法令爲保持其客觀性、公正性，在保存上也有一定的方法，將其藏在禁室，以免被人任意增損。由天子以至郡縣，君設置法官以備人民有法令不明之處可以提問，在如此嚴密周全的制度下，法令人人皆知，則可以達到「吏不敢以非法遇民，民不敢犯法以干法官」，避免許多爭議及弊端。

（三）任法——任法不任人

《商君書》說：「明王之治天下也，緣法而治，按功而賞。」（〈君臣〉）陳啓天先生認爲商鞅任法不任人有以下三個理由：〔註70〕

1. 「以黨人爲賢，以言談爲賢，以相譽爲賢，則其所謂賢未必賢，故以賢治而反以亂。不如以法相治，標準確定，毀譽俱不能有所損益，則姦險無

〔註68〕參見陳啓天：《商鞅評傳》，頁46。「但丞相制度在商鞅時尚未設立，所謂『丞相置一法官』的話，恐是後人記述錯誤。」又朱師轍：《商君書解詁定本》，頁93。「史記秦本紀，武王二年，初置丞相，樗里疾甘茂爲左右丞相，師轍按商君在秦武王前廿餘年，是丞相之官，不自武王始置，蓋武王始置左右丞相耳。」二人說法不同，陳啓天先生根據武王二年始置丞相，而認爲「丞相置一法官」一語爲後人增入；朱師轍先生則以爲商鞅即爲丞相，故丞相制度不應自武王始，而武王時才置左右丞相。這裡並非本論文之重點，故暫時保留二種說法，將二種說法列出，不做討論。

〔註69〕參見陳啓天，《韓非子校釋》，頁50。

〔註70〕參見陳啓天：《商鞅評傳》，頁31〜33。

所資了。這是商鞅任法不任人的理由之一。」

> 凡世莫不以其所以亂者治，故小治而小亂，大治而大亂。……夫舉
> 賢能，世之所以治也，而治之所以亂。世之所謂賢者，言正也；所
> 以爲言正者，黨也。聽其言也，則以爲能；問其黨，以爲然，故貴
> 之不待其有功；誅之不待其有罪也。此其勢正使污吏有資而成其姦
> 險，小人有資而施其巧詐。初假吏民姦詐之本，而求端愨其末，禹
> 不能以使十人之眾，庸主安能以御一國之民？……故有明主忠臣產
> 於今世而能領其國者，不可以須臾忘於法。破勝黨任，節去言談，
> 任法而治也。……夫以法相治，以數相舉，譽者不能相益，訾言者
> 不能相損。(《商君書‧慎法》)

2. 「以私議則不必，以法論則分明，這又是商鞅任法不任人的理由之一。」

> 世之爲治者，多釋法而任私議，此國之所以亂也。先王縣權衡，立
> 尺寸，而至今法之，其分明也。夫釋權衡而斷輕重，廢尺寸而意長
> 短，雖察，商賈不用，爲其不必也。故法者，國之權衡也。夫倍法
> 度而任私議，皆不知類者也。不以法論之能賢不肖者，惟堯。而世
> 不盡爲堯，是先王知自議譽私之不可任也。故立法明分，中程者賞
> 之，毀公者誅之。賞誅之法，不失其義，故民不爭；授官予爵，不
> 以其勞，則忠臣不進；行賞賦祿，不以其功，則戰士不用。(《商君
> 書‧修權》)

3. 「商鞅以農戰爲國家富強的根本，而其所爲法的主要目的，即在驅民
於農戰，故其所謂『中法』與『不中法』，乃以從事於農戰與否而定。如此，
則任法更爲必要了。言、行，和事均須斷之以法，則人民自多趨於農戰，這
又是商鞅任法不任人的理由之一。」

> ……民去農戰而爲之，或談議而索之，或事便辟而請之，或以勇爭
> 之。故農戰之民日寡，而游食者愈眾，則國亂而地削，兵弱而主卑。
> 此其所以然者？釋法制而任名譽也。故明主慎法制，言不中法者，
> 不聽也；行不中法者，不高也；事不中法者，不爲也。言中法，則
> 聽之；行中法，則高之；事中法，則爲之，故國治而地廣，兵強而
> 主尊。(《商君書‧君臣》)

陳啓天提出任法不任人的三個理由，其實統而觀之，正是法有客觀性、
標準性及強制性。「賢」的標準太難定義，不若「法」的標準客觀而具體，墨

子說：「一人則一義，二人則二義，十人則十義」，〔註71〕若以這樣抽象的標準來治國，則將使國家陷入混亂的情勢。法令則不同，倘使治國以法爲標準，則那些別有用心的人也無利可圖，即「夫以法相治，以數相舉，譽者不能相益，訾言者不能相損。民見相譽無益，相管附惡；見訾言無損，習相憎不相害也」，這便是法令的客觀性。其次，先王立法明分，便是因爲名分一定，法就有了依據，依法行之則民不爭。「一兔走，百人逐之，非以兔也。夫賣者滿市，而盜不敢取，由名分已定也。」（《商君書·定分》）法之所以能夠明分止爭，就是因爲它具有標準性。第三，《商君書》認爲唯有農戰可以使國家富強，農戰非人情所好者，若要驅民於農戰，更需要任法而治，依賴的就是法的強制性。基於以上三者，君主任法而治是強國之道，《商君書》說：「今有主而無法，其害與無主同。」（〈開塞〉）法的重要性由此可見。

二、使法必行之法 —— 賞刑之道

「法」中心思想的完成，除了制法、明法、任法之外，尚必須有能使法必行之法。《商君書·畫策》：「國之亂也，非其法亂也，非法不用也；國皆有法，而無使法必行之法。」我以爲這個使法必行之法最重要的莫過於賞刑，但賞刑想要有成效，就有二個原則是必須要遵守的。

（一）壹賞壹刑

> 人主之所以禁使者，賞罰也。賞隨功，罰隨罪，故論功察罪，不可
> 不愼也。（《商君書·禁使》）

君主用來禁止人民及驅使人民的手段便是賞罰二柄，因此在運用上不得不謹愼，否則賞罰失道，就起不了任何作用了。

《商君書·賞刑》：「聖人之爲國也：壹賞，壹刑，壹教。壹賞則兵無敵，壹刑則令刑，壹教則下聽上。」前面已經提過，《商君書》的價值觀是實效的、功利的，「富國強兵」是最終極的目標，因此必須使全民都務力於農戰，因爲農可以使國富，戰可以使國強。但是農戰爲人情中最苦者，爲了突破人情好逸惡勞的特點，就必須利用人之計慮心，以名利爲誘餌，使人民趨利避害，將名利訴諸於法，明令賞必出於農戰，但賞只是刑的輔助工具而已，〔註72〕

〔註71〕 參見孫詒讓撰，楊家駱主編：《定本墨子閒詁·尚同》，頁44。
〔註72〕 參見鄭良樹：《商鞅及其學派》（臺北：學生書局，1987年8月），頁263。「他們認爲刑罰才是治國最重要的工具，而賞賜只是被利用來輔助刑罰的一種工

《商君書》最重要的還是以刑罰的方式來使役人民。

> 所謂壹賞者,利祿官爵,摶出於兵,無有異施也。夫固知愚,貴賤,勇怯,賢不肖,皆盡其胸臆之知,竭其股肱之力,出死而爲上用也。天下豪傑賢良從之如流水。是故兵無敵,而令行於天下。

> 所謂壹刑者,刑無等級。自卿相將軍以至大夫庶人,有不從王令,犯國禁,亂上制者,罪死不赦。有功於前,有敗於後,不爲損刑。有善於前,有過於後,不爲虧法。忠臣孝子有過,必以其數斷。守法守職之吏,有不行王法者,罪死不赦,刑及三族,同官之人,知而訐其上者,自免於罪。無貴賤,尸襲其官長之官爵田祿。(《商君書·賞刑》)

壹賞、壹刑是君王治國必須審慎的法則,「聖人之治國也,審壹而已矣。」(《商君書·賞刑》)「壹」的標準是根據法令,檢視農民是否致力於農戰,所以壹賞、壹刑就是壹於農戰,也是壹於法制,這是商鞅對當時階級制度的一大革命。只有致力於農才能生存,致力於戰才能獲致爵祿,這是壹於農戰;而所有不守法的都一律依法治理,這是壹於法制。傳統儒家講禮治,禮治並非無刑法的存在,只是對貴族們以禮爲治,刑法則用於人民,《禮記·曲禮》:「禮不下庶人,刑不上大夫。」〔註73〕可見當時社會普遍有階級的不合理現象,商鞅的法是一項大革命,革的是貴族的命,試圖要催毀封建貴族的勢力,所謂「刑無等級」就是不分貴賤,王曉波先生說:「商君要剷除封建貴族大臣的階級,但不是要建立一個人人平等的社會,而是重新建立一個『尊卑爵秩等級』分明的社會。……這樣一個階級森嚴的新社會卻和封建階級的舊社會有一基本的差別,即新社會的地位是一種成就地位(achieved status),而舊社會的地位是一種歸屬地位(ascribed status);也就是說,前者的地位之取得是靠成就的軍功,而後者的地位的根據其屬於哪一種血緣的親疏而定的。」〔註74〕

具罷了!《算地篇》有兩句名言說:『夫刑者所以禁邪也,而賞者所以助禁也。』誠如作者下文所說的,刑罰是『羞辱勞苦』的,是人民『之所惡』的,因此,刑罰才是治國最重要的工具,所以,要執行重刑的政策;而賞賜雖然是『顯榮佚樂』的,是人民『之所務』的,但是,至多不過是輔助刑罰的一種工具而已。這種理解和認識是商鞅所沒有的,而爲本期商學派的特色。」誠如鄭良樹先生所說,「賞刑」觀念的出入確實是證明《商君書》非一人一時所作,但因本章討論的是《商君書》的理論架構,故不特意將這個觀點作明確的區分。

〔註73〕 參見《禮記·曲禮》,《十三經注疏》第五冊(臺北:藝文印書館),頁55。

〔註74〕 參見王曉波:〈商君與商君書的思想分析〉,《先秦法家思想史論》,頁149。

　　總之，「壹賞」是爲了向舊有的傳統價值觀挑戰，建立新的價值觀念，建構一個務農樂戰的新社會；「壹刑」則是打破封建貴族社會中對禮、刑的不平等差異，構成法律之前平等的新觀念，其中後者是中國政治史上的一大突破，雖尙不能稱爲民主，卻已經是一項進步的創舉。

（二）重刑的要求

　　《商君書》中對於刑的要求，乃是嚴格而苛刻的，對於賞則有「厚賞」、「少賞」、「輕賞」的不同。在第二章時已對刑賞的觀念有一番釐清，商君應是主張重刑厚賞、刑多賞少的，但本章爲《商君書》的理論建構，故暫不討論「賞」的部分，而《商君書》對於「重刑」的要求很明確，在此只討論「刑」的部分。

　　在每個不同的時代，有不同的民風和社會背景，《商君書》有鑒於歷史的不斷變動，提出君主應「因世而爲之治，度俗而爲之法」（《商君書·壹言》）。《尙書·呂刑》：「刑罰世輕世重。」〔註 75〕《周禮》：「刑新邦用輕典，新平邦用中典，刑亂邦用重典。」〔註 76〕《尙書》及《周禮》都認爲刑罰應隨時勢的不同而輕重不同，《商君書》除了認爲治道會隨時代改變，也認爲現在正是必須以刑罰作爲驅使人民工具之時，且必須施以重刑才是眞正能治之道。故曰：「古之民樸以厚，今之民巧以僞。故效於古者，先德而治；效於今者，前刑而法。」（《商君書·開塞》）又曰：「行刑，重其輕者，輕者不生，則重者無從至矣，此謂治之於其治也。」（《商君書·說民》）

　　那麼，爲何刑罰一定要重呢？

> 　　故曰：「重刑連其罪，則民不敢試。」民不敢試，故無刑也。夫先王之禁刺殺，斷人之足，黥人之面，非求傷民也，以禁姦止過也。故禁姦止過，莫若重刑。刑重而必得，則民不敢試，故國無刑民。國無刑民，故曰：「明刑不戮。」（《商君書·賞刑》）
>
> 　　罰重，爵尊；賞輕，刑威。爵尊，上愛民；刑威，民死上。故興國行罰則民利，用賞則上重。法詳則刑繁，法簡則刑省。民不治則亂，亂而治之又亂。故治之於其治，則治；治之於其亂，則亂。民之情也治，其事也亂。故行刑，重其輕者，輕者不生，則重者無從至矣，

〔註75〕參見《尚書·呂刑》，《十三經注疏》第一冊，頁 302。
〔註76〕參見《周禮》，《十三經注疏》第三冊。

> 此謂治之於其治也；行刑，重其重者，輕其輕者，輕者不止，則重
> 者無從而止矣，此謂治之於其亂也。故重輕，則刑去事成，國彊；
> 重重而輕輕，則刑至而事生，國削。（《商君書・說民》）

《商君書》對刑罰的最終目的是「以刑去刑」。重刑最主要的作用就是使人民不敢存僥倖的心態以身試法，達到禁姦止過的目的。重刑不是針對重罪，而是要輕罪重罰，《商君書》的理論是對輕罪施以嚴刻的刑罰，則人民小心慎行，不敢稍有放縱的行為，如此社會便真正的安定，不論多輕微的罪行都不會發生，何況是重大的過失！這樣刑罰雖重，反而不需用刑便能治。但如果用一般的標準，重罪重罰、輕罪輕罰，則人民將會不畏刑罰踰矩滋事，而導致社會混亂不安。這就是「重輕，則刑去事成，國彊；重重而輕輕，則刑至而事生，國削。」

《商君書》還以刑、義並舉，說明其實重刑並非君主要用來傷害人民的，仁義也並非為人民設想，出發點看似刑暴義仁，結果卻是正好相反。

> 以刑治則民威，民威則無姦，無姦則民安其所樂。以義教則民縱，
> 民縱則民亂，亂則民傷其所惡。吾所謂刑者，義之本也；而世所謂
> 義者，暴之道也。夫正民者，以其所惡，必終其所好；以其所好，
> 必敗其所惡。治國刑多而賞少，亂國賞多而刑少。……刑加於罪所
> 終，則姦不去；賞施於民所義，則過不止。刑不能去姦，而賞不能
> 止過者，必亂。故王者刑於將過，則大邪不生；賞施於告姦，則細
> 過不失。治民能使大邪不生，細過不失，則國治，國治必彊。一國
> 行之，境內獨治；二國行之，兵則少寢；天下行之，至德復立。此
> 吾以效刑之反於德，而義合於暴也。……立君之道，莫廣於勝法；
> 勝法之務，莫急於去姦；去姦之本，莫深於嚴刑。故王者以賞禁，
> 以刑勸；求過不求善，藉刑以去刑。（《商君書・開塞》）

賞刑既然是君主用以御民之工具，就必須發揮其功效，否則形同虛設。因此只有重刑才能真正建立刑的威嚴，而重刑的最終結果反而回到人民所期待的義，行義的結果只會使人民嚐到他們所厭惡的暴亂而已！

三、富國強兵之本 —— 農戰

《商君書・農戰》：「國之所以興者，農戰也。」農戰是為了實現「富國強兵」目的之基礎。富國必須依賴農業的發達；強兵消極的功能是為了在戰

國亂世中不受外強的侵略，積極的作用則可以主動擴張自己的國力。正因爲
《商君書》是以農戰爲根本，因此較早期的人在研究《商君書》時，總著眼
於它的農戰主義，現在的學者才持平的論說，《商君書》是法治主義與農戰主
義並重，而又相爲表裡。我們可以說法治是爲了實現農戰，若無法治爲體，
農戰便不能實現，但沒有農戰只有法治，就缺少了使國家強盛的基本元素，
因此在《商君書》的理論中，二者缺一不可。農戰是爲了完成國家主義，那
麼農戰二者可有先後輕重之別？學者們有不同的看法，郭垣先生說：「商鞅全
套的政治哲學，是以農本主義爲經，戰利主義爲緯所織成的。」〔註77〕張弦
先生說：「商鞅重農，亦重戰，驟觀之，以農爲本，以戰爲輔，實則以農爲經，
以戰爲緯，二者幾無爲軒輊。」〔註78〕侯家駒先生說：「事實上，商鞅是以『戰』
爲目的，以『農』爲手段。」〔註79〕麥夢華先生引英國斯賓塞先生的話來論
說：「斯賓塞先生又言曰：『殖產尙武，二者皆爲群治所不能偏廢，然亦相時
爲輕重；上古蠻野之世，戰爭常而和平暫，其產業皆所以供武備，故其群可
命爲尙武之群；晚世開明之世，和平常而戰爭暫，其武備皆所以護產業，故
其群可命爲殖產之群。』商君當戰國時代，其一切內治，皆將以實行其帝國
政略者也；故其重農之政策，亦以達其尙武之目的而已。」〔註80〕在《商君
書》中，實以強國爲首要，強國有賴社會安定、民足衣食，孔子亦說：「足食，
足兵，民信之矣。」（《論語・顏淵》）〔註81〕在這一句話中，孔子說的是爲政
者以信治民最爲重要，但衣食的不虞匱乏亦爲治國的首要方針，所以治國首
賴農業的發展。在法家來說，農業的豐碩在平時可以使百姓生活無虞，戰時
可以作爲軍隊的後援，因此農先於戰，〔註82〕但不可否認的，強國只有農是
不夠的，戰才是最後的目的，農只是爲了戰而必須的手段罷了。

> 今世主有地方數千里，食不足以待役實倉，而兵爲鄰敵臣，故爲世
> 主患之。夫地大而不墾者，與無地者同；民眾而不用者，與無民者

〔註77〕 參見郭垣：〈中國八大理財家〉，頁38。轉引自侯家駒：《先秦法家統制經濟思
想》（臺北：聯經出版有限公司，1985年12月），頁143。

〔註78〕 參見張弦：〈商鞅的農戰思想〉，《復興岡學報》，第3期，1963年7月，頁184。

〔註79〕 參見侯家駒：《先秦法家統制經濟思想》（臺北：聯經出版有限公司，1985年
12月），頁143。

〔註80〕 參見麥孟華述，梁啓超等編著：《中國六大政治家》，第二篇〈商君〉，頁19。

〔註81〕 參見朱熹集註，蔣伯潛廣解：《四書讀本・論語》，頁177。

〔註82〕 參見王家仁：《商君書思想之研究》，私立淡江大學中國文學研究所碩士論文，
1996年6月，頁44～46。

> 同。故爲國之數，務在墾草；用兵之道，務在壹賞。私利塞於外，
> 則民務屬於農，屬於農則樸，樸則畏令。私賞禁於下，則民力摶於
> 敵，摶於敵則勝。奚以知其然也？夫民之情，樸則生勞而易力，窮
> 則生知而權利。易力則輕死而樂用，權利則畏罰而易苦。易苦則地
> 力盡，樂用則兵力盡。(《商君書‧算地》)

　　農戰乃人情中最苦者，若人人以私心來計算，則必難使人爲之，而人人
異利，國力分散，終至衰弱。因此則必須在國家與人民之利中找到一個平衡
點，這當然不能是人民的私利，而是國家的公利。國家最大之利來自農戰，
因此賞罰必須壹於農戰，《商君書‧算地》：「夫治國者能盡地力而致民死者，
名與利交至。」又《商君書‧農戰》：「善爲國者，其教民也，皆作壹而得官
爵。是故不以農戰，則無官爵。」名利爲人情之所求者，名利皆由農戰出，
則人民必克服人情之苦，務農樂戰。

> 夫民之從事死制也，以上之設榮名，置賞罰之明也。不用辯說私門
> 而功立矣，故民之喜農而樂戰也。見上之尊農戰之士，而下辯說技
> 藝之民，而賤游學之人也，故民壹務：其家必富，而身顯於國。上
> 開公利而塞私門，以致民力，私勞不顯於國，私門不請於君。若此
> 而功名勸，則上令行而荒草闢，淫民止而姦無萌。治國能摶民力而
> 壹民務者強，能事本而禁末者富。(《商君書‧壹言》)

現分爲重農之政策及尚武之策略二方面來看。

（一）重農之政策

　　《商君書》中重農政策所提出的主張可以由〈墾令〉篇中略見端倪，而
篇中的多項方法經陳啓天先生歸類，可分爲政治及經濟二方面共二十項措
施，〔註 83〕上一節中已經列出這些說法，這裡不再贅述。但若要再區分，則
可以分爲以下幾點：

1. 貴農賤商

　　農事爲民所苦，因此必須使農民能在農事上獲得名與利，才能誘使農民
務農。「名」是從政治及社會方面提高農民的社會地位，〈農戰〉篇：「不以農
戰，則無官爵。」〈靳令〉篇：「民有餘糧，使民以粟出官爵。」在《商君書》
中對於官爵的取得，多是以戰功爲途徑，除戰功外，只有農民納粟才能獲得，

〔註83〕參見陳啓天：《商鞅評傳》，頁 79～82。

明顯的提高了農民的社會地位，另外在社會價值觀上，也處處提倡貴農賤商的主張，致力完成一個全民力農的社會結構。「利」是由經濟方面在賦稅方面、農產價格方面都給予農民利益。

> 金生而粟死，粟生而金死。本物賤，事者眾，買者少，農困而姦勸，
> 其兵弱，國必削至亡。金一兩生於境內，粟十二石死於境外。粟十
> 二石生於境內，金一兩死於境外。國好生金於境內，則金粟兩死，
> 倉府兩虛，國弱；國好生粟於境內，則金粟兩生，倉府兩實，國彊……
> 興兵而伐，則武爵武任，必勝；按兵而農，粟爵粟任，則國富。兵
> 起而勝敵，按兵而國富者，王。（《商君書·去彊》）

〈去彊〉篇的這一段指出國家衰亡乃是因為不重農事，「本物」指米粟，在農民眾多，市場需求少的供需不平衡下，使得農作物價格低賤，造成農民普遍生活困頓，自然有人會相勸為姦，社會於是不安。在農業社會下，農民比例高，必須思考如何使農作物成為人民的重要資產，才是因應之道。《商君書》因而提出必須「貴粟」的主張。〈外內〉篇：「故曰欲農富其國者，境內之食必貴，而不農之徵必多，市利之租必重，則民不得無田。無田，不得不易其食，食貴則田者利，田者利則事者眾。食貴，糴食不利，而又加重徵，則民不得無去其商賈技巧，而事地利矣。故民之利盡在於地利矣。」農作物的價格低賤，嚴重影響農民生活，也影響了人民從事農事的決心，因此必須先在價格上有所調整，如此一來，不事農事者必須以昂貴的價格購買糧食，農民便可以獲利。政府再加重這些不務農的人之賦稅，打擊商賈之人。在購買糧食負擔重，而又必須承擔高稅的情形下，人民便自然會拋棄商賈技藝，而積極投入農業生產。另外，再配合「訾粟而稅」的措施，收稅用粟而不用錢，以上種種重農政策就是希望透過「市利盡歸於農」（〈外內〉），促使人民全力務農。

2. 不從農者無以食

了避免巧詐之人逃避農事之苦，政府必須要杜絕所有不從農事者獲得糧食的管道，在〈墾令〉篇中有多項具體措施：包括使商無得糴，農無得糶；［註84］

［註84］參見賀凌虛：《商君書今註今譯》，頁 12，註 10。簡注（即簡書商君書箋正的
注釋）：「令商無得糴者，即禁商乘穀賤居積也。……農無得糶奈何？曰：農
人服田力穡，自食之餘，悉奉官公。……本書〈壹言〉篇：『農則易勤，勤則
富，富者廢（止也）之以爵而不淫。』及〈靳令〉篇：『民有餘糧，使民以粟
出官爵。』可見農食餘穀應全入官。」賀凌虛：「按〈農戰〉第三第三段說：
『我疾農，先實公倉，收餘以食親。』可見商鞅主張一面禁止商人乘穀賤囤

廢逆旅；壹山澤；禁民擅徙；均〔註85〕出餘子役於官；不得罪人請食於官等。

（1）使商無得糴，農無得糶，防止商人與農民間有糧食的買賣行為，除了使農民不得有懶惰偷閒的念頭，也是壓制商人的一種方式，如此一來，商人便不能藉豐年與荒年的差異，以囤積後再出售博取大量利潤以苦農民，「商無得糴，則多歲不加樂；多歲不加樂，則饑歲無裕利；無裕利則商怯，商怯則欲農。」〔註86〕（2）廢逆旅，「則姦偽躁心私交疑農之民不行。逆旅之民無所食，則必農」，廢逆旅一是為了避免姦偽之人與外國人士交往，受到外國人士的影響以致浮動心志，不願務農；一是為了避免有四處游食念頭之人藉逆旅得食，而失去務農的決心。（3）壹山澤，「則惡農慢惰倍欲之民無所於食」，乃禁止人民以打獵、捕魚的方式取食。（4）「使民無得擅徙，則誅愚亂農之民無所於食而必農」，禁民擅徙就是要人民專心務農，不要奢求能四處游食。（5）均出餘子役於官，對於大夫嫡長子之外的庶子，一律必須任徭役，且不能游事他人，「餘子不游事人，則必農」，這是《商君書》對封建貴族的打擊，即不論身分，一律必須從事農耕才能得食。（6）「無得為罪人請於吏而饟食之，則姦民無主；姦民無主，則為姦不勉；為姦不勉，則姦民無樸，姦民無樸，則農民不敗；農民不敗，則草必墾矣。」不得罪人請食於官，自然是為了使人民不敢為姦，也可同時收到農民專心務農，不受姦民之擾的成效。

以上為《商君書·墾令》中對於只有務農才能得食所提出的措施，思考相當縝密，可見《商君書》的理想乃是完成一個全民力農的社會組織。

3. 改進吏制、以防蠹農

要讓人民全力投入農耕，當然必須仰賴行政的配合，〈墾令〉篇中也有多項關於制度方面的規定，包括提高行政效率、統一施政方式以及施行利農措施。

> 無宿治，則邪官不及為私利於民，而百官之情不相稽。百官之情不相稽，則農有餘日。邪官不及為私利於民，則農不敝。農不敝而有餘日，則草必墾矣。（《商君書·墾令》）

積居奇，一面設公倉，以公倉之穀調劑民食。農民豐收時，餘穀不可私自出售，使交納政府換取爵位，如此則農民當然會努力耕作。」

〔註85〕均，均人，官名。朱師轍：《商君書解詁定本》，頁7。朱注：「家大人曰：『餘子，卿大夫之庶子也。』……師轍按周禮地官，均人掌均地政。」

〔註86〕本段引文均出自〈墾令〉篇，不另加註。

訾粟而税，則上壹而民平。上壹則信，信則官不敢爲邪。民平則慎，
慎則難變。上信而官不敢爲邪，民慎而難變，則下不非上，中不苦
官，則壯民疾農不變。壯民疾農不變，則少民學之不休。少民學之
不休，則草必墾矣。（《商君書・墾令》）

令送糧無得取僦，無得反庸；車牛輿重設，必當名。然則往速徠疾，
則業不敗農。業不敗農，則草必墾矣。（《商君書・墾令》）

以上三者，分別爲提高行政效率、統一施政方式以及施行利農措施。（1）在
提高行政效率方面，《商君書》提出無宿治，公事不得積壓，官吏就沒有時間
及心思在農民身上謀取私利，農民就可以不必爲了應付官府的貪邪而無暇爲
農。（2）在統一施政方式方面，《商君書》認爲施政的統一，可以使官民二方
都不能心存僥倖，鑽政令之漏洞，而這正是《商君書》法治的精神所在。「百
縣之治一形，則迁者不飾，代者不敢更其制，過而廢者不能匿其舉。」（〈墾
令〉）法令一但明確通行於全國，則「官屬少而民不勞，官無邪則民不敖」（〈墾
令〉），一切依法而行，可以減少官吏的數目，又可以使政治廉明，農民獲益
良多。（3）在施行利農措施方面，對運輸方式及速度的要求，是一項便農利
農的措施。除此之外，在賞罰方面的規定，除了戰功，只有農民可以米粟換
取官爵，亦爲驅使人民務農的一項利多誘因。

4. 排除雜念，使農民專一心志

〈墾令〉篇中爲了使農民專一心志，提出二個方法，第一必須壹賞，「無
以外權任爵與官，則民不貴學問，又不賤農。」另外就是必須在日常生活中
摒棄一切亂民心志的聲色服玩，「聲服無通於百縣，則民行作不顧，休居不聽。
休居不聽，則氣不淫；行作不顧，則意必壹。意壹而氣不淫，則草必墾矣。」
又「貴酒肉之價」，則「民不能喜酣奭，大臣不爲荒飽」，這樣農民的生活極
爲簡單，而心志不會被外務牽引，而一切談說之士、商賈之人都是被抑制的，
人民自然會趨向利之所出，專心務農。

《商君書》的重農主義除了經濟上的理由外，尚有政治上的考量。

入使民屬於農，出使民壹於戰。故聖人之治也，多禁以止能，任力
以窮詐，兩者偏用則境內之民壹，民壹則農，農則樸，樸則安居而
惡出。故聖人之爲國也，民資藏於地，而偏託危於外。資於地則樸，
託危於外則惑。民入則樸，出則惑，故其農勉而戰戰也。民之農勉
則資重，戰戰則鄰危。資重則不可負而逃，鄰危則不歸於無資。歸

危外託，狂夫之所不為也。（《商君書‧算地》）

夫聖人之治國也，能摶力，能殺力。制度察則民力摶，摶而不化則不行，行而無富則生亂。故治國者，其摶力也，以富國彊兵也；其殺力也，以事敵勸農也。夫開而不塞則短長，長而不攻則有姦；塞而不開則民渾，渾而不用則力多，力多而不攻則有蝨。故摶力以壹務也，殺力以攻敵也。治國貴民壹，民壹則樸，樸則農，農則易勤，勤則富。富者廢之以爵，不淫；淫者廢之以刑，而務農。故能摶力而不能用者，必亂；能殺力而不能摶者，必亡。故明君知齊二者，其國彊；不知齊二者，其國削。（《商君書‧壹言》）

農民依賴土地，不像游食者「資重於身」，因此游食者不像農民那般容易掌控，而且「勞心者役人，勞力者役於人」，〈弱民〉篇：「民弱國彊，民彊國弱，故有道之國，務在弱民。樸則彊，淫則弱；弱則軌，淫則越志；弱則有用，越志則彊。」張弦先生說：「商鞅鑒於戰國時代列國紛爭，人心險惡，治國如採用自由放任政策，則邪說暴行永無消滅之可能，所以他採用干涉主義；而他的干涉主義亦就是『弱民主義』或『愚民主義』。」〔註87〕因此重農不僅可以為國家帶來財富，為戰時提供充足的糧食，更使得人民不至淫亂驕縱。〈農戰〉：「聖人之治國之要，故令民歸心於農。歸心於農，則民樸而可正也。」站在君主的立場，民智閉塞才能樸實敦厚，弱民可以削減人民妄想從事奸險悖亂之事，進而忠於君主、忠於國家，為國家博取最大利益。

（二）尚武之策略

在《商君書》中明確指出當時正處於尚武用力的時代，在強國環伺之下，各國莫不以武力互別高下，《商君書》重戰的主張便是有鑑於此而提出的反省。

千乘以守者，自存也；萬乘能以戰者，自完也；雖桀為主，不肯詘半辭以下其敵。外不能戰，內不能守，雖堯為主，不能以不臣諧所謂不若之國。自此觀之，國之所以重，主之所以尊者，力也。耕戰二者，力本。……彼民不歸其力於農，即食屈於內；不歸其節於戰，則兵弱於外。入而食屈於內，出而兵弱於外，雖有地萬里，帶甲百萬，與獨立平原一也。（《商君書‧慎法》）

依《商君書》的觀察，「國之所以重，主之所以尊」，必須仰賴力量，而力量

的根源來自耕戰二者,「夫聖人之治國也,能摶力,能殺力。」(《商君書・壹言》)治國根本在力,全民力量的集中是富國強兵之道,但力量不能只集中不消化,消化力量就在於「事敵勸農」。關於農事的部分,前面已有論述,此處不再贅說,關於兵戰的部分,《商君書》認為兵戰是保障一個國家不屈服於他國的必要條件。缺乏可以自保的兵力,即使堯也不能不對強國臣服。《商君書》對於戰前的尚武教育、戰時的編制組織、以及戰後的爵祿之途都有完備的設計,致力於完成樂戰能戰的強兵體系。

1. 戰前的尚武教育

> 所謂壹教者,博聞辯慧、信廉禮樂、修行黨群、任譽清濁不可以富貴,不可以評刑,不可獨立私議以陳其上。堅者破,銳者挫。雖曰聖知巧佞厚樸,則不能以非功罔上利。然富貴之門,要存戰而已矣。彼能戰者,踐富貴之門;彊梗者,有常刑而不赦。是父兄、昆弟、知識、婚、合同者,皆曰:「務之所加,存戰而已矣。」夫故當壯者務於戰,老弱者務於守;死者不悔,生者務勸。此臣之所謂壹教也。民之欲富貴也,共闔棺而後止,而富貴之門,必出於兵。是故民聞戰而相賀也;起居飲食所歌謠者,戰也。此臣之所謂「明教之猶,至於無教也。」(《商君書・賞刑》)

運用賞刑來驅使人民達到軍國主義的目標,是立即能展現成效的手段,但是若能配合軍國主義的教育,則更加能夠落實人民積極自發樂戰。這個教育並非在學校中實施,而是運用社會及政治的力量完成,或者我們可以說這是一種社會風氣的醞釀,使得社會中的每一個人自然地接受這樣的價值觀,讓尚武樂戰的觀念潛移默化的深植在人民心中。當然,由農戰之難行,轉變為欣然接受,在這個由消極轉向積極的過程中,完全是利用人性之好名趨利的特點方能達成。積極來說,是讓人民自然樂戰,因為這是獲得爵祿的唯一途徑,因此若想擁有名利,戰爭的來臨甚至是一個好消息,所以「民聞戰而相賀也;起居飲食所歌謠者,戰也。」消極來說,一但樂戰的價值觀形成,便可利用輿論及社會組織的力量,促使怯懦之人也不得不戰。

> 彊國之民,父遺其子,兄遺其弟,妻遺其夫,皆曰:「不得,無返。」
> 又曰:「失法離令,若死我死,鄉治之。」行間無所逃,遷徙無所入。
> (《商君書・畫策》)

這是戰前的尚武教育,為兵戰做好全民皆兵的準備。

2. 戰時的編制組織

在《商君書》中，對於全民皆兵的編制有一定的規定，在〈兵守〉篇中主張建立「三軍」，而三軍各司其職：

> 三軍：壯男爲一軍，壯女爲一軍，男女之老弱者爲一軍，此之謂三軍也。壯男之軍，使盛食厲兵，陳而待敵。壯女之軍，使盛食負壘，陳而待令。客至而作土以爲險阻及柞格阱陷，發梁徹屋，給從，徙之；不給而熯之，使客無得以助攻備。老弱之軍，使牧牛馬羊彘；草水之可食者，收而食之，以獲其壯男女之食。而愼使三軍無相過。壯男過壯女之軍，則男貴女，而姦民有從謀而國亡；喜與其恐，有蚤聞，勇民不戰。壯男壯女過老弱之軍，則老使壯悲，弱使強憐，悲憐在心，則使勇民更慮，而怯民不戰。（《商君書·兵守》）

《商君書》依照壯男、壯女、老弱的不同體能分開編制，並令其恪守分際，不相往來，目的在於不擾亂戰爭的決心，以維護士氣。這是針對性別年齡的編制說明，另外在〈境內〉篇中對於軍隊的編制有更爲明確的主張：

> 軍爵，自一級已下至小夫，命曰校徒操士。公爵，自二級已上至不更，命曰卒。其戰也，五人束簿爲伍。……五人一屯長，百人一將。……五百主，短兵五十人。二百五主，將之主，短兵百。千石之令，短兵百人。八百之令，短兵八十人。七百之令，短兵七十人。六百之令，短兵六十人。國尉，短兵千人。大將，短兵四千人。（《商軍書·境內》）

對於軍級不同，而給予不同的兵士配置，在《商君書》中有嚴格的劃分。除此之外，軍隊中也有連坐法，加強每一個編制內的團結，也對個人有強制力的作用。〈境內〉篇對此也有說明：

> ……其戰也，五人束簿爲伍，一人死，而剄其四人；[註88] 能人得一首，則復。……戰及死事，而剄短兵；能人得一首，則復。（《商君書·境內》）

[註88] 此句本爲「一人羽，而輕其四人。」朱師轍《商君書解詁定本》引孫詒讓曰：「羽疑當爲死，輕當爲剄，言同伍之中，一人死事，四人不能救，則受刑也。」但「剄」爲用力割頸之意，參見許愼撰，段玉裁注：《說文解字注》（臺北：黎明文化事業股份有限公司，1996 年 9 月），頁 184。「剄，刑也。」段注：「小罪，中罪刖，大罪剄。剄謂斷頭也。」賀凌虛認爲「此一受刑若解爲斷首，實出常理之外，若解爲受懲罰則較爲合理。」但我以爲《商君書》中爲使兵士勇往直前，且對於「刑」的要求重且嚴苛，確實有可能一人戰死，四人同受，因此仍將「剄」作斷首處分之解釋。

連坐法的實施使大家不能輕易放棄自己的戰友，互相掩護幫忙，否則一人戰死，其餘四人將一併處死。並期勉每一個人奮勇殺敵，因爲只要能斬敵一人，就可以除去賦役。同樣的，若主官戰死，短兵亦必受刑。在如此嚴苛的刑罰下，使兵士只能勇往直前，「從令如流，死而不旋踵。」

3. 戰後的爵祿之途

《商君書》是以爵祿作爲對有戰功之人的獎賞，而其獎賞輕重的標準就在於戰功的高低，君主必須把握這一個原則，才能使戰士用命。〈修權〉篇：「行賞賦祿，不稱其功，則戰士不用。」

> 行賞而兵彊者，爵祿之謂也。爵祿者，兵之實也。是故人君之出爵
> 祿也，道明；道明，則國日彊；道幽，則國日削。故爵祿之道也，
> 存亡之機也。夫削國亡主，非無爵祿也，其所道過也。三王五霸，
> 其所道不過爵祿，而功相萬者，其所道明也。是以明君之使其臣也，
> 用必出於其勞，賞必加於其功。功賞明，則民競於功。爲國而能使
> 其民盡力以競其功，則兵必彊矣。（《商君書·錯法》）

〈錯法〉篇指出爵祿之給予必須講究方法原則，「道」就是人君的賞爵之道，原則明確，就能以爵祿使人競於立功，原則模稜兩可，爵祿就難以發揮其效。除此，君主必須抱持「必」的堅定態度，「夫民力盡而爵隨之，功立而賞隨之，人君能使其民信於此明如日月，則兵無敵矣。」（《商君書·錯法》）賞罰分明，建立威信，是君主驅策人民致力於戰的必要條件。但《商君書》認爲三王五霸的功業是以爵祿之道而成就，忽略了施政以德的部分，這樣的認知是有偏差，需要重新反省。

戰功的高低建立在殺敵多寡，所以《商君書》建立的是一套「尙首功」的獎賞制度。

> 能攻城圍邑斬首八千以上，則盈論；野戰斬首二千以上，則盈論。
> 吏自操及校以上大將，盡賞行間之吏也。故爵公士也，就爲上造也。
> 故爵上造，就爲簪裊。故爵簪裊，就爲不更。故爵不更，就爲大夫。
> 爵吏而爲縣尉，則賜虜，六加五千六百。爵大夫而爲國尉，就爲官
> 大夫。故爵官大夫，就爲公大夫。故爵公大夫，就爲公乘。故爵公
> 乘，就爲五大夫，則稅邑三百家。故爵五大夫，就爲庶長。故爵庶
> 長，就爲左更。故爵三更也，就爲大良造——皆有賜邑三百家，有
> 賜稅三百家。爵五大夫有稅邑六百家者，受客。大將御參，皆賜爵

三級。故客卿相論盈，就正卿。以戰故，暴首三，乃校三日，將軍以不疑致士大夫勞爵。夫勞爵，其縣過三日，有不致士大夫勞爵，能。〔註89〕其縣四尉，訾由丞尉，能得甲首一者，賞爵一級，益田一頃，益宅九畝。級除庶子一人，乃得入兵官之吏。（《商君書·境內》）〔註90〕

根據〈境內〉篇的敘述，《商君書》以斬首敵人論功賞，其中所記載的爵制分為公士、上造、簪裊、不更、大夫、官大夫、公大夫、公乘、五大夫、庶長、左更、大良造。但有提及「三更」，蔣禮鴻先生及朱師轍先生都說三更即左更、中更、右更之稱。「庶長」本寫為「大庶長」，蔣禮鴻先生以為在《漢書·百官公卿表》中。「大庶長」是高於「左更」的階級，故此處說「大庶長」晉升為「左更」是不合理的，應將「大」字刪去為是。並說：「此庶長兼左右庶長而言。」朱師轍先生也說：「疑為左右庶長之。」《史記·商君列傳》：「以衛鞅為左庶長。」可見商鞅時確有左右庶長之分。故《商君書》中至少分為十五級，與《漢書·百官公卿表》中所言秦爵有二十級略有不同。〔註91〕容肇祖先生未言明〈境內〉篇出自何人之手，〔註92〕但陳啟天先生及鄭良樹先生都認為可能出自商鞅本人，陳啟天先生所持之理由為：「劉咸炘說：『境內或本鞅條上之文』。……疑本篇是商鞅所行法令殘留下來的一部份。經年過久，脫誤最多。」〔註93〕若真為商鞅所行之法令，則可見秦代的爵制在商鞅時已見其雛形。

《韓非子·定法》中亦有提及商鞅「尚首功」。

〔註89〕參見朱師轍：《商君書解詁定本·境內》，頁72。朱師轍轉引孫詒讓語，孫詒讓曰：「能當為罷，言免其縣令也。」

〔註90〕本段引文原文錯落脫誤，參見朱師轍《商君書解詁定本》及蔣禮鴻《商君書錐指》，賀凌虛參考多家注本，將脫落處還原，故此處參照賀凌虛：《商君書今註今譯·境內》。

〔註91〕參見楊家駱主編：《漢書·百官公卿表》（臺北：鼎文書局，1979年2月），頁739。「爵：一級曰公士，二上造，三簪裊，四不更，五大夫，六官大夫，七公大夫，八公乘，九五大夫，十左庶長，十一右庶長，十二左更，十三中更，十四右更，十五少上造，十六大上造，十七駟車庶長，十八大庶長，十九關內侯，二十徹侯。」

〔註92〕參見容肇祖：〈商君書考證〉，《燕京學報》，第21期，1937年6月，頁95～97。

〔註93〕參見陳啟天：《商鞅評傳》，頁149。參見鄭良樹：《商鞅及其學派》，頁30～33。

商君之法曰：「斬一首者爵一級，欲爲官者爲五十石之官；斬二首
者爵二級，欲爲官者爲百石之官。」官爵之遷與斬首之功相稱也。
〔註94〕

〈境內〉篇中記載了當時是「尙首功」，但是否眞如韓非所說的「斬一首者爵
一級」，並以此類推？杜正勝先生認爲：「韓非所引商君之法，只是關係爵制
的一條或少數的法令而已，若當作唯一的原則加以引申，便與史實抵觸了。
秦尙首功，每次戰役斬敵無數，……如斬一首獲爵一級，累積遞生，不僅人
人爵高品極，二十等爵的制度也無法消化無盡的首功。」因此，杜正勝先生
基於《商君書》及睡虎地秦律的出土資料分析，認爲一級公士不必有軍功，
是秦君的恩賜；二級上造、三級簪裏、四級不更大致依照韓非所述的商君之
法，以個人斬首的戰功晉升；至於五級以上就必須有更嚴格的規定才能晉升。
〔註95〕這雖是杜正勝先生的判斷，但卻較「斬一首者爵一級」更爲合理，值
得我們重視。

〔註94〕 參見陳啓天：《韓非子校釋》，頁 81。
〔註95〕 參見杜正勝：〈從爵制論商鞅變法所形成的社會〉，《中央研究院歷史語言研究
所集刊》，第 56 本第 3 分，1985 年，頁 505。

第四章　商鞅治道在秦地的建立與實踐

第一節　秦地有助於商鞅變法的優越條件

　　商鞅之前，法家的思想就已經萌芽，但卻無人能成商鞅之事功。商鞅變法的成功，與時機、環境的配合都有關係，我們可以說，若非在秦國這樣的環境，雖商鞅亦不能成，這是「時勢造英雄」；但對於秦國來說，若非商鞅，亦不能奠定之後統一的基礎，這是「英雄造時勢」。秦國具備特殊的地理環境及風俗民情，使得其人民容易接受法家的思想，完成富國強兵、統一六國之目標，要探討商鞅治道如何在秦國發揮，就必須先由了解秦國開始。

一、秦國的地理環境及歷史發展概況

　　西周時，秦國只是偏處雍州與戎狄雜處的一個附庸小國，因爲秦襄公護送周平王東遷有功，故被晉封爲諸侯，並得到「岐以西之地」作爲賞賜。在這之前，秦國受到周文化的影響並不多。因爲和戎狄雜處，使得秦國必須多次與戎狄的發生戰爭，直至秦文公時，「文公以兵伐戎，戎敗走，於是文公遂收周餘民有之，地至岐，岐以東獻之周。」〔註1〕自此之後，秦國擁有優越的自然環境，這是秦國得以發展的關鍵。岐是周人的故居，〔註2〕土地豐饒，秦國具備了發展農業的潛力；不止如此，因爲「周餘民」的加入，也對於原本

〔註 1〕　參見瀧川龜太郎：《史記會注考證·秦本紀》（臺北：萬卷樓圖書有限公司，1993 年 8 月），頁 92。
〔註 2〕　參見林劍鳴：《秦史》（臺北：五南圖書出版有限公司，1992 年 11 月），頁 61。

是遊牧民族的秦人，注入了農業的新血，秦國逐漸由游牧社會轉變為農業社會。後來歷經多位君主，版圖慢慢擴大，秦穆公時終於「用由余謀伐戎王，益國十二，開地千里，遂霸西戎。」〔註3〕秦孝公即位，用商鞅，為日後始皇統一六國奠下深厚之根基。

秦國的地理環境有三個利於商鞅變法的優勢：

（一）秦國的地理位置有助變法圖強。

秦國僻在西陲的地理環境，使得在戰國處於激烈的競爭及列國間相互兼併時，能夠有更多的空間、時間來變法革新，以適應劇烈的戰國情勢。陳啓天先生分析商鞅變法成功之因，其一便是「由於他所憑藉的秦國，僻處西北，可容其從容佈置，先行變法，再圖進取。」〔註4〕麥孟華先生說：

> 秦國位於黃河流域之上游，與山東諸國相隔絕，其接壤為臨者，獨南界於楚，東邊於魏耳；而又扼殽函之險要，一人守隘，則萬夫莫敢叩關。故有事則東向以爭中原，無事則閉關以作內政。顧炎武謂：「秦地華陰，縮轂關河之口；雖足不出戶，而能見天下之人，能聞天下之事，一旦有警，入山守險，不過十里之遙；若志在四方，一出關門，亦有建瓴之勢。」蓋關中之地利，固有控制中原之形勢也。〔註5〕

《史記・六國年表序》：「秦始小國僻遠，諸夏賓之，比之戎狄」，〔註6〕秦國的地理位置，雖不受周及列國的重視，但卻因此而有變法圖強的有利條件。

（二）秦國的自然環境適合發展農業。

《史記・貨殖列傳》：

> 關中自汧、雍以東至河、華，膏壤沃野千里，自虞夏之貢，以為上田，而公劉適邠，大王、王季在岐，文王作豐，武王治鎬，故其民猶有先王之遺風，好稼穡，殖五穀，地重，重為邪。及秦文孝繆居雍，隙隴蜀之貨物而多賈。獻孝公徒櫟邑，櫟邑北卻戎翟，東通三晉，亦多大賈。〔註7〕

〔註 3〕 參見瀧川龜太郎：《史記會注考證・秦本紀》，頁 98。
〔註 4〕 參見陳啓天：《商鞅評傳》（臺北：商務印書館，1995 年 10 月），頁 13。
〔註 5〕 參見麥孟華述，梁啓超等編著：《中國六大政治家》，第二篇〈商君〉（臺北：正中書局，1991 年 12 月），頁 3。
〔註 6〕 參見瀧川龜太郎：《史記會注考證・六國年表序》，頁 275。
〔註 7〕 參見瀧川龜太郎：《史記會注考證・貨殖列傳》，頁 1357。

秦國立國前，本是游牧民族，建國之後，還保持游牧經濟。自秦文公的勢力發展至「汧渭之會」後，經濟逐漸開始轉型至農業經濟，這跟位居關中的自然環境適合於農業發展有密切關係，因此秦國定居於關中後就較少遷徙了。〔註8〕這樣的環境為商鞅全民務農的社會理想提供了良好的條件。

（三）秦國與戎狄競爭的歷史背景利於軍國主義。

秦國位於西陲，一直與戎狄雜處，周平王封秦襄公為諸侯，賜之「岐以西之地」，並說：「戎無道，侵伐我豐岐之地，秦能逐戎，即有其地。」〔註9〕可見秦國要擁有這塊地，還必須將戎驅逐。到穆公之前，秦國仍必須與戎狄爭奪領土，之後完成全面掃蕩戎狄勢力、成就「稱霸西戎」的霸業，便是被稱為春秋五霸之一的秦穆公。〔註10〕秦人於是成為尚武善武的民族，此民族性及歷史背景正是商鞅賴以實現其軍國主義的憑藉。

二、秦國的務實精神及好戰習性

秦人民族性具有務實的精神，根據《史記・秦本紀》，秦人在周歷代君主時，都是以「調馴鳥獸」、「善御」的專長自處，〔註11〕「周宣王即位，乃以秦仲為大夫，誅西戎。」而後又必須與戎狄爭地，秦人為求生存，必須靠自己的努力，故養成其務實的性格。司馬遷說秦「或在中國，或在夷狄」，《史記・六國年表序》亦說秦「雜戎翟之俗」，這說明秦國文化的薄弱，雖是批評之語，卻充分顯出秦人為求生存，務實而功利的表現，使得秦國為求富強，能廣納各地的人才為秦效力，「固有文化的薄弱，對於某些民族而言，等於注定要走向被同化，甚至被消滅的命運。但是對秦人而言，卻為她自己帶來了更寬廣的發展空間，使她形成了有容乃大的特性，在眾多先秦的文化圈子中，找到了自己的定位。」〔註12〕秦國能廣納賢才，一是它為了富強必須如此，因為它地處西陲，人才較少，必須借重他國的志士，是務實精神的表現；二

〔註8〕參見林劍鳴：《秦史》，頁87～88。
〔註9〕參見瀧川龜太郎：《史記會注考證・秦本紀》，頁92。
〔註10〕參見劉向：《新序・善謀》（臺北：世界書局，1958年5月），頁75～76。「秦穆公都雍郊，地方三百里，知時之變，攻取西戎，闢地千里，併國十二，瀧西北地是也。」
〔註11〕參見余宗發：《先秦諸子學說在秦地之發展》（臺北：文津出版社，1998年9月），頁68～70。
〔註12〕參見余宗發：《先秦諸子學說在秦地的發展》，頁52。

是它沒有東方諸國嚴格的宗法制度，〔註13〕在用人上有較寬鬆的彈性，貴族的反對勢力也沒有其他國家那麼嚴重。所以在穆公時，就大量的啓用了他國的人才爲秦國效力，《史記‧李斯列傳》：「昔穆公求士，西取由余於戎，東得百里奚於宛，迎蹇叔於宋，來丕豹、公孫支於晉。」〔註14〕秦國在功利主義的驅使下，使他們爲了壯大的目標而不斷吸取周文化，從《左傳‧僖公二十三年》的一段記載中可以看出秦人受周禮影響之深。

> 秦伯納女五人，懷嬴與焉。奉匜沃盥，既而揮之。怒，曰：「秦、晉，匹也，何以卑我？」公子懼，降服而囚。他日，公享之。子犯曰：「吾不如衰之文也，請使衰從。」公子賦〈河水〉。公賦〈六月〉。趙衰曰：「重耳拜賜！」公子降，拜，稽首，公降一級而辭焉。衰曰：「君稱所以佐天子者命重耳，重耳敢不拜？」〔註15〕

其中「公」指的就是秦穆公，穆公能賦詩〈六月〉來明志，可見他受到周文化的薰陶。余宗發先生以爲「即此時的秦人仍然能保持他們民族文化中的某種特性，他們也很顯然而務實的接受了周文化，當然這也是一種功利主義的表現。」〔註16〕秦人雖接受了周文化，但價值觀卻與周人有很大的不同。商鞅講求實效的價值觀，但並非是商鞅改變了秦人固有價值觀，而是秦人本來就具有務實功利的價值主義，商鞅只是將這些價值觀更爲統一，對於其他價值觀採排斥主義而已。

秦人也是好戰尚武的民族。秦國的地理位置，使秦人好戰成性，《漢書》中記載：

> 秦詩曰：「王于興師，修我甲兵，與子皆行。」其風聲氣俗，自古而然，今之歌謠慷慨，風流猶存耳。〔註17〕

除好戰外，秦人還貪戾好利，《戰國策‧魏策》：

> 秦與戎、翟同俗，有虎狼之心，貪戾好利而無信，不識禮義德行。苟有利焉，不顧親戚兄弟，若禽獸耳。此天下之所同知也，非所施

〔註13〕 參見林劍鳴：〈從秦人價值觀看秦文化的特點〉，《歷史研究》，第 3 期，1987年，頁 71～72。

〔註14〕 參見瀧川龜太郎：《史記會注考證‧李斯列傳》，頁 1035。

〔註15〕 參見左丘明著，杜預集解，竹添光鴻會箋：《左傳會箋》上冊（臺北：明達出版社，1986 年 10 月），頁 477～479。

〔註16〕 參見余宗發：《先秦諸子學說在秦地的發展》，頁 72。

〔註17〕 參見《漢書‧趙充國辛慶忌傳贊》（臺北：鼎文書局，1979 年 2 月），頁 2999。

厚積德也。〔註18〕

另外，《管子‧水地》：

> 秦之水汸最而稽，淤滯而雜，故其民貪戾，罔而好事。〔註19〕

《荀子‧性惡》：

> 天非私齊魯之民而外秦人也，然而於父子之義，夫婦之別，不如齊
> 魯之孝共（恭）敬文者，何也？以秦人之從情性，安恣睢，慢於禮
> 義故也。〔註20〕

秦人從其情性，安恣睢，必須以法來治理。在整個大環境的配合下，商鞅的
法治主義及農戰主義會在秦國發揚茁壯，便不難理解了。

第二節　商鞅入秦的變法革新

一、商鞅之入秦及進用

秦獻公逝世後，孝公即位，當時的戰國情勢為下：

> （秦）孝公元年，河山以東，強國六，與齊威、楚宣、魏惠、燕悼、
> 韓哀、趙成侯並。淮泗之間小國十餘。楚、魏與秦接界。魏築長城，
> 自鄭濱洛以北，有上郡。楚自漢中，南有巴、黔中。周室微，諸侯
> 力政，爭相併。秦僻在雍州，不與中國諸侯之會盟，夷翟遇之。（《史
> 記‧秦本紀》）〔註21〕

孝公急欲恢復穆公時的輝煌事業，決定下詔求才。《史記》中記載了這道求賢
令：

> 昔我繆公自岐、雍之間，修德行武，東平晉亂，以河為界，西霸戎
> 翟，廣地千里，天子致伯，諸侯畢賀，為後世開業，甚光美。會往
> 者厲、躁、簡公、出子之不寧，國家內憂，未遑外事，三晉攻奪我
> 先君河西地，諸侯卑秦，醜莫大焉。獻公即位，鎮撫邊境，徙治櫟
> 陽，且欲東伐，復繆公之故地，修繆公之政令。寡人思念先君之意，
> 常痛於心，賓客群臣有能出奇計彊秦者，吾且尊官，與之分土。（《史

〔註18〕 參見《戰國策‧魏策三》中冊（臺北：世界書局，1977 年 10 月），頁 493。
〔註19〕 參見《管子》（臺北：世界書局，1981 年 5 月），頁 238。
〔註20〕 參見李滌生：《荀子集釋》（臺北：學生書局，1984 年 10 月），頁 550。
〔註21〕 參見瀧川龜太郎：《史記會注考證‧秦本紀》，頁 101。

紀‧秦本紀》）〔註22〕

商鞅本來事魏公叔痤，但不被魏王重用，於是由魏入秦，經由景監的引見而有機會向孝公講述他的思想。他先對孝公講述「帝道」、「王道」，但孝公都不滿意，最後他向孝公講述「霸道」，深得孝公之心。商鞅對景監說：「吾說君以帝王之道比三代。而君曰：『久遠，吾不能待，且賢君者，各及其身顯名天下，安能邑邑待數十百年以成帝王乎！』故吾以彊國之術說君，君大說之耳。然亦難以比德於殷周矣。」〔註23〕馮友蘭先生以為商鞅講述「帝道」、「王道」、「霸道」三個不同層次的治道，並非商鞅真的要以「帝道」、「王道」治國，其實他早知道孝公要選擇的是「霸道」一路，馮友蘭先生說：

> 商君和秦孝公在前二次所談的是政治方向問題。他先同孝公講守舊的方法，照這個辦法行事，秦國就不能富強。第三次所講的是實行改革的方向和辦法，照這方向走，就進一步地封建化。商鞅講了這兩種辦法兩個方向，作了比較，讓孝公選擇。他當然知道孝公是要走改革道路的，商鞅自己要走的也是這條道路。不過他要讓孝公自己作出選擇，以堅定孝公實行改革的決心。〔註24〕

司馬遷深知當時的戰國情勢已到了無法等待德治的時刻，所以秦孝公說：「久遠，吾不能待，且賢君者，各及其身顯名天下，安能邑邑待數十百年以成帝王乎！」《韓非子‧難勢》亦說「待賢而治」的德治是不可待亦不必待，「今待堯、舜之賢，乃治當世之民，是猶待梁肉而救餓」，〔註25〕當時的情勢商鞅應該也非常清楚，他說「然亦難以比德於殷周矣」，那麼商鞅是否也覺得法家之德寡，只因時勢所趨，為了彊國而不得不為也呢？蔣禮鴻先生以為此處的殷周指的是刑罰及武力，《荀子‧正名》：「刑名從商。」〔註26〕《商君書》中每每稱許湯武，如〈算地〉篇：「湯武致彊而征諸侯，服其力也。」故此德絕非指儒家之德。〔註27〕我們可以由《商君書》其他篇章來看「德」的涵義。

〔註22〕參見瀧川龜太郎：《史記會注考證‧秦本紀》，頁101。

〔註23〕參見瀧川龜太郎：《史記會注考證‧商君列傳》，頁892。

〔註24〕參見馮友蘭：《中國哲學史新編》上冊（北京：人民出版社，1998年12月），頁287。

〔註25〕參見陳啓天：《韓非子校釋》（臺北：商務印書館，1994年11月），頁70。

〔註26〕參見李滌生：《荀子集釋》，頁506。

〔註27〕參見蔣禮鴻：《商君書錐指》敘（北京：中華書局，1996年9月）。「商君者，蓋嘗學殷道，而變本加厲，以嚴罰壹其民者也。書稱殷罰有倫，罰蔽殷彝；荀卿言刑名從商。刑罰之起雖自遠古，要其有倫有彝，則始殷時。李斯上二

人君者先便請謁，而後功力，則爵行而兵弱矣。民不死犯難，而利
祿可致也，則祿行而國貧矣。法無度數，而事日煩，則法立而治亂
矣。是以明君之使其民也，使必盡力以規其功，功立而富貴隨之，
無私德也，故教化成。(《商君書‧錯法》)

聖君之治人也，必得其心，故能用力。力生彊，彊生威，威生德，
德生於力。(《商君書‧靳令》)

這二個「德」，與儒家所說之「德」明顯不同，〈錯法〉篇:「功立而富貴隨之，
無私德也，故教化成。」法家將君主賞賜的權利視為對人民之「德」，「無私
德」就是要壹賞。《韓非子》中說的更明確，《韓非子‧二柄》:「二柄者，刑
德也。何謂刑德？曰殺戮之謂刑，慶賞之謂德。」〔註28〕故《商君書》說「無
私德」，《韓非子》說「慶賞之謂德」，實際上是指君主之賞賜，照此來看，再
對照商鞅一生行事作為之嚴苛，那麼商鞅所說「然亦難以比德於殷周矣」，應
不是對法家之德不如周文而有所感嘆了。牟宗三先生說:「用強國之術，即須
變法。即在此變法中，雖霸道，為墮落，而於精神之發展上，亦有其負面之
意義。此一表現，即為秦所負擔。」〔註29〕商鞅走上變法這條路，雖為秦國
奠下統一之基礎，但也為日後亡秦及自身留下禍根。

二、孝公之信任及對反對勢力的壓制

在周公、孔子的時代，社會關係較為單純，人際關係往往是你我之間的
事，只要彼此講信、講誠即可，並沒有太多的契約規範。這是主觀式的人際

世書、劉向說苑並云商君之法刑棄灰於道者，而韓非書以此為殷法。非說為
後人所不信，然觀禮表記稱殷人先罰而後賞，其民之弊，蕩而不靜，勝而無
恥，則殷罰固重，韓非之說不盡為誣，而商君之嚴刑當即濫觴於殷法也。商
君之說，唯在尚力，為其無所託而不見尊信，則楬湯、武以為號。故曰:『民
愚而知可以王，世知而力可以王。湯、武致強而征，諸侯服其力也。』(〈開
塞〉篇)『今世巧而民淫，方倣湯、武之時。』(〈算地〉篇)〈賞刑〉篇又極
道湯、武，固以為不如是則不足動人聽也。所以難以比德殷、周，特恐刑不
極其峻，不足以壹民，兵不極其強，不足以兼并，初非欲施仁恩教化，似儒
者之所謂也。或者乃據此以謂商君與儒同道，蓋亦左矣。」

〔註28〕參見陳啓天:《韓非子校釋》，頁179。考證:「傅校（傅佛崖《校讀韓非子校
釋初稿》）云:『刑德二字，屢見於左傳，又見於論語，則是刑德二字為春秋
時之習用語，而流傳於戰國者，故此用之以明賞罰。不過儒家言德刑，而法
家言刑德，有先後之異耳。』」

〔註29〕參見牟宗三:《歷史哲學》(臺北:學生書局，1988年8月)，頁135。

相處，因此儒家講禮治，講信義，爲的是要人有是非羞惡之心，不欺他人，不欺自己。但到了戰國時代，國與國之間往來頻繁，商業繁榮，一旦涉及複雜的群體關係，契約制度必應運而生，「法」的觀念也愈顯重要。「法」的觀念要被推行，第一個直接衝擊的對象就是貴族，牟宗三先生以爲法家在社會轉型之時，要作的工作有三：打貴族、廢封建立郡縣、去井田，而打貴族就是第一步。〔註30〕商鞅要變法前也必須先對抗這些既有利益者。《史記‧商君列傳》中記載了一段與甘龍、杜摯等法古派的激烈辯論：

> 鞅欲變法，恐天下議己。衛鞅曰：「疑行無名，疑事無功。且夫有高人之行者，固見非於世；有獨知之慮者，必見敖於民。愚者闇於成事，知者見於未萌。民不可與慮始，而可與樂成。論至德者，不和於俗；成大功者，不謀於眾。是以聖人苟可以彊國，不法其故；苟可以利民，不循其禮。」孝公曰：「善。」甘龍曰：「不然。聖人不易民而教，知者不變法而治。因民而教，不勞而成功；緣法而治者，吏習而民安之。」衛鞅曰：「龍之所言，世俗之言也。常人安於故俗，學者溺於所聞。以此兩者居官守法可也，非所與論於法之外也。三代不同禮而王，五伯不同法而霸。智者作法，愚者制焉；賢者更禮，不肖者拘焉。」杜摯曰：「利不百，不變法；功不十，不易器，法古無過，循禮無邪。」衛鞅曰：「治世不一道，便國不法古。故湯、武不循古而王，夏、殷不易禮而亡。反古者不可非，而循禮者不足多。」孝公曰：「善。」以衛鞅爲左庶長，卒定變法之令。〔註31〕

甘龍、杜摯的身分，史傳上並無記載。關於甘龍的身分，司馬貞《史記索隱》認爲是「出春秋時甘昭公王子帶後」，〔註32〕錢穆則認爲是《孟子‧滕文公》中所提到的「龍子」。〔註33〕至於杜摯的身分，朱師轍以爲是《戰國策‧秦策》中與王稽一同攻趙邯鄲的杜摯。〔註34〕賀凌虛先生對錢穆及朱師轍的說法提出反駁，以爲當時的慣例乃以子隨人姓氏作爲尊稱，稱「龍子」應非甘龍，

〔註30〕參見牟宗三：《中國哲學十九講》（臺北：學生書局，1997 年 1 月），頁 65〜66。

〔註31〕參見瀧川龜太郎：《史記會注考證‧商君列傳》，頁 892。

〔註32〕參見瀧川龜太郎：《史記會注考證‧商君列傳》，頁 892。

〔註33〕參見錢穆：《先秦諸子繫年》，〈商鞅攷〉（臺北：東大圖書公司，1990 年 9 月），頁 227。參見朱熹集註，蔣伯潛廣解：《四書讀本‧孟子》（臺北：啓明書局），頁 114。

〔註34〕參見朱師轍：《商君書解詁定本》（臺北：鼎文書局，1979 年 2 月），頁 1。

而王稽攻邯鄲的時間點也和商鞅相差太多，故與商鞅辯論的杜摯應不是同一人。〔註35〕雖然不能確定甘龍與杜摯的身分，但是他們是當時的既有利益者，代表的是牢不可破、根深蒂固的保守派勢力，商鞅要著手變法，第一便是要消弭這些反對的聲音。孝公採用了商鞅的建議，並對他完全的信任，「以鞅爲左庶長」，其實是變法後的事，依據梁玉繩的考證，「秦紀以鞅爲左庶長，在變法後，當孝公五年；此在變法前，則是孝公三年矣。」〔註36〕所以任左庶長是孝公五年的事，距離商鞅入秦僅短短五年的時間，梁玉繩考證「左庶長」是秦第十二爵，地位相當高；而後又任商鞅爲大良造，是秦第十六爵，在大敗魏軍之後，「秦封之於商十五邑，號爲商君」，〔註37〕可見孝公對商鞅是十分信任且重用的。

另一件打擊貴族的是在第一次變法之後，《史記·商君列傳》：

> 令行於民朞年，秦民之國都言初令之不便者以千數。於是太子犯法，衛鞅曰：「法之不行，自上犯之。」將法太子。太子，君嗣也，不可施刑，刑其傅公子虔，黥其師公孫賈。明日，秦人皆趨令。〔註38〕

商鞅這麼做有二層意義，一是樹立法的威信，宣示「太子犯法，與庶民同罪」，另一就是打貴族。《韓非子·姦劫弒臣》：「商君說秦孝公以變法易俗而明公道，賞告姦，困末作而利本事。當此之時，秦民習故俗之有罪可以得免，無功可以得尊顯也，故輕犯新法。於是犯之者其誅重而必，告之者其賞厚而信。」〔註39〕其中「有罪可以得免，無功可以得尊顯」的就是這些貴族大臣，他們正是反對新法最烈的人，商鞅變法，就是要打破傳統貴族與平民在禮、刑上的不平等，雖然不能刑及太子，但已是中國政治史上一項很大的進步。至於孝公對商鞅的信任，我們可以從《戰國策》中記載孝公欲傳位給商鞅一事作一參考：

> 孝公行之十八年，疾且不起，欲傳商君，辭不受。〔註40〕

這件事不見載於《史記》及其他史傳，未必可信，但秦孝公對商鞅的信任卻是事實，這也是商鞅能大刀闊斧完成變法的重要因素。

〔註35〕參見賀凌虛：《商君書今註今譯》（臺北：商務印書館，1992年10月），頁2，註2。
〔註36〕參見瀧川龜太郎：《史記會注考證·商君列傳》，頁892。
〔註37〕參見瀧川龜太郎：《史記會注考證·商君列傳》，頁894。
〔註38〕參見瀧川龜太郎：《史記會注考證·商君列傳》，頁893。
〔註39〕參見陳啓天：《韓非子校釋·姦劫弒臣》，頁217。
〔註40〕參見《戰國策·秦策一》上冊，頁46。

三、樹立法的公信力

《史記‧商君列傳》：

> 令既具，未布，恐民之不信己，乃立三丈之木於國都市南門，募民
> 有能徙至北門者，予十金。民怪之，莫敢徙。復曰：「能徙者，予五
> 十金。」有一人徙之，輒予五十金，以明不欺。卒下令。〔註41〕

這是採用吳起治國的方法。吳起「償表立信」，〔註42〕商鞅「徙木示信」，爲
的都是要先樹立執政者的公信力。商鞅要推行新政，更必須要言行一致，立
信於民，而後法可行之。吳起和商鞅採用的方法，都是易如反掌之事，加之
以厚賞，所以人民都會猶豫奇怪，但一旦實現，則可向人民證明執政者不欺
的態度。而後商鞅「刑太子傅」，進一步向人民證明法的威信，如果我們說「徙
木示信」是「賞厚而信」，那麼「刑太子傅」便是「刑重而必」了。〔註43〕

商鞅的法究竟貫徹到何種程度，商鞅「作法自斃」的經歷可以說明。

> 秦孝公卒，太子立。公子虔之徒告商鞅欲反，發吏捕商君。商君亡，
> 至關下，欲舍客舍，客人不知其是商君也，曰：「商君之法，舍人無
> 驗者坐之。」商君喟然嘆曰：「嗟乎！爲法之敝，一至此哉！」〔註44〕

商鞅雖是受制於自己的法，但是這正是商鞅之法在秦國徹底的被執行，法之
深植於人心的最好證明。法的徹底實行，奠下了強秦的基礎，「行之十年，秦
民大悅，道不拾遺，山無盜賊，家給人足。民勇於公戰，怯於私鬥，鄉邑大
治。」〔註45〕商鞅確實是秦國霸天下的功臣。

四、變法革新的實際主張及作用

根據《史記‧商君列傳》，商鞅在秦二次變法，分別爲秦孝公三年及十二

〔註41〕 參見瀧川龜太郎：《史記會注考證‧商君列傳》，頁893。
〔註42〕 參見陳啓天：《韓非子校釋‧內儲說上》另有一吳起示信之記載，頁409。「吳
　　　　起爲魏武侯西河之守，秦有小亭臨境，吳起欲攻之，不去則甚害田者，去之
　　　　則不足以徵甲兵。於是乃倚一車轅於北門之外，而令之曰：『有能徙此於南門
　　　　之外者，賜之上田上宅。』人莫之徙也。及有徙之者，還賜之如令。俄又置
　　　　一石赤菽於東門之外，而令之曰：『有能徙此於西門之外者，賜之如初。』人
　　　　爭徙之。乃下令曰：『明日且攻亭，有能先登者，仕之國大夫，賜之上田上宅。』
　　　　人爭趨之。於是攻亭，一朝而拔之。」
〔註43〕 參見陳啓天：《韓非子校釋‧定法》，頁78。
〔註44〕 參見瀧川龜太郎：《史記會注考證‧商君列傳》，頁896。
〔註45〕 參見瀧川龜太郎：《史記會注考證‧商君列傳》，頁893。

年，〔註46〕具體內容為：

（一）孝公三年，第一次變法內容

1. 令民為什伍，而相牧司連坐。不告姦者，腰斬；告姦者，與斬敵者同賞；匿姦者，與降敵同罰。
2. 有二男以上不分異者，倍其賦。
3. 大小僇力耕織，致粟帛多者，復其身，事末利及怠而貧者，舉以為收孥。
4. 有軍功者各以率受上爵。為私鬥者各以輕重被刑，宗室非有軍功，論不得為屬籍。明尊卑爵秩等級，各以差次，名田宅臣妾衣服為家次。有功者顯榮，無功者雖富無所芬華。

（二）孝公十二年，第二次變法內容

1. 令民父子兄弟同室者息者為禁。
2. 集小都鄉邑聚為縣，置令丞，凡三十一縣。
3. 為田開阡陌封疆，而賦稅平。
4. 平斗桶、權衡、丈尺。

綜合上面幾項政策，可以歸類為對經濟、政治、社會三方面的改革。姚蒸民先生說：「商鞅輔秦孝公達成爭霸天下之目的，……蓋彼深信惟有以君主國家代替封建國家，郡縣制度代替封建制度，官僚政治代替貴族政治，並以自由名田制度代替井田制度，始能切合時勢之需求。故在政治上實行法治主義，在經濟上實行重農主義，在軍事上實行軍國主義，在社會上更採行小家庭主義。」〔註47〕現就這三方面討論商鞅治道在秦地的實行及其作用。

甲、政治改革

政治改革包括「令民為什伍，而相牧司連坐。不告姦者，腰斬；告姦者，與斬敵者同賞；匿姦者，與降敵同罰」，「有軍功者各以率受上爵。為私鬥者各以輕重被刑，宗室非有軍功，論不得為屬籍。明尊卑爵秩等級，各以差次，名田宅臣妾衣服為家次。有功者顯榮，無功者雖富無所芬華」，「集小都鄉邑聚為縣，置令丞，凡三十一縣」等三項。所謂政治改革，其實亦是對宗法的改革，是社會轉型的必要工作之一，牟宗三先生說：「當時的那個貴族社會是

〔註46〕　參見瀧川龜太郎：《史記會注考證・秦本紀》，頁101～102；〈六國年表〉，290～291。
〔註47〕　參見姚蒸民：《法家哲學》（臺北：東大圖書公司，1991年8月），頁20。

個什麼社會呢？政治型態是封建，經濟型態是井田制度。這是需要解放的。法家所擔負的就是這個任務。他就是順著當時社會型態要轉型的這個趨勢而來完成這個轉型，這是順成。」〔註48〕在周天子的地位由動搖至幾近崩潰之時，封建體制正逐漸瓦解，春秋時管仲尚喊出「尊王攘夷」的口號，戰國時則各自為政，因封建而形成的政治血緣關係瀕臨崩潰，君主的地位由主觀的政治關係中獨立出來，牟宗三先生稱之為「客觀化」，〔註49〕士的地位提昇，從前世襲的貴族首當其衝，他們不再是「有罪可以得免，無功可以得尊顯」，士可以掌握治權，接替了傳統治權的擁有者──貴族，這也是客觀化，是士的客觀化，一切政治不再由貴族所掌控，土地也不再只有貴族才能擁有，農民也得到解放，這是民的客觀化。

那麼，商鞅用什麼來取代原有的以血緣決定治權的政治結構呢？他提出「有軍功者各以率受上爵。為私鬥者各以輕重被刑，宗室非有軍功，論不得為屬籍。明尊卑爵秩等級，各以差次，名田宅臣妾衣服為家次。有功者顯榮，無功者雖富無所芬華。」商鞅要建立起一個全民務農力戰的新社會，軍功的高低是獲得爵祿的標準，這樣一個社會制度的大變動，除了牟先生說的為歷史的必然外，最重要也最終極的目的就是要達成富國強兵的目標。如果依照第二章的分析，〈境內〉是可信度較高的篇章，而其中所列的爵制，與後來《漢書·百官公卿表》中相較，實為漢制的雛形。〔註50〕

「集小都鄉邑聚為縣，置令丞，凡三十一縣。」將原先封建的土地重新改制，成為郡縣制，「廢封建立郡縣」，這是法家在社會轉型時必須作的工作之一。根據《史記》，早在商鞅之前，秦國就已經建立了一些由國君直接統治的縣，《史記·秦本紀》：「（武公）十年，伐邽冀戎，初縣之。十一年，初縣杜、鄭。……（靈共公）二十一年，初縣頻陽。」〔註51〕《史記·六國年表》中亦記載：「（惠公）十年，與晉戰武城，縣陝。」「（獻公）六年，初縣蒲、

〔註48〕 參見牟宗三：《中國哲學十九講》，頁65。

〔註49〕 參見牟宗三：《歷史哲學》，頁100。「從政治上看，共同體破裂，政治必漸轉型：庶民漸由共同體脫穎而出，逐漸客觀化其自己，則貴族階級之生命必起動盪，不復再具有穩定之堅持性。其初大夫專政，陪臣執國命，公室如周室。繼之，大夫亦不能維持其世襲，政治之共同體之親密性轉形而為客觀化之格局，乃歷史精神之必然者。」

〔註50〕 參見本文第三章。另參見齊思和：〈商鞅變法考〉，《中國史探研》（河北：河北教育出版社，2001年5月），頁262～263。

〔註51〕 參見瀧川龜太郎：《史記會注考證·秦本紀》，頁93。

藍田、善明氏。」「（獻公）十一年，縣櫟陽。」〔註52〕可見秦國在春秋時就
有縣作爲地方行政單位。「廢封建立郡縣」是當時法家的一個方向，而在秦國，
商鞅所作的工作是將凌亂的行政單位統一爲縣，以便管理。《史記‧秦本紀》：
「并諸小鄉聚，集爲大縣，縣一令，三十一縣。」〔註53〕自此縣直接隸屬於
中央政府，而縣設令丞，中央集權的政治型態自此完成。

　　「令民爲什伍，而相牧司連坐。不告姦者，腰斬；告姦者，與斬敵者同
賞；匿姦者，與降敵同罰。」這也是社會組織的一部份，《韓非子‧定法》篇：
「公孫鞅之治秦也，設告相坐而責其實，連什伍而同其罪。」〔註54〕封建制
度的崩潰，商業的繁榮，大都市的興起，使得各國間往來頻繁，有志之士在
本國不得重用，就到他國尋求機會，商鞅自身就是一例，徐復觀先生稱這個
現象爲「流動的社會」，〔註55〕孟子因此而有「保民而王」的理論，〔註56〕商
鞅實施連坐法，形成一個新的社會組織，爲了就是要穩定這個流動的社會，
這與商鞅重農的要求息息相關。商鞅重農抑商，因爲商人是「資重於身」的，
〈算地〉篇：「故聖人之治也，多禁以止能，任力以窮詐，兩者偏用則境內之
民壹，民壹則農，農則樸，樸則安居而惡出。故聖人之爲國也，民資藏於地，
而偏託危於外。資於地則樸，託危於外則惑。」由《商君書》這段理論中，
可以知道法家懂得社會流動對農業不利的道理，要農人專心務農，必須貴農
重農，而流動於各國間的商人及游士，會影響到農民的生計及心志。商鞅注
意到這種現象，連坐法的實施，有穩定社會的作用。〔註57〕連坐法的另一個
作用是告姦，這是對儒家「親親」原則的一大挑戰，《論語‧子路》：「父爲子
隱，子爲父隱」，〔註58〕連坐法徹底破壞了宗法間的血緣關係，即使是父子也

〔註52〕參見瀧川龜太郎：《史記會注考證‧六國年表》，頁287～289。
〔註53〕參見瀧川龜太郎：《史記會注考證‧秦本紀》，頁102。
〔註54〕參見陳啓天：《韓非子校釋》，頁78。
〔註55〕參見徐復觀：《兩漢思想史》卷一（臺北：學生書局，1999年10月），頁117。
〔註56〕參見朱熹集註，蔣伯潛廣解：《四書讀本‧孟子》，〈梁惠王〉，頁18。
〔註57〕參見徐復觀：《兩漢思想史》卷一，頁120。「商鞅第一個著眼，便是要把流動
　　　的社會，使其在職業上穩定安靜下來。此即所謂『以靜生民之業』。……商鞅
　　　爲了要把流動的社會安靜下來，所以特別要打擊此一流動性最大的商人階
　　　級，及游士的活動。《商君書》常常是把商人和游士，貶責在一起的。再加以
　　　相司連坐之法，把人民都釘住在鄉土之上。所以自商鞅變法後，秦可以誘三
　　　晉之民入秦耕種；但未聞有秦國的人民向外流出；亦未見有秦士活動於山東
　　　諸國之間。這在立國的現實基礎上，顯較六國爲穩固。」
〔註58〕參見朱熹集註，蔣伯潛廣解：《四書讀本‧論語》，頁200。

不能互隱其罪。

乙、經濟改革

經濟改革方面包括《史記》中所記載：「大小僇力耕織，致粟帛多者，復其身，事末利及怠而貧者，舉以為收孥」，「為田開阡陌封疆，而賦稅平」，「平斗桶、權衡、丈尺」；《漢書‧地理志》：「孝公用商君，制轅田，開阡陌，東雄諸侯。」記載商鞅之經濟政策的包括《史記》、《戰國策》、《漢書》等史傳，將其列之如下：

1. 《史記‧商君列傳》：為田開阡陌封疆，而賦稅平。〔註 59〕

2. 《史記‧秦本紀》：為田開阡陌，東地度洛。十四年，初為賦。

3. 《史記‧六國年表》：十二年，為田開阡陌。十三年，初為縣，有秩史。十四年，初為賦。

4. 《戰國策‧秦策》：夫商君為孝公平權衡，正度量，調輕重，決裂阡陌，教民耕戰。（蔡澤語）

5. 《史記‧范雎蔡澤列傳》：夫商君為孝公明法令，……決裂阡陌，以靜生民之業，而一其俗。勸民耕農利土，一室無二事。

6. 《漢書‧地理志》：孝公用商君，制轅田，開阡陌，東雄諸侯。

7. 《漢書‧食貨志》：至秦則不然，用商鞅之法，改帝王之制，除井田，使民得買賣，富者田連阡陌，貧者無立錐之地。（董仲舒語）

8. 《漢書‧食貨志》：及秦孝公用商君，壞井田，開阡陌，急耕戰之賞。

關於商鞅變法前後的經濟型態之轉變，歷來說法不一，或說是由奴隸制過渡至封建制，或說是由封建制轉向地主經濟，〔註 60〕這牽涉到商鞅變法的性質及作用的探討。前面已經提到，秦位處西陲，受到周文化的影響相較於魯、衛較淺，似乎封建的制度並未像其他國家那樣深。〔註 61〕但經濟型態仍然是封建制，而非奴隸制。牟宗三先生說：

> 井田制是夏商周以來的傳統，土地不屬于農民私有，而是一族人集體到某地去開墾。所謂「封建」是指「封侯建國」，這是「封建」一詞

〔註 59〕以下八點分別參見瀧川龜太郎：《史記會注考證》；《戰國策》，以及《漢書》，不另標頁數。

〔註 60〕參見冉昭德：〈試論商鞅變法的性質〉，《歷史研究》，第 6 期，1957 年 6 月，頁 43。

〔註 61〕參見冉昭德：〈試論商鞅變法的性質〉，《歷史研究》，第 6 期，1957 年 6 月，頁 47～48。

的原意。中國所說的「封建」就是「封侯建國」。例如周公的後人封
於魯，姜太公的後人封於齊，封到那裏就到那裏去建國。建國就經濟
而言，就是集體開墾。這是「封建」的積極意義，周朝大一統就是如
此維持的。此與西方所說的 feudalism（封建）不同。西方所謂的「封
建」是羅馬大帝國崩潰後，原先統屬于羅馬帝國的勢力就分散爲各地
方的勢力；而中國所謂的「封建」則是向上集中于周天子的各地方勢
力。二者的意義是不同的。現在共產黨根據唯物史觀而以希臘羅馬的
奴隸社會說中國的封建，這根本不合中國的社會傳統。〔註62〕

在井田制度下，人民只有耕種權，沒有土地所有權，且農民因爲土地的分配，
被拘束在井田制中，但並不是奴隸制，與羅馬最大的不同，就是人民並不會
被當成物品販賣，因此大陸學者以唯物史觀以爲井田制是一種奴隸制的說法
並不成立。

　　商鞅的經濟政策對於土地的重新規劃、自由買賣、生產力的提高都有很
大的貢獻，綜合來論，爲「開阡陌」、「制轅田」、「平賦稅」以及「統一度量
衡」。首先必須要說明的是何謂「開阡陌」，在朱子〈開阡陌辨〉中說：

> 商君以其急刻之心，行苟且之政，但見田爲阡陌所束，而耕者限於
> 百畝，則病其人力之不盡。但見阡陌之占地太廣，而不得爲田者多，
> 則病其地利之有遺。又當世衰法壞之際，則其歸授之際，必不免有
> 煩擾欺隱之姦，而阡陌之地，切近民田，又必有陰據以自私，而稅
> 不入於公上者。是以一旦奮然不顧，盡開阡陌，悉除禁限，而聽民
> 兼併買賣，以盡人力，墾開棄地，悉爲田疇，而不使其有尺寸之遺，
> 以盡地利。使民有田即爲永業，而不復歸授，以絕煩擾欺隱之姦，
> 使地皆爲田，而田皆出稅，以覈陰據自私之幸。〔註63〕

《史記索隱》：「風俗通曰：『南北曰阡，東西曰陌。河東以東西爲阡，南北爲
陌。』」〔註64〕阡陌是田間的道路，用來區隔田地，每塊田地一百畝，阡陌是
用來分封的單位，井田制就是以中間百畝之地的耕種所得繳給貴族。當農業
技術進步之後，百畝之地對農民來說便嫌不足，所以朱熹說：「耕者限於百畝，

〔註62〕 參見牟宗三：《中國哲學十九講》，頁 165。
〔註63〕 參見《朱子大全》第九冊，卷 72（臺北：中華書局，1970 年 9 月），頁 4。
〔註64〕 參見瀧川龜太郎：《史記會注考證・秦本紀》，頁 102。「爲田開阡陌」下索隱
　　　　部分。

則病其人力之不盡。」這時「阡陌」便成了土地擴展的阻礙，因此「開阡陌封疆」是要決裂這些區隔田地的道路，增加人民的生產力。然而在井田制度下，土地所有權並非爲農民所擁有，人民生產意願低，「開阡陌」除了破除原有井田間的道路外，亦給了農民土地之所有權，得以自由買賣，故蔡澤說：「決裂阡陌，以靜生民之業。」又董仲舒說：「用商鞅之法，改帝王之制，除井田，使民得買賣。」就是這個意思。舊的田制破壞了，「轅田」代表的是新的田制興起，「轅田」即「爰田」，並非首創於商鞅，《左傳·僖公十五年》就有爰田的紀錄，〔註 65〕商鞅「制轅田」究竟爲何，學者對於轅田制的看法不一，根據齊思和先生的分析，轅田應是新闢之田，〔註 66〕開闢新田，爲的是增加地利。商鞅「開阡陌」、「制轅田」，這是受到李克「盡地力之教」的影響。徐復觀先生說：

> 從孟子「是故暴君污吏，必慢其經界」(《孟子·滕文公上》)的話來看，土地的私有兼併，首先乃起於政治性的侵漁。同時，因農民的大量逃亡，授田的政令廢缺；對逃亡荒廢的土地，會有人加以佔領使用；使用久了，便自然而然地出現了社會性的土地私有。所以土地私有，並非先有政令的規定；而是因社會先有此種事實，然後再由政治加以承認。同時，對於井田制的阡陌，各國也皆在自流性的非計劃性的情況下，都在開闢；只有魏文侯時的李悝，及稍後的商鞅，才從政治上意識到此一問題，乃進行以政治之力，作有計劃的開闢。這可以助長由人民生產力之不同所形成的私有土地間的貧富之差；但並非如傳統的說法，商鞅開阡陌而井田廢；乃是井田廢而李悝、商鞅開阡陌。同時，在商鞅以嚴峻的方法監理商人和公族及官吏的情形下，社會雖有貧富之差，但尚不致發生兼併現象。並且因公族及官吏沒有特殊地位，便取消了使賦稅負擔不平均，權衡不統一的根本原因。這都可以發生鼓勵農民生產的作用。〔註67〕

商鞅實行「開阡陌」、「制轅田」等經濟政策，因爲提高人力、地力及生產意願，改善了農民的經濟環境，爲秦國「富國強兵」的目標推進了一大步，也是中國制度史上一項重要的貢獻。

〔註65〕參見左丘明著，杜預集解，竹添光鴻會箋：《左傳會箋》上冊，頁430。
〔註66〕參見齊思和：〈商鞅變法考〉，《中國史探研》，頁269。
〔註67〕參見徐復觀：《兩漢思想史》卷一，頁123。

田制的改革，牽涉到賦稅的問題。《史記‧秦本紀》：「十四年，初爲賦。」賦是兵役制度，按人口數來計算，[註68]「初爲賦」的「初」，代表這是一項創舉。〈墾令〉篇：「訾粟而稅，則上壹而民平。」根據〈六國年表〉，在秦簡公七年「初租禾」，[註69] 雖然商鞅的賦稅制度今已難以考證，但可以確定稅的計算方法由先前的「禾」轉變爲「粟」，目的是爲了「平賦稅」。〈墾令〉篇：「祿厚而稅多，食口眾者，敗農者也；則以其食口之數，賦而重使之。」使貴族卿士等俸祿豐厚之家，食邑稅亦重，在計口收稅，這項條文顯然是爲了打擊貴族而設。「平斗桶、權衡、丈尺」是統一度量衡，大良造鞅量銘：「（孝公）十八年，齊國率卿大夫眾來聘。冬十二月乙酉大良造鞅爰積十尊（寸）五分尊（寸）壹爲升。」[註70] 那麼在秦始皇之前，商鞅已作過統一度量衡的工作，使得經濟上有了更爲統一的計算標準。

丙、社會改革

社會改革包括「民有二男以上不分異者，倍其賦」，以及「令民父子兄弟同室者息者爲禁」。秦國位於與戎狄雜處之西陲地區，統治的對象除秦人外，還有周餘民、一些被征服的戎族人以及到秦國的異邦人。根據冉昭德先生的考證，商鞅「初取小邑爲三十一縣」[註71]（秦孝公十九年），「小邑」指的戎族居住過的城堡，[註72] 這些戎族文化自然較落後，其時除了這些戎族的風俗有待教化外，秦文化相較於受周文化較深的國家，也需要改革。商君說：「始秦戎翟之教，父子無別，同室而居，我爲更制其教，而爲男女之別。」[註73]（《史記‧商君列傳》）商鞅注意到這種陋習，故「令民父子兄弟同室者息者爲禁」，避免倫理上的混亂，徐復觀先生指出商鞅只取儒家五

〔註68〕參見馮友蘭：《中國哲學史新編》（北京：人民出版社，1998 年 12 月），頁 292～293。「賦與稅不同。《漢書‧刑法志》說：『有稅有賦』（本或作租，非）。『稅以足食，賦以足兵。』《食貨志》說：『有賦有稅。』顏師古注說：『賦爲計口發財，稅爲收其田入也。』賦是兵役、徭役制度，是按人口計算的。稅是地租，是按地計算的。」

〔註69〕參見瀧川龜太郎：《史記會注考證‧六國年表》，頁 285。

〔註70〕參見羅振玉：《秦金石刻辭》，轉引自齊思和：〈商鞅變法考〉，《中國史探研》，頁 270。

〔註71〕參見瀧川龜太郎：《史記會注考證‧六國年表》，頁 291。

〔註72〕參見冉昭德：〈試論商鞅變法的性質〉，《歷史研究》，第 6 期，1957 年 6 月，頁 51～53。

〔註73〕參見瀧川龜太郎：《史記會注考證‧商君列傳》，頁 894。

倫中之夫婦一倫，其他四倫則爲商鞅所不取。〔註 74〕商鞅對戎翟陋習的改革，有助於改善社會風氣。另外，商鞅用增加賦稅的手段，強迫人民實行小家庭制度，「民有二男以上不分異者，倍其賦」，除了改革家庭制度，其實這也是要人民獨立出來全面務農，以防家中有坐食者的一項措施，林劍鳴先生說：「迫令家有二男以上者分家，這就有利於改變秦國以前『聚旅而居』的落後習慣，發展一家一戶的小農經濟，⋯⋯按人頭徵賦，使負擔不至於全部落在耕種土地的農民身上，這就在客觀上對農民帶來一點好處。這種賦制又迫令勞力多的家庭分居，又強制個人必須勤勞奮發，不能吃『大鍋飯』，這對於農業發展、土地開墾和生產的進步，都是有好處的。」〔註 75〕

商鞅對秦的種種改革，都能針對時勢所趨而發，不僅將秦國帶向統一中國的盛世，也對後世的政治、經濟產生很大的影響。在研究商鞅時，除了著眼在他的富強之道，即所謂的法治主義及農戰主義外，這些具體的改革主張，背後所代表的涵義及影響，也是吾人不可忽略的部分。

第三節　商鞅車裂後其法的延續

孝公死後，公子虔之徒告商鞅謀反，太史公說：「商君相秦十年，宗室貴族，多怨望者。」商鞅對貴族的打擊是多面的，既奪其統治權，又奪其經濟權，自然受到貴族們的遘怨，加上對公子虔及公孫賈的用刑，埋下日後殺身之因。商鞅受制於自己的法，無處可躲，落得「作法自斃」的評價，陳啓天先生說：「商鞅可說是爲秦而死，爲法而死」，〔註 76〕爲商鞅之車裂殉法下了很好的註腳。

商鞅死後，他爲秦國定下的新法及其強秦的精神依然在秦國發酵，並未因他的死而劃下句點。《韓非子‧定法》：

> 及秦孝、商君死，惠王即位，秦法未敗也。〔註 77〕

《韓非子‧外儲說右下》：

> 秦大饑，應侯請曰：「五苑之草者、蔬菜、橡果、棗栗，足以活民，
> 請發之。」昭襄王曰：「吾秦法：使民有功而受賞，有罪而受罰。今

〔註 74〕參見徐復觀：《兩漢思想史》卷一，頁 125。
〔註 75〕參見林劍鳴：《秦史》，頁 295。
〔註 76〕參見陳啓天：《商鞅評傳》，頁 21。
〔註 77〕參見陳啓天：《韓非子校釋》，頁 78。

> 發五苑之蔬草者，使民有功與無功俱賞也。使民有功與無功俱賞者，
>
> 此亂之道也。」〔註78〕

這是因爲法的客觀性不因執法人存亡而改變，商鞅雖死，但法因其客觀性而被保住，而申不害的「術」，因爲仰賴人操之而具有主觀性，不能客觀保存，一但操術之人身亡，術就不能保住，因此我們不難了解，何以統一的工作由秦完成，而非由韓。

　　一九七五年十二月，湖北省雲夢縣睡虎地，發現了十二座墓葬，年代由戰國末年至秦，其中十一號墓葬，出土了一千一百五十五支的竹簡，內容多記載秦的法律及文書，將其稱之爲《雲夢秦簡》或《睡虎地秦墓竹簡》。竹簡的內容有以下十種：

1. 《編年紀》。
2. 《語書》。
3. 《秦律十八種》。
4. 《效律》。
5. 《秦律雜抄》。
6. 《法律答問》。
7. 《封診式》。
8. 《爲吏之道》。
9. 《日書》甲種。
10. 《日書》乙種。

除《語書》、《效律》、《封診式》、《日書》乙種本來就有書題外，其餘書題均是整理小組擬定的。《編年紀》中記載了一個名「喜」的人的生平經歷，應該就是墓主。喜生於秦昭王四十五年，卒於秦始皇三十或三十一年，曾擔任「楡史」、「安陸御（？）史」、「安陸令史」、「鄢令史」及「鄢之獄吏」等與法律有關的職務，〔註79〕秦昭王四十五年爲商鞅死後七十六年，年代相當接近，其中的資料正可以看出商鞅死後其法在秦地的發展變化。

　　討論商鞅車裂後其法之延續，主要以《秦律》爲討論的材料。這裡所指的《秦律》包括《秦律十八種》、《效律》、《秦律雜抄》、《法律答問》及《封

〔註78〕參見陳啓天：《韓非子校釋》，頁 599。

〔註79〕參見雲夢秦墓竹簡整理小組：〈雲夢秦簡釋文〉（一），《文物》，第 6 期，1976年，頁 12～13。

診式》，因爲都和法律相關，故統稱爲《秦律》。首先必須先釐清出土《秦律》與商鞅時的律法之關係。商鞅受李悝《法經》以相秦，〔註 80〕並「改法爲律」，〔註 81〕《說文》：「法，刑也。」段注：「刑者，罰也。」〔註 82〕《說文》：「律，均布也。」段注：「律者，所以範天下之不一而歸於一，故曰均布也。」〔註 83〕「法」沒有天下均一的意思，「改法爲律」乃將天下皆納入法之軌道內。另外在《法經》之外，還增加了「連坐之法，造參夷之誅，增加肉刑、大辟、有鑿顛、抽肋、鑊烹之刑。」〔註 84〕商鞅以《法經》爲基礎，發展成最早的《秦律》（雖不知當時作何稱呼，今暫且名之商鞅《秦律》，以與出土《秦律》作區分）。根據出土《秦律》，有相當多的線索可以證明出土《秦律》與商鞅《秦律》已有很大的不同，非商鞅《秦律》的原貌，而是歷經孝公之後的惠文王、武王、昭王、孝文王、莊襄王等歷代君主補充而成的。高敏先生的〈商鞅秦律與睡虎地出土秦律的區別和聯繫〉一文對此有深刻的闡述。〔註 85〕此處舉二例說明之。

第一，出土《秦律》中出現商鞅身後事，可證出土《秦律》非商鞅《秦律》。《法律答問》中有一則：「可（何）謂甸人？甸人，守孝公、（獻）公家者（也）。」〔註 86〕言「孝公」諡號，乃商鞅死後之事。又商鞅時地方有縣而無郡，《語書》：「廿年四月丙戌朔丁亥，南郡守騰謂縣、道嗇夫：古者，民各有鄉俗，其所利及好惡不同，或不便于民，害于邦。是以聖王作爲法度，以矯端民心，去其邪避（僻），除其惡俗。」〔註 87〕出土《秦律》中卻有郡級的

〔註 80〕 參見《晉書·刑法志》（臺北：鼎文書局，1990 年 6 月），頁 922。「是時承用秦漢舊律，其文起自魏文侯師李悝，撰次諸國法，著《法經》：以爲王者之政，莫急於盜賊，故其律始於〈盜〉、〈賊〉。盜賊須劾捕，故著〈囚〉、〈捕〉二篇；其輕狡、越城、博戲、假借、不廉、淫侈、踰制，爲〈雜〉律一篇；又以其律〈具〉其加減，是故所著六篇而已。商君受之以相秦。」

〔註 81〕 參見《唐律疏議》卷 1。轉引自鄭秦：《中國法制史》（臺北：文津出版社，1997 年 4 月），頁 63。

〔註 82〕 參見許愼撰，段玉裁注：《說文解字注》（臺北：黎明文化事業股份有限公司，1996 年 9 月），頁 474。

〔註 83〕 參見許愼撰，段玉裁注：《說文解字注》，頁 78。

〔註 84〕 參見《漢書·刑法志》（臺北：鼎文書局，1979 年 2 月），頁 1096。

〔註 85〕 參見高敏：〈商鞅秦律與睡虎地出土秦律的區別和聯繫〉，《睡虎地秦簡初探》（臺北：萬卷樓圖書有限公司，2000 年 4 月），頁 28～31。

〔註 86〕 參見李勛：〈雲夢睡虎地秦簡概述〉，《文物》，第 5 期，1976 年，頁 3。

〔註 87〕 參見雲夢秦墓竹簡整理小組：〈雲夢秦簡釋文〉（一），《文物》，第 6 期，1976 年，頁 11。

法官法吏，出現「郡守」一職，顯然這部分非出於商鞅手筆。

第二，出土《秦律》的編目，不同於商鞅《秦律》的編目，可證出土《秦律》非商鞅《秦律》。商鞅「改法爲律」，但出土《秦律》中除了《秦律十八種》〔註88〕外，尚出現《工人程》、《牛羊課》等，依《晉書・刑法志》記載漢初蕭何制定《漢律》時增加了「興」、「戶」、「廄」，所謂「合爲九篇」，〔註89〕蕭何是根據商鞅《秦律》制定《漢律》，故商鞅《秦律》中的篇目應只有李悝《法經》的六篇，那麼應可說明「程」、「課」不是商鞅《秦律》中的內容。

由以上二點來看，出土《秦律》顯然不是商鞅《秦律》的原貌，雖然如此，卻是站在商鞅《秦律》的基礎上增定而成的。〔註90〕理解了出土《秦律》的內容性質，再來看商鞅《秦律》在其中被繼續延續保存的部分。

一、政治方面

商鞅「令民爲什伍，而相牧司連坐」（《史記・商君列傳》）。連坐法是商鞅對社會組織的一項政策，目的一是要穩定流動的社會，一是要人民互相監視。《法律答問》：「律曰與盜同（法），有（又）曰與同（罪），此二物其同居、典、伍當坐之。」又「盜及者（諸）它（罪），同居所當坐。可（何）謂同居？戶爲同居。」〔註91〕《法律答問》中對「伍」的定義也有說明：「可（何）謂四鄰？四鄰即伍人謂（也）。」〔註92〕可見「伍人」就是「鄰人」，是將社會

〔註88〕參見徐富昌：《睡虎地秦簡研究》（臺北：文史哲出版社，1993 年 5 月），頁66～95。《秦律十八種》包括《田律》、《廄苑律》、《倉律》、《金布律》、《關市律》、《工律》、《工人程》、《均工》、《徭律》、《司空》、《軍爵律》、《置吏律》、《效》、《傳食律》、《行書》、《內史雜》、《尉雜》及《屬邦》等十八律。

〔註89〕參見《晉書・刑法志》，頁922。「漢承秦制，蕭何定律，除參夷連坐之罪，增部主見知之條，益事律興、廄、戶三篇，合爲九篇。」

〔註90〕參見高敏：〈商鞅秦律與睡虎地出土秦律的區別和聯繫〉，《睡虎地秦簡初探》，頁31。「儘管商鞅《秦律》處在不斷變化發展的過程中，畢竟是在商鞅《秦律》基礎上的變化發展，而且作爲地主階級法律的基本精神和本質特徵是不會改變的。因此，從這一角度著眼，出土《秦律》即使增添了自孝公以後到昭王以前幾代秦國君主所補充的一些內容，它仍然不失爲商鞅《秦律》的直接延續。」

〔註91〕參見雲夢秦墓竹簡整理小組：〈雲夢秦簡釋文〉（三），《文物》，第8期，1976年，頁28。

〔註92〕參見雲夢秦墓竹簡整理小組：〈雲夢秦簡釋文〉（三），《文物》，第8期，1976年，頁30。

重新編制起來，互相監督，一人犯罪，伍人連坐處罰。

《史記・商君列傳》中記商鞅變法：「有軍功者各以率受上爵。爲私鬥者各以輕重被刑，宗室非有軍功，論不得爲屬籍。明尊卑爵秩等級，各以差次，名田宅臣妾衣服爲家次。有功者顯榮，無功者雖富無所芬華。」在出土《秦律》也可獲得驗證。《秦律十八種》中有《軍爵律》，記述有關以軍功賞爵的制度。出土《秦律》：

> 從軍當以勞論及賜，未拜而死，有（罪）（法）耐〔註93〕（遷）其後；及法耐（遷）者，皆不得受其爵及賜。其已拜，賜未受而死及（法）耐（遷）者，鼠（予）賜。

> 欲歸爵二級，以免親父母爲隸臣妾者一人；及隸臣斬首爲公士，謁歸公士而免故妻隸妾一人者，許之，免以爲庶人。工隸臣斬首及人爲斬首以免者，皆令爲工；其不完者，以爲隱官工。〔註94〕

第一條是說明如果尚未拜爵即死，那麼後嗣或本人有罪依法耐遷的，都不能得到爵及賞賜；如果已經拜爵但尚未獲得賞賜，本人已死及依法耐遷的，依然給予賞賜。第二條是說明以軍爵來贖免罪刑的情形。雖然我們無法得知商鞅之軍爵制度的詳細規定，但商鞅以軍功受爵的主張顯然繼續在秦國徹底執行。另外，《商君書・境內》中列有各級爵稱，在出土《秦律》中可見到其中的一至五級，分別爲公士、上造、謀人（簪裊）、不更及大夫，〔註95〕徐富昌先生說：「秦的軍功爵制是經過長期發展形成的，商鞅根據秦國的爵稱舊名，再吸取山東各國改革的經驗，制定了秦國的軍功爵制。而從《雲夢秦簡》我們可以看到這個爵制實際上是一直被秦國所採用的。而在商鞅之後，秦的軍功爵制也繼續發展出一些新的內容，《雲夢秦簡》所見的幾個新爵名，或者爵名異稱，可以說明了這個現象。」〔註96〕而「爲私鬥者各以輕重被刑」也可在《秦律》中找到多項對私鬥的處罰，如《法律答問》中記載「或鬥，齧斷

〔註93〕參見徐富昌：《睡虎地秦簡研究》，頁272。「耐刑是秦的象徵性刑罰之一。……耐刑是剃光犯人鬢毛的刑罰。《禮記・禮運》正義曰：『古者犯罪以髡其鬢，爲其耐罪。』……杜正勝說是『猶有肉刑的象徵意義，亦可謂是古代肉刑之殘餘。』」頁299。「所謂遷刑，就是流刑。流刑是把罪犯押解到偏遠或邊境地區的一種刑罰。」

〔註94〕參見雲夢秦墓竹簡整理小組：〈雲夢秦簡釋文〉（二），《文物》，第7期，1976年，頁7。

〔註95〕參見徐富昌：《睡虎地秦簡研究》，頁492～495。

〔註96〕參見徐富昌：〈秦國的軍功爵制〉，《睡虎地秦簡研究》，頁488～500。

人鼻若耳若指若脣，論各可（何）（也）？皆當耐。」〔註97〕或「或與人鬥，縛而盡拔其須（鬚）麋（眉），論可（何）（也）？當完城旦。」〔註98〕「耐」是剃光犯人鬢毛的刑罰，「完」則是至今仍無定論，根據徐富昌先生考定，大概是一種髠刑或髠刑的替代刑，〔註99〕而「遷」是一種將犯人流放到偏遠之地的刑罰，這和《史記・商君列傳》中將「亂化之民，盡遷於邊城」〔註100〕的做法很類似。

二、經濟方面

「大小僇力耕織，致粟帛多者，復其身，事末利及怠而貧者，舉以為收孥」是商鞅重農的經濟政策，出土《秦律》雖未有相同的記載，但是其重視生產的基本精神是一致的。至於「平斗桶、權衡、丈尺」的統一度量衡之工作，在出土《秦律》中有一篇《效律》，其中便提到：

> 衡石不正，十六兩以上，貲官嗇夫一甲；不盈十六兩到八兩，貲一盾。甬（桶）不正二升以上，貲一甲；不盈二升到一升，貲一盾。
>
> 斗不正，半升以上，貲一甲；不盈半升到少半升，貲一盾。半石不正，八兩以上，鈞不正，四兩以上；斤不正，三朱（銖）以上；半斗不正，少半升以上；參不正，六分升一以上；升不正，廿分升一以上，黃金衡贏（累）不正，半朱（銖）以上，貲各一盾。〔註101〕

今日可見「商鞅方升」的珍貴文物，考據製造於秦孝公十八年，〔註102〕前面提到大良造鞅量銘：「（孝公）十八年，齊國率卿大夫眾來聘。冬十二月乙酉大良造鞅爰積十尊（寸）五分尊（寸）壹為升。」，在參照《效律》，則商鞅確實曾統一度量衡，在其死後依舊被秦國繼續沿用。

由以上所論述的，可知商鞅得其秦國之優越情勢，完成強秦之業。不顧

〔註97〕參見雲夢秦墓竹簡整理小組：〈雲夢秦簡釋文〉（三），《文物》，第 8 期，1976年，頁 30。

〔註98〕參見雲夢秦墓竹簡整理小組：〈雲夢秦簡釋文〉（三），《文物》，第 8 期，1976年，頁 29。

〔註99〕參見徐富昌：《睡虎地秦簡研究》，頁 282～293。

〔註100〕參見瀧川龜太郎：《史記會注考證・商君列傳》，頁 893。

〔註101〕參見雲夢秦墓竹簡整理小組：〈雲夢秦簡釋文〉（二），《文物》，第 7 期，1976年，頁 8。

〔註102〕參見〈商鞅方升與戰國量制〉，《文物》，第 6 期，1972 年。

大臣貴族之反對，堅持其變法的主張，加上他過於嚴厲的行事風格，導致在孝公死後，立即被貴族密告將要謀反而慘遭車裂之命運。雖然落得「刻薄寡恩」、「作法自斃」的批評，但其法之精神仍在秦國繼續發揚，從《睡虎地雲夢秦簡》中，處處可見商鞅之法的精神，雖已被歷代君主及執法者加以補充，而非商鞅《秦律》之原貌，但是可以確定的是，出土《秦律》乃根據商鞅之法作為基礎，逐步發展而成的，因此商鞅雖執法短短二十年，其影響卻是深遠悠長的。陳啟天先生說：

> 這兩次大變法，將商鞅以前的社會和政治整個換了一個新局面。這
> 個新局面的直接結果，確立了秦國統一六國的基礎，間接的影響，
> 支配了自秦至清的中國社會和政治經濟。自漢以後，雖社會和學術
> 方面蒙上了儒家的色彩，然在政治和經濟方面仍以商鞅的改革做骨
> 幹，不曾發生根本變化。如果承認孔子是中國固有學術的惟一權威
> 者，便不能不承認商鞅是中國固有政治的惟一權威者。如果承認周
> 公是秦以前封建政治的創立者，便不能不承認商鞅是秦以後君主政
> 治的創立者。〔註103〕

商鞅雖為後世奠下政治、經濟方面的基礎，卻不能說他的施政都是好的。他忽視人之主體性、善的道德自覺，以及對自由理想之追求，實施許多殘酷的政策，都帶給了中國許多負面的影響，這是我們在看商鞅治道時不可忽略的部分。下一章即從這個角度出發，討論商鞅治秦的功過得失。

〔註103〕參見陳啟天：《商鞅評傳》，頁20。

第五章　商鞅變法的檢討與歷史定位

　　商鞅變法在歷史上引起兩極之評價，或曰其刻薄寡恩，如太史公司馬遷；或曰其因時而制，如清代麥孟華，但是司馬遷在《史記》中所記載的「行之十年，秦民大悅，道不拾遺，山無盜賊，家給人足。民勇於公戰，怯於私，鄉邑大治。」〔註1〕和司馬遷自己對商鞅的評價是矛盾的，有人說是因為司馬遷代表的是貴族階級，不夠客觀。是否真的如此，不該太早下定論，必須由商鞅變法的整體意義來看。商鞅變法的意義在於摧毀封建，集權中央，對君主、對平民都是有利的，他以客觀公平的「法」取代主觀差等的「禮」，企圖打擊握有統治權、軍事權及經濟權的貴族，這立意是極佳的，所以他成功完成變法的事功，奠下秦國的富強基業，其法也一直為秦國奉行。那麼商鞅的治道是否真的值得讚頌，其實也不盡然，從秦國短短二十六年的歷史來看，說明了秦國以任法而得天下，亦以任法而失天下。商鞅變法之成功，從其順應時勢、人格特質、行事風格都已說明，此處不再贅述，本章將探討其法無法長治的原因，其變法的積極意義、負面影響，最後再由這些討論中總結而給予客觀的歷史定位。

第一節　商鞅變法不能長治的原因

一、庸主之治的困境

　　學者在探討韓非哲學之困結處，最具決定性的即是「中主如何抱法處勢

〔註1〕參見瀧川龜太郎：《史記會注考證‧商君列傳》（臺北：萬卷樓圖書有限公司，1993年8月），頁893。

而治」，這亦是商鞅所面臨到「庸主而治的困境」。《商君書》對於「君」的要求為明君，書中多處提到治國之君應具備的條件，如：

> 故聖人明君者，非能盡其萬物也，知萬物之要也。故其治國也，察要而已矣。(〈農戰〉)

何謂「治國之要」？《商君書》告訴我們治國之道在「作壹」，壹是壹於農戰，壹於法治。故曰：「是以明君修政作壹，去無用，止浮學事淫之民，壹之農，然後國家可富，而民力可摶也。」(《商君書·農戰》) 又曰：「是以明君之使其民也，使必盡力以規其功，功立而富貴隨之，無私德也，故教化成。如此，則臣忠君明，治著而兵彊矣。」(《商君書·錯法》) 明君必須無私德，依法而行賞罰，這就是「壹賞、壹刑、壹教」。除此之外，《商君書》中對明君的要求還包括了「存體性」、「不蔽」、「為天下位天下」、「任法去私」、「必信」等。〔註2〕在林義正先生〈論商君書對人性的看法〉一文中，認為《商君書》對人性其實有君性、民性之分，〔註3〕此說是否有當？

> 凡人主德行非出人也，知非出人也，勇力非過人也。然民雖有聖知弗敢我謀，勇力弗敢我殺，雖眾不敢勝其主，雖民至億萬之數，縣重賞而民不敢爭，行罰而民不敢怨者，法也。(〈畫策〉)

> 聖人治國也，易知而難行也。是故聖人不必加，凡主不必廢。殺人不為暴，賞人不為仁者，國法明也。(〈賞刑〉)

> 禹不能以使十人之眾，庸主安能以御一國之民。(〈慎法〉)

〈畫策〉篇說君主的德行、智慧、勇力都沒有超出眾人，卻能治億萬之民，仰賴的不是君王本身的德、知、勇，而是一客觀公正的法。在〈賞刑〉及〈慎

〔註2〕《商君書·錯法》：「故凡明君之治也，任其力不任其德，是以不憂不勞而功可立也。度數已立，而法可修。……夫聖人之存體性，不可以易人，然而功可得者，法之謂也。」〈修權〉篇：「故明主慎法。明主不蔽之謂明，不欺之謂察。故賞厚而利，刑重而必，不失疏遠，不私親近。故臣不蔽主，下不欺上。」〈修權〉篇：「君好法，則端直之士在前；君好言，則毀譽之臣在側。公私之分明，則小人不疾賢，而不肖者不妬功。故堯舜之位天下也，非私天下之利也，為天下位天下也。……三王以義親，五霸以法正諸侯，皆非私天下之利也，為天下治天下也。是故擅其名，而有其功；天下樂其政，而莫之能傷也。今亂世之君臣，區區然皆擅一國之利，而管一官之重，以便其私，此國之所以危也。故公私之交，存亡之本也。……是故明主任法去私，而國無隙蠹矣。」〈畫策〉篇：「聖人有必信之性，又有使天下不得不信之法。」
〔註3〕參見林義正：〈論商君書對人性的看法〉，《鵝湖》，第4卷第12期，1979年6月。

法〉兩篇，也將「凡主」、「庸主」用來和「明君」、「聖人」相對比，因此若將《商君書》中論人性再區分爲君性、民性其實是不恰當的，君性實有明、庸之分，並非一致。林義正先生以爲君性、民性的不同在於智，「君智深遠、民智短淺，君智足以洞悉國家存亡，而民智僅知及個人利害。」〔註4〕卻不知君以國家存亡爲己之最大利，而民以自身利益爲己之最大利，實身分之不同而已，二者考量均爲自身之利益，並無二致。且孔子即有「生而知之者」「學而知之者」、「困而學之者」及「困而不學」的差別，儒家論人性亦有智愚之分，又豈爲君民之差異！我們只能說《商君書》期待君主具備「存體性」、「不蔽」、「爲天下位天下」、「任法去私」、「必信」等條件，但是不能期待君主都爲聖人、爲明君，而這正是「法」之必須存在之理由。在《商君書》來說，只要能依法而行便是明主，故「明主慎法制。言不中法者，不聽也；行不中法者，不高也；事不中法者，不爲也。」（〈君臣〉）這裡就涉及一個問題，君主眞的能凡事依法而行嗎？

　　《韓非子・定法》對商鞅有二項批評，以爲「無術以知姦」，國家之富強只是「資人臣」；另外，以軍功任官是「不當其能」，故商鞅「未盡於法」。〔註5〕這是韓非集合法、術、勢三者之論，三者相互補足、彼此助成，構成韓非的思想體系。《商君書》中亦有多處言「術」，韓非卻批評商鞅有法無術，因此我們必須先對商鞅及韓非所謂的「術」有一基本的認識。

　　韓非說：「術者，因任而授官，循名而責實，操殺生之柄，課群臣之能者也，此人主之所執也。」（《韓非子・定法》）〔註6〕如果以術「因任而授官」、「循名而責實」之功能來看，實爲任法時的原則方法，並無學者所謂之墮落及陰暗。術主要爲後人所詬病者，乃在於其第二功能：「術者，藏之於胸中，以偶眾端，而潛御群臣者也。」（《韓非子・難三》）〔註7〕「凡術者也，主之所以執也。」（《韓非子・說疑》）〔註8〕「法莫如顯，而術不欲見。」（《韓非子・難三》）〔註9〕如此術則成爲駕馭群臣之秘術，此消極隱密之一面遂落入

〔註4〕參見林義正：〈論商君書對人性的看法〉，《鵝湖》，第4卷第12期，1979年6月，頁20。
〔註5〕參見陳啓天：《韓非子校釋・定法》（臺北：商務印書館，1994年11月）。
〔註6〕參見陳啓天：《韓非子校釋》，頁76。
〔註7〕參見陳啓天：《韓非子校釋》，頁364。
〔註8〕參見陳啓天：《韓非子校釋》，頁232。
〔註9〕參見陳啓天：《韓非子校釋》，頁364。

後人陰深險忍之誤解。韓非認爲賢者既不可待亦不必待，但術之虛靜之工夫
並非中主所能，而需要高度的修養，是「中主而治」與「術治」成爲相矛盾
之困境，高柏園先生以爲「韓非基於用術的要求，必然重新肯定某種型態的
尚賢主義，此即與其中主而治之理想相背反。」〔註10〕

那麼《商君書》中言「術」所指爲何？

> 主操名利之柄，而能致功名者，數也。聖人審權以操柄，審數以使
> 民。數者臣主之術，而國之要也。故萬乘失數而不危，臣主失術而
> 不亂者，未之有也。（〈算地〉）

> 故刑戮者，所以止姦也；而官爵者，所以勸功也。今國立爵而民羞
> 之，設刑而民樂之，此蓋法術之患也。故君子操權一政以立術，立
> 官貴爵以稱之，論勞舉功以任之，則是上下之稱平。上下之稱平，
> 則臣得盡其力，而主得專其柄。（〈算地〉）

> 先王縣權衡，立尺寸，而至今法之，其分明也。……故法者，國之
> 權衡也。……不以法論知能賢不肖者，惟堯，而世不盡爲堯，是故
> 先王知自議譽私之不可任也，故立法分明，中程者賞之，毀公者誅
> 之。賞誅之法，不失其義，故民不爭。（〈修權〉）

由以上二例來看，《商君書》同樣以爲君主執法須有術，而「術」是要刑爵發
揮應有的功能，故人君應該要「操權一政以立術，立官貴爵以稱之，論勞舉
功以任之」，這正是韓非要求「循名責實」的部分，也就是術積極的功能，也
是治國之要，即壹於法，以法爲唯一的標準，上下皆同，就是「上下之稱平」。
另外在《商君書》中稱「數」者，亦爲治國之原則，但皆爲「壹於法」，沒有
韓非所謂「不欲見」的消極涵義。

在了解《商君書》及《韓非》之「術」的功能後，知道《商君書》所謂
的「術」不過是治國的方針，與韓非的「術」實有區別，那麼是否就可以說
商鞅以法爲治的思想沒有韓非思想中「中主而治」的困境呢？在《史記》、《戰
國策》等史傳中並沒有對這個部分有所說明，若《商君書》可以代表商鞅思
想，那麼「庸主而治」的困境依然存在。《商君書》所說的「術」是要君主依
法來行賞罰，前提是法的體系完備而不須更動，但是法並非恆定不動的，雖
然「法」須具有恆定性，《商君書·靳令》：「法立而不革。」然而這個恆定性

〔註10〕 參見高柏園：《韓非哲學研究》（臺北：文津出版社，1994年9月），頁142。

並非永久，因爲「法」同時具備了因時性，當時代或社會有所改變時，法亦須隨之改變，才能應變新的時勢，故《商君書》同時要君主「觀俗立法而治」，〈壹言〉篇：「聖人之爲國也，不法古，不修今，因世而爲之治，度俗而爲之法。故法不察民之情而立之，則不成；治宜於時而行之，則不干。」君主握有獨制的法權，但是能否有制法的智慧識見，卻是商鞅也無法保證的，所以當時代一改變，法也需要隨之改變時，「依法而治」之術並不足以應付，而商鞅又沒有韓非駕馭臣下之術，便將落入「庸主而治」之困境，而終至回歸到法家所斥之「尙賢政治」。

二、忽視人性的主體性

　　商鞅法治的思想建立在變古之治道觀、自利之人性觀以及實效之價值觀，三者不可分割，相輔相成。其中對於人性之認識，乃是經驗之素樸主義，從好惡之情、計慮之心論人性，並非往深處推敲人性之本質，終陷入偏頗狹隘。正如牟宗三先生所論，人生的眞理是具有普遍性的，而每一文化、每一人所展現出的都不相同，這就是特殊性。人既有神性，也有物性，故向上可以體悟眞理，向下亦會因物慾沉淪，這便是孟子說的「大體、小體」之分。而人的價值就在種種生命的限制中展現，牟先生說：「所有人生的艱苦困難都在這兒，人生的悲壯也在這個地方。」〔註 11〕商鞅卻沒有往這深層想，他觀察人性中爲物慾束縛的部分，而以爲正可以利用人性中的好惡之情作爲君主施以賞罰之治國之道，以國家、君主之最大利爲人之價值所在，這是人性觀的偏頗所造成的理論限制。因此說「商鞅只觀察到人性中的生命層與意識層，而未達到精神層與文化層。」〔註 12〕

　　儒、道都曾對法家的學說有所回應，孔子說：「道之以政，齊之以刑，民免而無恥。」〔註 13〕《左傳》昭公二十九年：「仲尼曰：晉其亡乎？失其度也。」〔註 14〕這是譏刺晉國鑄刑鼎。老子：「法令滋彰，盜賊多有。」〔註 15〕（《道

〔註11〕　參見牟宗三：《中國哲學十九講》（臺北：學生書局，1997 年 1 月），頁 5～9。

〔註12〕　參見林義正：〈論商君書對人性的看法〉，《鵝湖》，第 4 卷第 12 期，1979 年 6 月，頁 20。

〔註13〕　參見朱熹集註，蔣伯潛廣解：《四書讀本・論語・爲政》（臺北：啓明書局），頁 14。

〔註14〕　參見見左丘明著，杜預集解，竹添光鴻會箋：《左傳會箋》下冊（臺北：明達出版社，1986 年 10 月），頁 1775。

德經》第五十七章）「民不畏死，奈何以死懼之。」（《道德經》第七十四章）
「以道佐人者，不以兵強天下。」（《道德經》第三十章）可見法家思想雖深
得君主之心，卻是諸子深感詬病的，法家之所爲成爲眾矢之的的主要原因，
就在於他對人性觀認識之偏狹，以人性中片面之表現作爲治國之主軸，卻完
全忽視人之所以爲人，不同於禽獸，正是天所賦予人渴望向上求善的本質。
前面說到中國哲學可用「內聖外王」一語含括，儒家以禮治國涵蓋了這二個
部分，而其積極之精神，是其所以成爲中國哲學數千年之主體之根本原因，
余英時先生分析儒家之禮治說：

> 儒家一方面強調「爲仁由己」，即個人的價值自覺，另一方面又強調
> 人倫秩序。更重要的是，這兩個層次又是一以貫之的，人倫秩序並
> 不是從外面強加於個人的，而是從個人這一中心自然地推擴出來
> 的。儒家的「禮」便是和這一推擴程序相應的原則。這個原則一方
> 面要照顧到每一個個人的特殊環境和關係，另一方面又以建立和維
> 持人倫秩序爲目的。……它和「法」的整齊劃一是大有出入的，前
> 面所提的「父爲子隱，子爲父隱，直在其中」，便是孔子用「禮」來
> 調節「法」的一個實例。……儒家是要追求一種更高的「公平」和
> 更合理的「秩序」。……「法」只是消極的，只能「禁之已然之後」；
> 「禮」則是積極的，可以「禁之將然之前」。〔註16〕

其實商鞅所謂的法亦有防患於未然的作用，《商君書・境內》：「刑加於罪所終，
則姦不去，賞施於民所義，則過不止。……故王者刑用於將過，則大邪不生；
賞施於告姦，則細過不失。」但是「法」以刑賞爲治，利用的是人性中趨利
避害的本能，與計慮心之結合，卻不知人性雖有計慮好惡，亦有仁義羞恥，
商鞅對人性的觀察不能說是錯誤的，然而卻是以偏概全的。但是「法」確實
很難將各種狀況明文列出，而儒家的「禮」卻有適時補足的功能。「法理情」
實爲治國應該兼備，儒家講禮治，但不偏廢法，法家卻完全棄人性中之善性
於不顧，是反人文，反學術、反道德的墮落表現。〔註17〕

〔註15〕《老子王弼注》（《老子四種》，魏・王弼等著，臺北，大安出版社印行，1999
　　　　年2月）。以下所引老子白文，只標註篇章，不另加註。
〔註16〕參見余英時：《中國思想傳統之現代詮釋》（臺北：聯經出版事業公司，1987
　　　　年3月），頁31～32。
〔註17〕參見唐君毅：《中國人文精神之發展》（臺北：學生書局，1974年5月），頁
　　　　18。「我所謂『反人文的思想』，是指對人性、人倫、人道、人格即人之文化

　　商鞅的法治觀建立在其對人性的認識上，由於其對人性觀察之偏頗，使得其法治思想亦開不出使人養善的積極理想，只能止於告姦。《商君書·畫策》：

> 善治者，使跖可信，而況伯夷乎？不善治者，使伯夷可疑，而況跖
> 乎？勢不能爲姦，雖跖可信也；勢得爲姦，雖伯夷可疑也。

不論是商鞅或其學派，對人性的觀察都是循經驗主義，認爲人性無自發爲善之可能，之所以爲善乃是計慮之心與好利之情的發用，所以伯夷與盜跖在法家的思考下，所表現出來的善惡完全依賴於「勢」，也就是法治與德治，因爲法治的嚴密，而使盜跖成爲可信之人，因爲德治無客觀標準，使得伯夷亦爲可疑。

　　法家肯定法治之絕對有效，而否定了德治的存在價值，這是由實效功利的價值觀而得出的判斷，法治與德治在法家來說，並非本質優劣的問題，而是基於實效的價值觀，以實用的角度說明法治是更適合時勢的。其實德治與法治並非不相容的二者，儒家講德治，卻不排斥法治；法家講法治，卻完全否定德治，這是因爲法家不認爲人性中有自覺體善的成分。其實「法」的存在是無可非議的，問題是「法治」的內涵及根源爲何？眞正的「法治」是以全民爲最大獲利者，將全民均納入法的軌道內；法家的「法治」卻是以君主爲最大獲利者，君主一人制法，而置身於法的軌道外，如此「法治」失去了客觀的本質，而商鞅以爲「爲天下位天下」的理想，終陷入「人治」的困境，雖商鞅不期待德治，卻難免期待君主之賢，而落入其反對的正是所期待的矛盾。牟宗三先生說：「元首是政治等級中的一級，本來是客觀的，但法家將元首尊得超過了等級，就產生了弊病而成了君主專制。如此，雖然由貴族中解放出來，卻因不能充分地完成客觀化，就沒有客觀性，即成爲客觀性的否定。法家開出的君主專制政體因而出現弊端。」〔註18〕鄭力爲先生亦說：「法是從

歷史之存在與價值，不僅加以忽略，而且加以抹殺曲解，使人同化於人以外、人以下之自然生物、礦物，或使其入於如基督教所謂魔鬼之手，使人淪至佛家所謂餓鬼道、地獄道之思想。」頁27。「先秦思想中之『反人文的思想』，乃法家由商鞅至韓非之思想。……商鞅、韓非、李斯、則由要富國強兵，而反封建宗法，以及一切維繫封建宗法之禮樂、仁義、孝悌等由周傳下之文化；亦反對當時一切馳騁談辯以取富貴之游士，而連帶反對儒墨道之學術思想。但是他們之富國強兵之人文目標何在，他們卻說不出，亦未說是爲人民百姓之福利。」

〔註18〕參見牟宗三：《中國哲學十九講》，頁186。

哪裡來的？來自人民呢？抑來自國君？屬於前者，是眞正的法治；因爲它是以『民』爲『主』的；如果是屬於後者，則任你如何說『法』，仍然是離不開『人治』的（且是與德治全不相干的人治），且其結果比不太強調法的功用的德治論後果更糟。儘管德治論的效果不若孔孟所說的那麼顯著，但對於國君（對人臣亦然）總算有一限制的力量，要求國君必須以人民的福祉爲念，脩德以臨天下。人民始是政治的主體，政治的目的，國君是爲人民而存在的。法家則認國君權位利益的鞏固、強化，是政治的最高目的，臣民們皆是爲達成此一目的的工具。國君是高高在上的無限體，完全沒有限制之者，其結果是誅賞予奪完全由君心出。」〔註19〕故法家是爲君主服務的，這就使得法治失去了客觀性，而流於主觀的人治。

王邦雄老師注意到韓非論人性的偏頗，造成其政治哲學的失落，他提出二個觀點，一爲其反仁義道德，反學術文化；二爲其立法無意養善，而僅在止姦，〔註20〕立論甚闢，雖論韓非，其實亦爲商鞅政治哲學中的一大困結。商鞅忽視人性中的主體性，將臣民皆視爲使國家富強之利器，而國家之利其實正是君主之利，人性被物化，法亦無使人向善之光明面，只爲止姦的工具義，落入消極昏暗，政治失去積極的功能，故商鞅治道雖盛於一時，始終無法成爲中國政治的主流。

三、政治環境及社會經濟型態的改變

商鞅的富強政策主要建立在農業社會的經濟型態上，爲了使農民安心務農，商鞅不僅採重農抑商主義，甚至盡量隔斷和他國的交通往來，其「廢逆旅」的措施即爲一例。但是時代之進步乃歷史的必然，農業社會的經濟型態不可能一直維持不變，工商業的急遽發展是時代趨勢，商鞅不能夠抑制這種情況發生，一但社會轉型至工商業社會，商鞅便必須承認人性必然以利益爲考量，農戰既是人性中所苦者，自然不再能建立一個務農力戰的社會，民智也將挑戰君智，庸主而治的理想即告中斷。

除了社會型態之改變外，政治型態也不再相同。商鞅奠定了秦國大一統

〔註19〕參見鄭力爲：《儒學方向與人的尊嚴》（臺北：文津出版社，1987年8月），頁305。

〔註20〕參見王邦雄：《韓非子的哲學》（臺北：東大圖書公司，1993年3月），頁272～286。

的基礎，但是諷刺的是，大一統的政治需要的是安定的力量，法家的存在不再有迫切之需要。春秋戰國時期，天下處於分裂的局面，國與國之間弱肉強食，互相兼併，故各國急欲尋求富強之道，法家最具現實感，為君主服務，不思長治之道，而是面對當前的時勢，提出一套國富兵強之政策。時代感強的主張，卻往往因時代的變動而陷入僵化。秦始皇之後，天下雖然仍有分合，大致上是一統的局面，法家存在的部分理由消失，富國強兵以避免被兼併的目標不復存在，君王面對的是內政，不再是與各國間的競爭，取而代之的是講求民心的儒家思想。但君民、君臣的關係還在，法家強烈「尊君」的要求使得法家並非從此消失於政治舞台上，而是執政者援法入儒，表面上是儒家的德治，實際上法家的思考仍在發酵作用，但已不再是獨尊的地位。

姚蒸民先生說：「戰國中期之任法主張，為以往任人之反動。漢後之人治，則又為戰國任法之反動。秦以任法必專而強，而得天下；亦以任法苛嚴而亂，而失天下。……然此時法治觀念多少深入人心，且形勢上不得復反於封建；故雖任人，亦不能不取法而用之。」〔註21〕法家尊君、法治的觀念，仍在政治上發用，但是政治環境的改變，使法家完成階段性的任務後，退居為政治的次要角色，商鞅之強秦政策隨著秦國之衰亡，亦告落幕。

第二節　商鞅法治思想的積極意義與重刑輕德的負面影響

商鞅變法，為秦國創造出新的氣象，在整個歷史發展的過程中，扮演著轉型的積極意義，但是他重刑輕德的政治方向，卻為後世的政治帶來了不良示範，在給商鞅一個客觀的歷史評價前，必須先對他帶來正面的、負面的；積極的、消極的影響做一說明，才能去討論他在歷史上的定位。

一、商鞅法治思想的積極意義

牟宗三先生將李克、吳起、商鞅歸類在前期的法家，與後期法家之分別在於「術」的介入與否，他以為前期的法家是事功家，與儒家並不衝突，亦不對立。〔註22〕現在就從這個角度做切入，來探討商鞅法治思想的積極意義。

〔註21〕參見姚蒸民：《法家哲學》（臺北：東大圖書公司，1991年8月），頁138。
〔註22〕參見牟宗三：《政道與治道》（臺北：學生書局，1996年4月），頁40。

（一）將政治型態由主觀的封建貴族政治中解放出來

牟宗三先生之所以稱商鞅為事功家，原因在商鞅是著眼在國家如何富強，而非君主如何用心，差別在於商鞅要求的是客觀的法治，而非主觀的人治（後期的法家雖講法治，但亦講君術，已經落入人治）。牟宗三先生說：

> 法家則首先向客觀方面的共同事務之領域用心，而不向主觀方面的個體（個人人格）用心。共同事務之領域是抽象的，一般的，是有普遍性與客觀性的法所運行之地。他們的目的是在攜著法以成就這種共同性的事，所以結果是事功。……大抵前期法家，如李克、吳起、商鞅之流，都是些精察的事功家。在法的領域內，對於法的本質以及用法的條件，他們都能當其分認識得很清楚，這也可說是他們的理論。但他們的理論只就法的領域，事功的範圍。……如果前期法家只是事功家，不越其畔，而若法家亦只依此而言，依此而成，依此而轉化發展，則亦無害，且甚有益。因為這種法家只是成事功的政治家。〔註23〕

如果同意牟先生的說法，認為商鞅是事功家，他為秦國奠下的法治思想，確實為當時封建體制下的禮治對庶民的不平等帶來了新的客觀的標準，可以說商鞅扮演了由封建的貴族政治轉型到君主專制的關鍵，將貴族政治由血緣維繫的主觀的政治型態解放出來，使政治逐漸走向客觀化，〔註24〕是其積極意義中的一環。在客觀化的過程，包括了君、民、士三者，商鞅「立郡縣」，將行政單位直接附屬於君主之下，不再是貴族之采邑，這是將君主地位解放出來；隨著當時士階級地位的躍升，使得士可以擁有政治權，這是士的地位之解放；人民從井田制的經濟系統中，轉而成為土地可以自由買賣，這也是獲得解放，〔註25〕而這確實是時代上一大進步，雖然由現在的眼光回頭檢視，這樣的做法仍不夠客觀，所以牟先生說其為「形式的客觀化」，而非「真實的客觀化」，在《歷史哲學》一書中，牟先生以為商鞅所為沒有正面之積極義，但是在後來的《中國哲學十九講》中，給予前期法家，包括商鞅在內極大的同情肯定，〔註26〕所以我認為以上所論之客觀化，雖是尚未達到真正的客觀，

〔註23〕參見牟宗三：《政治與治道》，頁40。
〔註24〕參見徐復觀：《兩漢思想史》（臺北：學生書局，1999年10月），頁121。「（商鞅）徹底拋棄了封建制度中由身分而來的統治系統，代之以耕戰為中心的統治系統。實際這是當時應有的大改革。」
〔註25〕參見牟宗三：《中國哲學十九講》，頁178～184。
〔註26〕參見牟宗三：《中國哲學十九講》，頁167。「要廢封建、廢井田，當然會與貴

且非商鞅一人完成，是整個法家所賦予的政治意義，然而商鞅扮演的是一個時代轉變的關鍵，就其所強調之法治，依舊有其積極的意義，只是他重刑輕德，忽視人之自覺體善的主體性，則難免流於刻薄寡恩之論。

（二）政治、經濟、社會的政策具有改革的作用

商鞅立郡縣、開阡陌、制轅田、統一度量衡、實施小家庭制，都具有改革的積極意義，在前一章已經談過，這裡稍加條理。

1. 商鞅「集小都鄉邑聚爲縣，置令丞，凡三十一縣。」將全國的地方行政單位統一，直接隸屬於君主，除了上述所言使君主的地位步入客觀外，以縣爲單位，也大大提高了行政效率，方便政令之推行。

2. 《史記・商君列傳》中記載商鞅「爲田開阡陌封疆，而賦稅平」；〔註27〕《漢書・地理志》：「孝公用商君，制轅田，開阡陌」，〔註28〕開阡陌、制轅田二事密不可分，前者是破壞了原有的井田制度，後者是取而代之的新土地政策，如此，土地由公有變爲私有，農民有了自己的土地，生產意願提高，大大增加了土地的生產力，對於土地的所有權有積極的改革作用。另外商鞅平賦稅亦是有積極意義的。

3. 秦始皇在歷史上有統一度量衡的重大措施，其實在商鞅時，就已經做過這個工作，對於經濟上的往來，給予了更統一的計算標準。

4. 社會改革包括「民有二男以上不分異者，倍其賦」，以及「令民父子兄弟同室者息者爲禁」，〔註29〕因爲秦國與戎狄雜處，文化落後，大家庭的生活方式往往造成父子間男女關係混亂，商鞅實行小家庭制，就是要禁止這種不良的社會影響，改革戎狄風俗，是值得給予肯定的。

所以商鞅的政策許多都具有改革意義，這些改革深具時代價值，所以牟先生說商鞅是成就事功的政治家，是相當中肯的評價。司馬遷評其「天資刻薄」，其實要背負時代之轉型，且面對的阻力又是來自勢力最龐大的貴族，在

族起衝突，但也沒有經過革命才轉型，乃是經過變法而轉型，雖然吳起、商鞅不得其死。李克、吳起、商鞅是前期的法家，都是做事功的。他們提出『法』之觀念，但沒有提出一套 ideology（意底牢結）來，所以並不算壞。」頁168。
「前期法家的事業並不算錯，而他們爲了擔當時代政治社會之要求轉型而犧牲，也值得同情。」
〔註27〕參見瀧川龜太郎：《史記會注考證・商君列傳》，頁893。
〔註28〕參見《漢書・地理志》（臺北：鼎文書局，1979年2月），頁1641。
〔註29〕參見瀧川龜太郎：《史記會注考證・商君列傳》，頁893。

行事風格上必須建議果斷，牟先生就說：「要做這種事，非心腸硬，理智冷，不可。」〔註30〕牟先生透徹政治的本質，故能給予商鞅極大之同情。我亦認為若以政治家的角度來評價商鞅，商鞅確實有時代轉型的積極功能，但並非就完全沒有負面影響，因為商鞅著眼的是現在，反而忽略了長久治人之道應該是導引人民往向善之路上走，只有人民自覺的守法，才是為政之道。而其重刑輕德的政治手段在意義上是消極且負面的。

二、商鞅重刑輕德的負面影響

牟宗三先生以為「客觀的政治格局」並未獲得真實的客觀義，因此並沒有正面的積極義。〔註31〕然我以為商鞅雖未取得政治格局真實的客觀化，沒有開出完全客觀化的民主政治，但在貴族政治到民主政治之間，完成了君主專制的體系，且並非主張君主無限擴權，雖然君主為法權之獨有者，《商君書》中卻有許多對君主的要求，如「為天下位天下」、「任法去私」等，故可與後期法家做一區分，仍有一定的積極意義，不應該完全與以否定。

而商鞅治道中最為負面的，是他重刑輕德的主張，完全忽視了人的主體性，即理想、理性之精神。在商鞅的思考中，人性是自利的，而法治之所以能成，正是利用人情之好惡，以賞罰作為手段，以為國家富強是公利與私利之交，君主務強，人民務爵，卻不知將法推入一無附著依靠的憑空之地。以功利主義論法治，「法」為外鑠，而非內在於民心，所得之結果只是由物化精神中帶出，失去理性之啟發及價值。牟宗三先生說：

> 在此種無本之馳騖物化中，其所措定之「法」亦不本於理性，而乃本於功利與事便。故為自上而硬加諸其所愚昧之民者。在此，民之守法，不本於其理性之自覺，而乃迫於外在之利害與功利而為外鑠者；而上之製法，亦不本於光明理性之客觀化，而乃繫於急切之功

〔註30〕參見牟宗三：《政道與治道》，頁40。
〔註31〕參見牟宗三：《歷史哲學》（臺北：學生書局，1988年8月），頁103～105。「客觀的政治格局之形成繫於君、民、士之形式的客觀化。所謂形式者，即尚未得其『真實的客觀化』（Realobjectificaton）之謂。真實的客觀化，繫于國家政治一面的『主體自由』之出現。此方面之主體自由必以通過自覺而有理想之嚮往為根據始可能。……此則戰國時期，二百餘年，所應擔負之責任，而究未能盡其責任者。是以竟成為衰世，純為負面的，而軍國主義亦成為毫無正面之積極意義者。」

利，主觀之私欲。故此種法乃上無根下無著者。上無根，故必歸於
權術。下無著，故必重吏，督責刻深。此中國法家，雖可以偷一時
之便，而終不可以成治道也。〔註32〕

　　唐君毅先生亦指出個人的功利主義開不出個人應當尊重社會與組織國家
之理由，而社會主義的功利主義亦不能建立人當尊重個人之理由。〔註33〕若
要二者之間不衝突對立，則必須建立在超越二者的理性心靈上。唐先生說：

我們所要建立的這種思想，是要在根本上超出一般之客觀事實主觀
心理及個人與社會之對立的範疇。而這種超出，只係於我們可由人
之『能自覺』，以見其實具通內外人我的理性心靈或道德心靈；而此
心靈之精神，則必求客觀表現為社會組織與國家。因而人真自覺他
自己個人之尊嚴之所在時，同時即必然自覺，當尊重國家社會。……
因而我之說我覺我時，皆是與覺你或他人，俱起俱生。而我在覺你
或他人時，我即涵攝你或他人。此中即有，對我與你或他人平等的
俱加以肯定的心靈。〔註34〕

唐君毅先生此一分析極是。商鞅以為人之自利之情正可以為君主所用，成為
賞罰之可行的憑藉，以驅使人民為國家務農力戰的目的，卻不知如此只是一
偏頗之主張，雖能得到一時的成效，無法長遠。這是因為人之置身於個人之
功利主義中，就成為每一獨立的個體，無法和社會組織與國家有聯繫，情境
一但改變，就無法收到以國家為己任之保證。如此法、君主、士、民都是無
附著無依靠之個體，人民無法尊重國家，凡事都為計慮心之考量，整個社會
終至淪落，法治無積極義，充滿消極陰暗之感，商鞅以人性中被物欲牽引墮
落之一面，誤以為是人性之全面，以偏概全，而將法治的基礎建立在這樣偏
差的人性觀上，是秦國雖得以統一六國，卻逃不過僅維持短暫之生命，這是
商鞅、韓非之法治觀所得之必然結果。

第三節　商鞅的歷史定位

　　討論商鞅的歷史定位，本文選擇先就歷史上的批評作一說明，找出商鞅

〔註32〕參見牟宗三：《歷史哲學》，頁137。
〔註33〕參見唐君毅：《中國人文精神之發展》，頁205～209。
〔註34〕參見唐君毅：《中國人文精神之發展》，頁210。

在歷史上毀譽參半的原因，先釐清前人究竟從何種角度批評商鞅，才能清楚
比較商鞅的真面貌。歸結出歷史上用道德及事功兩個不同標準檢視商鞅而得
出不同的結論後，本文亦由這兩個角度進入，分別說明商鞅在道德表現及事
功表現的意義，而期待給予商鞅較客觀的評價。

一、前人給予之評價

對於商鞅最早的批判，來自於同時代的趙良：

> 今君之見秦王也，因嬖人景監以爲主，非所以爲名也。相秦不以百
> 姓爲事，而大築冀闕，非所以爲功也。刑黥太子之師傅，殘傷民以
> 峻刑，是積怨畜禍也。教之化民也深於命；民之效上也捷於令。今
> 君又左建外易，非所以爲教也。君又南面而稱寡人，日繩秦之貴公
> 子。《詩》曰：「相鼠有體，人而無禮。人而無禮，胡不遄死？」以
> 《詩》觀之，非所以爲壽也。公子虔杜門不出，已八年矣。君又殺
> 祝懽，而黥公孫賈。《詩》曰：「得人者興，失人者崩。」此數事者，
> 非所以得人也。……君之危若朝露，尚將欲延年益壽乎？則何不歸
> 十五都，灌園於鄙。勸秦王顯巖穴之士，養老存孤，敬父兄，序有
> 功，尊有德，可以少安。君尚將貪商於之富，寵秦國之教，畜百姓
> 之怨。秦王一旦捐賓客而不立朝，秦國之所以收君者，豈其微哉！
> 亡可翹足而待。〔註35〕（《史記・商君列傳》）

在趙良對商鞅說的這一段話中，其實是儒家與法家對話，趙良引《詩》企圖
證明商鞅之治不僅對秦國百姓，甚至對商鞅本身都是極爲不利的，他舉出種
種事例，說明這些是「非所以爲名」、「非所以爲功」、「非所以爲教」、「非所
以爲壽」、「非所以得人」，但顯然趙良並非一位思慮縝密，口才善辯的說服者，
因爲最後他用生死之大利遊說商鞅，卻不是以生命之自覺精神希望商鞅領
悟，作爲一個儒者，似乎是不足的。而商鞅是法家，要成就的是事功，著眼
的是當前，他當然沒有接受。趙良的儒家式批判，對於一個法家的事功家來
說，因爲立場角色的不同，很難產生交集，陳啓天認爲趙良的批評「雖甚影
響於後世的批評，卻於商鞅的真價值，無大損傷。」〔註36〕

接下來的批評中，最強烈的莫過於漢代的儒生。

〔註35〕參見瀧川龜太郎：《史記會注考證・商君列傳》，頁895。
〔註36〕參見陳啓天：《商鞅評傳》（臺北：商務印書館，1995年10月），頁108。

賈誼《新書·論時政疏》：

> 商君遺禮義，棄仁恩，并心於進取，行之二歲，秦俗日壞。故秦人家
> 富子壯則出分，家貧子壯則出贅。借父櫊鉏，慮有德色。母取箕，立
> 而誶語。抱哺其子，與公併倨。婦姑不相悅，則反脣而相稽。其慈子
> 耆利，不同禽獸者亡幾耳。然并心而赴時者，猶曰蹙兼天下。功成求
> 得矣，終不知反廉愧之節，仁義之厚。信并兼之法，遂進取之業，天
> 下大敗。眾掩寡，智欺愚，勇威怯，壯陵衰，其亂至矣。〔註37〕

賈誼的批評是西漢大部分儒生「反秦反法」的心聲，所謂「遺禮義，棄仁恩」，
完全由儒家的立場加以批駁，而棄其事功不談，賈誼《論時政疏》、《過秦論》
中對法家及秦國的批評尚有「秦王置天下於法令刑罰，德澤無一有，而怨毒
盈於世，下憎惡之如仇」、「廢王道，立私權，禁文書而酷刑罰，先詐力而後
仁義，以暴虐爲天下始」，〔註38〕或許是因爲年代距離秦國太接近，西漢儒生
多對秦國是憤憤不平的大加撻伐，由儒家的立場，極力斥責法家反人文、反
仁義的政治觀。

司馬遷《史記·商君列傳》：

> 商君，其天資刻薄人也。跡其欲干孝公以帝王術，挾持浮說，非其
> 質矣。且所因由嬖臣，及得用，刑公子虔，欺魏將卬，不師趙良之
> 言，亦足發明商君之少恩矣。余嘗讀商君開塞耕戰書，與其人行事
> 相類。卒受惡名於秦，有以也夫。〔註39〕

司馬遷的批評延續趙良而來，代表的依然是儒家的聲音。這樣的觀點爲東漢
儒生所接受，如班固《漢書·食貨志》：

> 秦孝公用商君，壞井田，開阡陌，急耕戰之賞，雖非古道，猶以務
> 本之故。傾鄰國而雄諸侯。然王制雖滅，僭差亡度。庶人之富者累
> 鉅萬，而貧者食糟糠。有國彊者兼州域，而弱者喪社稷。〔註40〕

除了批評，當然也有些對商鞅的政策抱持肯定的聲音，《鹽鐵論·非鞅》中除
了反對的意見外，亦保留了一些肯定的意見。如「有益於國，無害於人，百
姓何苦爾？」又以爲商鞅是促成秦國「并六國而成帝業」，秦國之滅亡乃是「趙

〔註37〕 參見賈誼撰，閻振益、鍾夏校注：《新書校注·論時政疏》（北京：中華書局，
2000年）。
〔註38〕 參見賈誼撰，閻振益、鍾夏校注：《新書校注》〈論時政疏〉、〈過秦論〉。
〔註39〕 參見瀧川龜太郎：《史記會注考證·商君列傳》，頁896。
〔註40〕 參見《漢書·食貨志》，頁1126。

高之亡秦而非商鞅」等。〔註41〕西漢知識分子中，對於商鞅評價較爲中肯，能從多面來看待商鞅的是劉向。

劉向《新序》：

> 秦孝公保崤函之固，以廣雍州之地，東并河西，北收上郡，國富兵強，長雄諸侯，周室歸藉，四方來賀，爲戰國霸君，秦遂以強，六世而并諸侯，亦皆商君之謀也。夫商君極身無二慮，盡公不顧私，內急耕織之業，以富國；外重戰伐之賞，以勸戎士；法令必行，內不私貴寵，外不偏疏遠，是以令行而禁止，法出而姦息。故雖《書》云「無偏無黨」，《詩》云「周道如砥，其直如矢」；《司馬法》之勵戎十，周后稷之勸農業，無以易此。此所以并諸侯也。故孫卿曰：「四世有勝，非幸也，數也。」然無信，諸侯畏而不親。……今商君倍公子卬之舊恩，棄交魏之明信，詐聚三軍之眾，故諸侯畏其強而不親信也。衛鞅始自以爲知霸王之德，原其事不諭也。……今衛鞅內刻刀鉅之刑，外深鈇鉞之誅。步過六尺者有罰，棄灰於道者被刑。一日臨渭而論囚七百餘人，渭水盡赤。號哭之聲，動於天地；畜怨積讎，比於邱山。所逃莫於隱，所歸莫之容，身死車裂，滅族無姓。其去霸王之佐，亦遠也。然惠王殺之亦非也，可輔而用也。使衛鞅施寬平之法，加之以恩，申之以信，庶幾霸者之佐哉！〔註42〕

劉向的說法是漢代批評聲浪中較爲客觀的。陳啓天認爲劉向所言之「極身無二慮，盡公不顧私」，道出了商鞅的品格價值，〔註43〕我認爲商鞅是爲法而死，應該死而無憾，但在死前卻未展現出這種氣節風骨，是相當可惜的。

後人對商鞅負面的評價，受到漢代知識分子的影響，特別是太史公司馬遷論其「刻薄」的特質，對後世影響最深。然後代依舊有些能平心給予肯定的人，這或許是因爲時間日久，不似漢人有深刻被統治的積怨，故較能從事功上給予嘉許。

柳宗元《柳河東集·封建論》：

> 秦有天下，裂都會而爲之郡邑；廢侯衛而爲之守宰，據天下之雄圖，

〔註41〕參見桓寬：《鹽鐵論校注·非鞅》上冊（北京：中華書局，1992 年 7 月）。
〔註42〕參見瀧川龜太郎：《史記會注考證》，頁 896。「卒受惡名於秦，有以也夫」下裴駰集解部分引劉向《新序》。
〔註43〕參見陳啓天：《商鞅評傳》，頁 113。

都六合之上游，攝制四海運於掌握之內，此其所以爲得也。〔註44〕

這是對於「立郡縣」的溢美之詞，除了柳宗元，清代王夫之對於郡縣制的實施亦多肯定：

> 秦之所滅者六國耳，非盡滅三代之所封也。則分之爲郡，分之爲縣，
> 俾才可長民者居民上以盡其才，而治民之紀，亦何爲而非天下之公
> 乎！〔註45〕

明代李卓吾〈後秦紀〉中甚至認爲開阡陌、置郡縣的人是豪傑，只是方式太過毒辣：

> 開阡陌，置郡縣，此等皆是應運豪傑，因時大臣，聖人復起，不能
> 易也。大是英雄之言，然下手太毒矣。〔註46〕

李卓吾的批評就是將事功及道德分開來看待，這是較爲客觀的評價。另外章炳麟《訄書·商鞅》中對商鞅也有多處同情之語：

> 藉弟令效鞅，鞅固救時之相而已。其法取足以濟一時，其書取足以
> 明所行之法。非若儒墨之著書，欲行其說於後世者也。後世不察鞅
> 之用意，而彊以其物色效之，如孫復、胡安國者，則謂之愚之尤；
> 如公孫弘、張湯者，則謂之佞之尤。此其咎皆基於自取，而鞅奚罪
> 焉？〔註47〕

> 吾所爲鞅者，則在於詆《詩》、《書》，毀孝弟而已。有知其毒之酋腊
> 而制之，其勿害一也。昔者蜀相行鞅術，至德要道弗踣之。賈生亦
> 好法矣，而非其遺禮義，棄仁恩。乃若夫輓近之言新法者，以父子
> 異財爲憲典，是則法乎鞅之秕稗者也。實其秕稗，而於其善政則放
> 絕之，人言之戾也，一至是哉！〔註48〕

由以上的各家評價可以看出，隨著時間久遠，主觀性的評論也隨之減少，學者逐漸能客觀的區分商鞅之事功與其道德之差異，近代如麥孟華先生、牟宗三先生、唐君毅先生、徐復觀先生、陳啓天先生等亦多能持客觀之論，故商鞅的價值逐步彰顯，不似過去多爲貶抑，在從事研究商鞅時，便以近人研

〔註44〕參見柳宗元：《柳河東集·封建論》（臺北：河洛圖書出版社，1974 年 12 月），頁 45。
〔註45〕參見王夫之：《讀通鑑論》（臺北：河洛圖書出版社，1976 年 3 月），頁 1。
〔註46〕參見李贄（卓吾）：《史綱評要》（臺北：里仁書局，1983 年 3 月），頁 89～90。
〔註47〕參見章炳麟：《訄書》（香港：三聯書店有限公司，1998 年 7 月），頁 86。
〔註48〕同上。

究成果為出發,希望給予商鞅客觀的價值判斷。

二、商鞅的歷史定位

在論商鞅的歷史定位之前,必須先釐清一個觀念,就是我們究竟用什麼角度或價值來看待商鞅,這個前提確實影響了結論。上面已經提過,必須將事功與道德的部分分開來看,牟宗三先生認為對於歷史應該要有兩個判斷,一個是道德判斷,一個是歷史判斷。〔註49〕前者是我所說的道德方面,後者就是檢視在歷史上,商鞅所成之事功,給予後世什麼正面及負面的影響。

道德方面,法家基於反儒家仁義禮樂的立場,忽視人有向善之天性,而否定了人覺善成善之可能,故法是必須而絕對的治國標準。當然儒家對其「刻薄」、「遺禮義,棄仁恩」的評價都是有根據的,但是因此而全盤否定商鞅之治道,就有失全面的觀察。

事功方面,大家對法家學說的印象其實是術介入後的法家,所以認為法家是陰深墮落的,高柏園先生說:

> 後期法家的意底牢結,正是因為後期法家已然從事功家的現實政治層
> 次,越位了政治以外之一切,從而使整個人生皆為此現實政治之特殊
> 考量與運作而抽象化、貧乏化、黑暗化。抽象化,是因為韓非乃是以
> 人性中的片面內容,衡量並控制其他人性的諸多內容;貧乏化,是使
> 人生之豐富而多采多姿之多元性內容,變成只有耕戰為尚的國富兵強
> 與趨利避害的現實自利;黑暗化,是抽離了一切人文理想與道德價
> 值,從而剝奪了人生的光明面,而呈現出徹底的黑暗。〔註50〕

這裡說的是後期的法家,也就是術介入後的法家,商鞅自利的人性觀雖然將人推入貧乏與陰暗,忽略了人性之全面性,但是並未在政治上產生權謀,商鞅沒有用心在君主治人御人的隱密權術,只要求君主凡事壹於法,壹於農戰,這對於國家、人民來說其實是有利的,只是商鞅還不能了解人民才是國家最中心的主人,但他在以君主、國家為最高之效忠對象做思考時,沒有提出君權是無限大者,這是他不至於壞的原因。高柏園先生說:「若僅就術為一術用

〔註49〕 參見牟宗三:《中國哲學十九講》,頁13。「我們講歷史,除了歷史的必然性以外,一定要講一個道德的必然性(moral necessity)。照這個意思,講歷史就要有兩個判斷,一個是道德判斷,一個是歷史判斷。」另外牟宗三:《政道與治道》第十章〈道德判斷與歷史判斷〉中有更詳盡的說明。
〔註50〕 參見高柏園:《韓非哲學研究》,頁179。

之工具而言，其並無善惡可說。而其爲墮落之眞正原因，應是君主地位之缺乏客觀化之限制所致。易言之，若吾人能將君王納入客觀結構中加以管理與限制，則君王之術用也可以是一種方便慧，不必盡是黑暗與墮落。由此看來，術的黑暗與墮落乃是來自君的黑暗與墮落，而君的黑暗與墮落乃是因爲君的無限與獨大，此亦即是韓非學中對勢的態度問題。」〔註51〕後期的法家對於君權是毫無限制的，而這正是爲後世所詬病的。

　　歸納前幾章所論，在歷史上，商鞅奠定君主專政的基礎規模，在商鞅執政時，使秦國急速富強，商鞅死後，他所立的秦律持續在秦國發揮他的治國精神，終使秦國一統天下。在政治上，商鞅所行之諸多政策，對當時及後代都有深刻之意義，雖然牟宗三先生以爲「廢公族，去井田，成郡縣，並非法家之成就。此乃共同體破裂後，必向此趨之大勢。有法家亦如此，無法家亦如此。法家于此無增益也。其所增益者，只是順之而凝結，而成爲純數量之精神。若云有所成，則必逆之於文化理想有肯定，然後始能成就此數事。」〔註52〕牟宗三先生在這說的是歷史的必然，但終須有一完成者，商鞅便是完成這些的其中一人，其積極的精神意義依然是值得被肯定的。另外，在思想上，商鞅將「法」、「農」、「戰」三者結合，完成法家理論的基本架構，而後再由韓非取申不害之「術」及愼到之「勢」，補足「法」的不夠，集法家之大成，「法」、「農」、「戰」三者之精神與結構爲韓非吸收，商鞅亦是法家思想由零散至完整的銜接人物。

　　最後，由荀子入秦時的觀察及感觸作爲對商鞅評價之小結，《荀子・彊國》：

> 孫卿子曰：「……入境觀其風俗，其百姓樸，其聲樂不流汙，其服不挑，甚畏有司而順，古之民也。及都邑官府，其百吏肅然，莫不恭檢敦敬，忠信而不楛，古之吏也。入其國，觀其士大夫，出於其門，入於公門，出於公門，歸於其家，無有私事也；不比周，不朋黨，偶然莫不明通而公也，古之士大夫也。觀其朝廷，其間聽決，百事不留，恬然如無治者，古之朝也。故四世（孝公、惠王，武王，昭襄王）有勝，非幸也，數也。是所見也。故曰：佚而治，約而詳，不煩而功，治之至也。秦類之矣。雖然，則有其諰也。兼是數具者

〔註51〕參見高柏園：《韓非哲學研究》，頁181。
〔註52〕參見牟宗三：《歷史哲學》，頁111。

而盡有之，然而，縣之以王者之功名，則個個然其不及遠矣。」「是何也？」「則其殆無儒邪！故曰：『粹而王，駮而霸，無一焉而亡。』此亦秦之所短也。」〔註53〕

荀子與商鞅年代接近，由他是大儒的身分說出對秦國的觀察，可見商鞅確實將秦國治理的有條有理，最後評價為「粹而王，駮而霸，無一焉而亡，此亦秦之所短也」，是說用儒道者王天下，雜駮儒道者霸諸侯，棄儒道而不用者亡其國，不以王道治國，是秦國滅亡之因，荀子未否定秦國具體之事業表現，只由人心之所向論秦之短，是荀子深知秦治之本質。

〔註53〕參見李滌生：《荀子集釋·彊國》（臺北：學生書局，1994 年 10 月），頁 354～355。

第六章　結　論

　　探討商鞅治道，史傳中的資料多是政策性的具體敘述，而實際的政治方針必定有其思想理論爲基幹，《商君書》中有豐富的理論，除了充分提出法治、農戰之能成所仰賴之支撐條件，爲變古的治道觀、自利的人性觀以及實效的價值觀，也可從中建立商鞅治道的理論體系，故《商君書》實爲討論商鞅治道時不可缺少的重要參考。

　　第二章主要探討「《商君書》及商鞅的一些問題之釐清」。當面臨資料的取捨運用時，首先必須要解決的便是歷年來爭論不休的眞僞問題。在《韓非子》及《史記》中都明確提到商鞅的著作，[註1] 所以我們可以確信商鞅在秦爲政約二十年的時間，應該是有文章傳世的，但那並不能證明就是現今所見的《商君書》。由《商君書》的沿革來看，較爲明確的是《漢書·藝文志》中著錄《商君》二十九篇，漢代之後歷經三國、唐、五代、宋、元、明、清，雖篇卷章數不盡相同，但《商君書》一直流傳，並未中斷。由《漢書》中之二十九篇，至今本所見之二十四篇（有二篇有目無文），可見歷經時代之久遠，《商君書》亦經歷了遺失、刪改、整理、重編等過程，今本《商君書》絕非當時之面貌。胡適、錢穆、羅根澤等人在考證之後，舉出其中稱「孝公之謚」、「魏襄之事」、「長平之戰」，斷定《商君書》是僞書。這樣的做法，雖然舉證歷歷，但卻難免以偏概全，因爲這只是其中的一些篇章，且子書本就可能經

〔註1〕　參見陳啓天：《韓非子校釋·五蠹》（臺北：商務印書館，1994 年 11 月），頁
　　　　50。「今境內之民皆言治，藏《商》、《管》之法者家有之。」參見瀧川龜太郎：
　　　　《史記會注考證·商君列傳》（臺北：萬卷樓圖書有限公司，1993 年 8 月），
　　　　頁 896。「余嘗讀商君〈開塞〉、〈耕戰〉書，與其人其事相類。」

後人竄改添入，實不足以全面否定《商君書》的價值。近年來，學者們在處理《商君書》真僞問題的態度上有了重大的轉變，自劉咸炘提出「不得全謂僞作，亦不得謂全無僞作」〔註2〕的看法後，學者們本著這樣的看法，開始對《商君書》以篇章爲單位重新考證，如容肇祖、陳啓天、詹秀惠及鄭良樹先生在這方面都有卓越的研究，但是對各篇的真僞卻仍然眾說紛紜。於是我認爲討論商鞅治道，《商君書》所彌補的是理論的部分，重要的是由內容上來探究《商君書》是否符合商鞅治秦的精神，才是較有意義的做法。

　　檢視《商君書》是否能夠代表商鞅精神，必須先了解商鞅的思想爲何？商鞅思想之養成與時代背景、環境及個人特質密不可分。商鞅重法，是因爲他在反省周文疲弊時，選擇了一條與儒家、道家極不相同的路，他思考的是如何迫切解決當前的問題，如果禮教已經僵化，道德已經淪喪，就不能再寄望於德政，應該有一套更具有標準性、強制性的制度，能夠立即達到強國的目的。加上商鞅的祖國衛國有深刻的重法傳統，又受到李克、吳起等人的啓迪，他天生積極、堅定、冷酷的性格完全提供了變法所需的特質，於是商鞅成爲第一個將法家理論完全付諸實踐的政治家。《商君書》中對治道觀、人性觀及價值觀的論述，與商鞅治秦的理論是相合的，且商鞅的具體政策，如《史記》中所提到的連坐、告姦、平賦稅、重農、以軍功受爵等在《商君書》都可窺其一二。所以我們可以如鄭良樹先生所言，將《商君書》視爲商鞅學派的集合之作，〔註3〕如此不但解決《商君書》中一些觀念之混淆差異，亦可與史傳的記載互相輔助。有了商鞅具體政策之記述，加之以《商君書》的理論系統，研究商鞅治道才能算是全面而立體。

　　第三章主要討論「《商君書》的理論體系」。這是在討論商鞅治道前的準備，架構的建立有助於對商鞅思想的了解認識。凡任何理論之形成必有其作爲支撐的條件，而《商君書》之法治主義及農戰主義就是建立在變古的治道觀、自利的人性觀和實效的價值觀之上。〈開塞〉篇將歷史的變動分爲三世，以爲「上世親親而愛私，中世上賢而說仁，下世貴貴而尊官」，歷史是不斷變

〔註2〕 參見劉咸炘《子疏》卷8，轉引自陳啓天：《商鞅評傳》（臺北：商務印書館，1995年10月），頁137～138。「今觀其書，大抵〈更法〉、〈定分〉本後人所記；〈墾令〉、〈境內〉或本鞅條上之文；〈去彊〉以下諸篇文勢有異，而語而複見，必有徒裔所增衍。然其稱臣者，或亦當時敷奏之詞，而後人記之，不得全謂僞作，亦不得謂全無僞作。」

〔註3〕 參見鄭良樹：《商鞅及其學派》（臺北：學生書局，1987年8月），〈自序〉II。

動的，政治應該要隨之改變，所以稱爲變古的治道觀，〈壹言〉篇：「聖人之爲國也，不法古，不修今」；〈更法〉篇：「聖人苟可以彊國，不法其故；苟可以利民，不循其禮。」又：「三代不同禮而王，五代不同法而霸」，都說明了《商君書》是要求「變古」、「反古」的，政治能夠因時而治，順應時勢的才是明君聖王，這樣的觀念爲變法提供了強力的理由。在人性觀方面，《商君書》是以好惡之情、計慮之心論人性，所謂「民生則計利，死則慮名」（〈算地〉），故農戰雖人情中最苦，但人主卻可利用人性之自利，加之以刑爵，便可使人民務農力戰，這是計慮心的作用。《商君書》以富國強兵爲首要，凡是有利於此目標的才是有價值的，這樣的價值觀自然是實效而功利的，《商君書》否定一切此價值觀以外的價值，故仁義禮樂，善修孝弟都是必須被壓制排斥的，這當然是爲了建立起一個新的社會價值觀與社會秩序。

　　《商君書》環繞三個主題：法治、賞刑及農戰。三者的關係相輔相成，缺一則不能完成其富國強兵之目的，我們可以說整個理論的展開是以法治爲體、賞刑爲用、農戰爲本。雖然農戰是整本《商君書》份量極重的部分，但是若沒有法的規範，不借助法的強制力，致力農戰的理想只是空談，所以法治才是《商君書》中最中心的部分。在法的層面，法權是獨屬於君主，但《商君書》對君主制法、行法是有要求的，立法的標準是度人情、順時勢之所需，〈算地〉篇：「聖人之爲國也，觀俗立法則治，察國事本則宜。」行法則是壹於法。要法能具備普遍性，就需要明法，使法明白易知必行。君主「緣法而治，按功而賞」（〈君臣〉），這是《商君書》任法不任人的主張，法的公信力建立後，卻未必能收到如期的成效，《商君書》告訴我們這是因爲「國皆有法，而無使法必行之法。」（〈畫策〉）使法必行之法，便是賞刑之道。賞刑設置的目的，是要將賞刑的內容在法律中加以規範，用來作爲驅使人民趨向農戰的手段。賞刑的實施有二個原則，一是壹賞壹刑，二是刑罰必須要重。壹賞壹刑才能建立唯一的價值判準，重刑才能使人民心生畏懼，不敢違背。富國必須重農，強兵必須尙武。重農的政策包括很多改善農民地位、收穫的方式，對商人的壓制，對貪吏的約束；尙武的政策則包括戰前的教育、戰時的組織、戰後的爵祿之途，不只消極的驅使人民，甚至積極的使人民樂戰。在法治、賞刑、農戰的相互配合下，《商君書》的理論體系便告完成。

　　第四章主要討論「商鞅治道在秦地的建立與實踐」。《戰國策》《史記》、《漢書》等史傳中都記載了商鞅變法的實際作爲，是本章主要參考的資料，《商君

書》只是理論的佐證。商鞅治道的成功，必須與秦國的地理環境、風俗民情配合來看，秦國地處西陲，與戎狄雜處，受到周文化的影響較其他東方的國家淺，禮的觀念也不夠深刻，所以對法治的排斥亦不如其他國家強烈。總的來說，秦國優越的地理位置，為商鞅變法提供了三個有利的條件，第一，有時間從容佈置，先強國變法，不至於立刻捲入列國兼併的激烈情勢中；第二，豐饒的土地利於農業的發展，加上周餘民的吸收，有助於提昇原屬於游牧經濟的原始經濟型態，轉型為富國所需的農業經濟型態；第三，秦國人民與戎狄競爭的歷史背景利於商鞅軍國主義的發展，為強兵做好了準備工作。在風俗民情方面，秦人具有務實的精神及好戰的習性，除此之外，《戰國策》、《管子》、《荀子》中都提到秦人貪戾好利的性格，如此則不難了解法家的思想在秦國特別容易被落實的原因。

商鞅入秦是因為孝公一道「尊官分土」的求賢令，進用則是依賴宦官景監的引見，這樣的做法遭受到後世儒者的強烈批評，以為商鞅為達目的，不擇手段，明顯表現出對宦官的不恥。其實由另一個角度觀察，商鞅是能夠運用情勢，積極而主動創造機會，這正是變法者必須擁有的人格特質。商鞅所講述的霸道，正好符合孝公急欲恢復穆公時的輝煌事業之心，我們可以由商鞅從左庶長、大良造、得十五邑封地等經歷看出孝公對商鞅的信任及重用，因為擁有充分的授權及空間，商鞅才能大刀闊斧地實踐變法的主張。商鞅治道實踐之步驟，一為打貴族，包括對反對勢力的壓制；二是徙木示信，這是為了樹立法的公信力，並刑太子傅，將法的客觀性展示於人民之前，宣示凡事壹法而行的堅定態度。商鞅死前親眼見識了法治的徹底實行的程度，雖說商鞅作法自斃，但是商鞅治道在秦國被貫徹則是無庸置疑了。

根據《史記‧商君列傳》中所記載的資料，商鞅變法的內容大致可分為三個部分來討論，分別為政治改革、經濟改革與社會改革，這些改革都能順應時勢，整體的意義可以說是徹底破壞了宗法間以血緣維持的政治型態，建立起一個集權於中央的君主專制體系，短程來看，商鞅將秦國帶向富強的新氣象；長程來看，為秦始皇奠定了一統天下的基礎。商鞅法治的基本精神並未因其被車裂而中斷，由一九七五年出土的《睡虎地雲夢秦簡》中可得到證實。雖然商鞅影響力持續發酵，但其將人性物化的思考，仍然是負面且消極的做法。

第五章主要討論的是「商鞅變法的檢討與歷史評價」。商鞅在歷史上評價

兩極，司馬遷謂其「刻薄少恩」，麥孟華謂其「因時而治」，其實司馬遷是以道德判準來看待商鞅，而麥孟華是以事功判準來看待商鞅，角度之不同自然得到不同的評價。商鞅是事功家，面對的是時代問題，要解決的是如何立即奏效，他無法等待儒家所要求的「修身、齊家、治國、平天下」的理想政治，儒家講禮治，期待人人修養的大同世界；法家則思考在姦詐淫亂的社會現況中，以法治強制驅使人民遵守新的社會秩序。故法家是現實感強，儒家是理想性強。現實感強的思想，往往爲時勢之變所侷限，故雖強盛於一時，終難收長治久安之效。商鞅變法無法長治之原因，與其理論及實踐都有關係。第一，《商君書》中雖未有對「秘術」的闡述，「術」僅爲一「循名責實」的積極功能，並沒有《韓非子》中「不欲見」的消極涵義，但並非就沒有「中主而治」的困境。因爲君主握有制法執法的專有權，當時代改變時，法律應隨之改變，但君主是否有足夠的智慧能夠洞察情勢，訂定出適合時宜的新法律，卻是《商君書》無法保證的，《商君書》對明君有「必信」、「任法去私」、「不蔽」等要求，可是君性有明、庸之分，「庸主之治」亦將落入不可解的困境。第二，商鞅治道建立於變古的治道觀、自利之人性觀與實效之價值觀，因爲對人性認識之偏頗，造成反人文、反學術、反道德之主張，法治的作用只是消極的止姦，卻不能積極的養善，使得其政治理想呈現出黑暗墮落。第三，商鞅的富強政策建立於農業社會的經濟型態，商鞅爲使農民專心務農，採取抑制商人的手段，但工商業的蓬勃發展是時勢所趨，不能遏止，一旦社會轉型，基於商鞅對人性觀之認識，人民必然趨向有利，且他國以工商業的發展，富國的程度將凌駕於秦國之上，商鞅以農富國的理想必定無法繼續。加上天下一統之後，法家的強制治民的思想必不能爲人民所接受，取而代之的是講求民心的儒家思想，法家在政治舞台上便只能退居配角，不再獨尊。

　　商鞅法治思想具備了二個積極意義，都與因應時代有關，第一，將政治型態由主觀的封建貴族政治中解放出來，使政治客觀化。解放的對象包括君、士、民，雖然牟宗三先生以爲這只是形式的客觀化，而非眞實的客觀化，但商鞅確實扮演了時代轉型的關鍵角色，建立起君主專制的政治型態，而商鞅又不同於後期法家，主張無限擴張君權，故他雖未完成客觀化的眞實性，仍有一定之積極意義。第二，商鞅在政治、經濟、社會三方面的措施有具有改革的作用，深具時代意義，值得我們給予肯定。

　　商鞅在事功上雖完成時代轉型，但在道德判準上的評價卻是消極負面

的。生命應是一個不斷躍升的過程，法家卻將人性物化。商鞅對人性未全面的理解，只以被雜染、被物慾牽引的人性表現作為其對人性整體的認識，犯了以偏概全之病，是秦國之所以迅速統一六國，亦難避免急速亡國的命運。

前人給予商鞅的評價，多受到漢儒觀點的影響，如賈誼評其「遺禮義，棄仁恩」，司馬遷評其「天資刻薄人也」，皆由道德層面給予激烈的批判。到了後世，才有學者由事功方面給予肯定及同情，如柳宗元、王夫之、李卓吾都對郡縣制的實施抱持嘉許的態度，章炳麟更獨排眾議，積極為商鞅辯護。近代如麥孟華、徐復觀、陳啓天等人亦由事功的層面重新看待商鞅治道的影響。歸納以上二者，檢視歷史，必須有二個判斷標準，一是歷史之眞實，二是道德之眞實。歷史方面，我們必須承認商鞅的治道解放了主觀的政治、經濟型態，建立起一套客觀的新標準，土地得以自由買賣，平民可以封官受爵，這是具備時代意義且積極正面的。道德方面，法家物化人性，反人文、道德、學術，則是負面且消極的，這是秦國以法王，亦以法亡的關鍵原因。

主要參考書目

一、專　著

（一）古籍部分

【經】

1. 《十三經注疏·尚書》，藝文出版社。
2. 《十三經注疏·周禮》，藝文出版社。
3. 《十三經注疏·禮記》，藝文出版社。
4. 《左傳會箋》，左丘明著，杜預集解，竹添光鴻會箋，明達出版社，1986年10月。

【史】

1. 《戰國策》，劉向編，高誘注，世界書局，1977年10月。
2. 《戰國策注釋》，何建章，北京：中華書局，1992年，7月。
3. 《史記會注考證》，瀧川龜太郎，萬卷樓圖書有限公司，1993年，8月。
4. 《漢書》，班固著，楊家駱主編，鼎文書局，1979年，2月。
5. 《三國志》，鼎文書局，1991年，4月。
6. 《晉書》，鼎文書局，1980年，6月。
7. 《文獻通考》，馬端臨，新興書局，1963年10月。

【子】

1. 《商君書解詁定本》，朱師轍，鼎文書局，1979年，2月。
2. 《商君書新校正》，嚴萬里，商務印書館，1956年，4月。

3. 《商君書錐指》，蔣禮鴻，北京：中華書局，1996 年 9 月。

4. 《商君書今註今譯》，賀凌虛，商務印書館，1992 年 10 月。

5. 《四書讀本》（論語・孟子），朱熹集註，蔣伯潛廣解，啓明書局。

6. 《荀子集釋》，李滌生，學生書局，1984 年 10 月。

7. 《荀子柬釋》，梁啓雄，商務印書館，1993 年 10 月。

8. 《老子四種》，王弼等著，大安出版社，1999 年 1 月。

9. 《莊子纂箋》，錢穆，東大圖書公司，1993 年 1 月。

10. 《定本墨子閒詁》，孫怡讓，世界書局，1982 年 4 月。

11. 《管子》，世界書局，1981 年 5 月。

12. 《韓非子校釋》，陳啓天，商務印書館，1994 年 11 月。

13. 《淮南子注》，楊家駱主編，世界書局，1978 年 3 月。

14. 《呂氏春秋新校正》，高誘注，畢沅校，世界書局。

15. 《新序》，劉向，世界書局，1958 年 5 月。

16. 《朱子大全》，中華書局，1970 年 9 月。

【其他】

1. 《說文解字注》，許慎撰，段玉裁注，黎明文化事業股份有限公司，1996 年 9 月。

2. 《鹽鐵論校注（上）》，桓寬撰，北京：中華書局，1992 年 7 月。

3. 《僞書考五種》（內收宋濂諸子辨），楊家駱主編，世界書局，1960 年 12 月。

4. 《柳河東集》，柳宗元，河洛圖書出版社，1974 年 12 月。

5. 《日知錄》，顧亭林著，王雲五主編，商務印書館，1956 年 4 月。

6. 《史綱評要》，李卓吾，里仁書局，1983 年 3 月。

7. 《四庫全書總目提要》，紀昀等著，王雲五主編，商務印書館，1939 年 9 月。

8. 《經子解題》，呂思勉，商務印書館，1957 年 10 月。

9. 《讀通鑑論》，王夫之，河洛圖書出版社，1976 年 3 月。

（二）近人著作

1. 《中國學術思想史》，林啓彥，書林出版有限公司，1996 年 8 月。。

2. 《中國思想史綱》，侯外盧，五南圖書公司，1993 年 9 月。。

3. 《中國古代哲學史》，胡適，商務印書館，1968 年 10 月。。

4. 《中國思想史（上）》，韋政通，水牛出版社，1996 年 10 月。。

5. 《中國哲學史》，馮友蘭，商務印書館，1994 年 5 月。。

6. 《中國哲學史新編（上）》，馮友蘭，北京人民出版社，1998 年 12 月。。

7. 《新編中國哲學史（一）》，勞思光，三民書局，1995 年 8 月。。

8. 《中國法制史》，鄭秦，文津出版社，1997 年 4 月。。

9. 《中國政治思想史（上）》，蕭公權，聯經出版事業公司，1982 年。。

10. 《秦史》，林劍鳴，五南圖書出版有限公司，1992 年 11 月。。

11. 《兩漢思想史》卷一，徐復觀，學生書局，1999 年 10 月。

12. 《兩漢思想史》卷二，徐復觀，學生書局，1979 年 9 月。

13. 《中國哲學論集》，王邦雄，學生書局，1983 年 8 月。

14. 《中國哲學的特質》，牟宗三，學生書局，1998 年 5 月。

15. 《歷史哲學》，牟宗三，學生書局，1988 年 8 月。

16. 《政道與治道》，牟宗三，學生書局，1996 年 4 月。

17. 《中國哲學十九講》，牟宗三，學生書局，1997 年 1 月。

18. 《中國哲學思想論集 —— 總論篇》，胡適等著，水牛出版社，1990 年 7 月。

19. 《中國哲學原論》・原性篇，唐君毅，學生書局，1979 年 2 月。

20. 《中國哲學思想論集 —— 先秦篇》（內收王曉波「法」在韓非思想中的意義），梁啓超等著，牧童出版社，1976 年 10 月。

21. 《中國文化史》，柳詒徵，正中書局，1987 年。

22. 《中國人性論史》，徐復觀，商務印書館，1990 年 12 月。

23. 《中國哲學與中國文化》，成中英，三民書局，1974 年 3 月。

24. 《中國人的價值觀 —— 人文學觀點》，沈清松編，桂冠圖書股份有限公司，1993 年 6 月。

25. 《中國人的心靈 —— 中國哲學與文化要義》，東海大學哲學系編，聯經出版事業公司，1984 年 2 月。

26. 《中國人文精神之發展》，唐君毅，學生書局，1974 年 5 月。

27. 《儒學方向與人的尊嚴》，鄭力爲，文津出版社，1987 年 8 月。

28. 《孔孟荀哲學》，蔡仁厚，學生書局，1984 年 12 月。

29. 《老子的哲學》，王邦雄，東大圖書公司，1999 年 8 月。

30. 《老莊哲學》，胡哲敷，臺灣，中華書局，1993 年 3 月。

31. 《墨家哲學》，蔡仁厚，東大圖書公司，1983 年 9 月。

32. 《先秦法家思想史論》（內收商君與商君書的思想分析），王曉波，聯經出版事業公司，1992 年 8 月。

33. 《中國法家哲學》，王讚源，東大圖書公司，1991 年 8 月。

34. 《先秦法家統治經濟思想》，侯家駒，聯經事業出版公司，1985 年 12 月。

35. 《法家哲學》，姚蒸民，東大圖書公司，1991 年 8 月。

36. 《中國法家概論》，陳啓天，中華書局，1970 年 2 月。

37. 《法家哲學體系指歸》，黃公偉，商務印書館，1983 年 8 月。

38. 《商鞅評傳》，陳啓天，商務印書館，1995 年 10 月。

39. 《商鞅及其學派》，鄭良樹，學生書局，1987 年 8 月。

40. 《韓非子的哲學》，王邦雄，東大圖書公司，1993 年 3 月。

41. 《韓非哲學研究》，高柏園，文津出版社，1994 年 9 月。

42. 《韓非子思想體系》，張素貞，黎明文化事業公司，1985 年 10 月。

43. 《韓非的法治思想及其歷史意義》，蔡英文，文史哲出版社，1986 年 2 月。

44. 《歷史與思想》，余英時，聯經出版事業公司，1980 年 11 月。

45. 《中國思想傳統之現代詮釋》，余英時，聯經出版事業公司，1987 年 3 月。

46. 《西漢前期思想與法家的關係》，林聰舜，大安出版社，1991 年 4 月。

47. 《學術與政治之間》，徐復觀，學生書局，1985 年 4 月。

48. 《中國六大政治家》，梁啓超等編著，正中書局，1991 年 12 月。

49. 《偽書通考》，張心澂，明倫出版社，1971 年 2 月。

50. 《古史辨》（內收商君書探源），羅根澤，上海古籍出版社，1982 年 11 月。

51. 《先秦諸子繫年》，錢穆，東大圖書公司，1990 年 9 月。

52. 《出土文物與先秦法制》，李力，河南：大象出版社，1997 年 12 月。

53. 《雲夢秦簡中思想與制度鈎摭》，余宗發，文津出版社，1992 年 5 月。

54. 《睡虎地秦簡初探》，高敏，萬卷樓圖書有限公司，2000 年 4 月。

55. 《睡虎地秦簡研究》，徐富昌，文史哲出版社，1993 年 5 月。

56. 《司馬遷的人格與風格》，開明書局，1992 年 12 月。

57. 《先秦諸子學說在秦地之發展》，余宗發，文津出版社，1998 年 9 月。

58. 《中國史探研》（內收商鞅變法考），齊思和，河北教育出版社，2001 年 5 月。

59. 《訄書》，章炳麟，香港：三聯書店有限公司，1998 年 7 月。

二、碩士論文

1. 《商鞅反人文觀研究》，黃紹梅，私立東吳大學中國文學研究所碩士論文，1992 年 5 月。。

2. 《商君書思想研究》，王家仁，私立淡江大學中國文學研究所碩士論文，1996 年 5 月。。

三、單篇論文

1. 〈商君書考證〉，容肇祖，《燕京學報》第 21 期，1937 年 6 月。

2. 〈重農抑商政策與兩種自由〉，程兆熊，《民主評論》第 5 卷第 9 期，1954年。

3. 〈法家反人文思想之歷史觀〉，韋政通，《民主潮》第 7 卷第 4 期，1957年 2 月。

4. 〈試論商鞅變法的性質〉，冉昭德，《歷史研究》第 6 期，1957 年 6 月。

5. 〈先秦諸子研究概觀〉，梁容若，《師大學報》第 2 期，1957 年 6 月。

6. 〈商鞅政治思想〉，施金池，《臺灣省立師範大學教育研究所集刊》第 2 輯，1959 年 6 月。

7. 〈商鞅的農戰思想〉，張弦，《復興崗學報》第 3 期，1963 年 7 月。

8. 〈商君書真偽辨〉，熊公哲，《國立政治大學學報》第 9 期，1964 年。

9. 〈法家思想及其實行——商鞅所建立之社會制度〉，黃富三，《史鐸》第 3期，1966 年 6 月。

10. 〈管子・商君・韓非子的法律思想概述〉，梅仲協，《復興崗學報》第 5 期，1968 年 12 月。

11. 〈先秦諸子法律思想〉，梅仲協，《華岡學報》第 6 期。

12. 〈簡介商君思想學說〉，常韻苓，《師範大學國文研究所集刊》第 23 期，1969 年 8 月。

13. 〈商鞅方升與戰國量制〉，《文物》第 6 期，1972 年。

14. 〈中國的人文精神〉，高明，《師院文萃》第 8 期，1972 年 6 月。

15. 〈從古代禮、刑的運用探討法家的來歷〉，沈剛伯，《大陸雜誌》第 47 卷第 2 期，1973 年 8 月。

16. 〈論商鞅的歷史觀〉，康立、史鉞，《學習與批判》第 8 期，1974 年。

17. 〈從秦和東方六國墓葬的〉，王曉田，《考古》第 5 期，1974 年。

18. 〈不同看商鞅變法的徹底〉，高青山。

19. 〈性〉，賈振國。

20. 〈釋商君書並論其真偽〉，詹秀惠，《淡江學報》第 12 期，1974 年 3 月。

21. 〈吾國古代的法家思想〉，薩孟武，《中華文化復興月刊》第 7 卷第 9 期，1974 年 9 月。

22. 〈雲夢睡虎地秦簡〉，李勛，《文物》第 5 期，1976 年。

23. 〈雲夢秦簡釋文（一）〉，雲夢秦墓竹簡整理小組，《文物》第 6 期，1976年。

24. 〈雲夢秦簡釋文（二）〉，雲夢秦墓竹簡整理小組，《文物》第 7 期，1976

年。

25. 〈秦律與秦朝的法家路線〉，林甘泉，《文物》第 7 期，1976 年。

26. 〈雲夢秦簡釋文（三）〉，雲夢秦墓竹簡整理小組，《文物》第 8 期，1976 年。

27. 〈儒法關係之社會史的考察——漢律系統的源流（一）〉，陶希聖，《中山學術文化集刊》第 17 集，1976 年 3 月。

28. 〈孔子奠定中國人文思想之基礎〉，林繼平，《國魂》第 367 期，1976 年 6 月。

29. 〈商君書辨偽〉，劉國銘，《明志工專學報》第 9 期，1977 年 11 月。

30. 〈商鞅農戰政策之研究〉，王志成，《國立台灣師範大學國文研究所集刊》第 23 號，1979 年。

31. 〈論商君書對人性的看法〉，林義正，《鵝湖》第 4 卷第 12 期，1979 年 6 月。

32. 〈論商君書的成書時代〉，宋淑萍，《書目季刊》第 13 卷第 1 期，1979 年 6 月。

33. 〈商鞅的法律思想〉，劉公木，《中國國學第 8 期，1980 年 7 月。

34. 〈三晉法家思想淵源的剖析〉，李晃世，《成功大學歷史學系歷史學報第 7 號，1980 年 9 月。

35. 〈商君書中所描述的時代及其問題〉，林義正，《哲學與文化》第 8 卷第 9 期，1981 年 9 月。

36. 〈先秦學術思想之本質及其變遷始末〉，姚蒸民，《孔孟月刊》第 20 卷第 10 期，1982 年 6 月。

37. 〈從爵制論商鞅變法〉，杜正勝，《中央研究院歷史語》，1985 年。

38. 〈所形成的社會〉，《言研究所集刊》第 56 本第 3 分。

39. 〈先秦論禮〉，趙雅博，《中華文化復興月刊》第 19 卷第 8 期，1986 年 8 月。

40. 〈從秦人價值觀看秦文化的特點〉，林劍鳴，《歷史研究》第 3 期，1987 年。

41. 〈秦代什伍連坐制度之淵源問題〉，黎明釗，《大陸雜誌》第 79 卷第 4 期，1989 年 10 月。

42. 〈由《雲夢秦簡》看商鞅的智慧〉，余宗發，《國立僑生大學先修班》第 1 期，1993 年 7 月。

43. 〈試論《商君書》之理論基礎——以歷史觀與人性論爲主〉，王家仁，《孔孟月刊》第 34 卷第 6 期，1996 年 2 月。

44. 〈商鞅社會理想之分析〉，曾振宇、崔明德，《中國文化月刊》第 197 期，

1996 年 3 月。

45. 〈商君書治國思想之研究〉，吳彰裕，《空大行政學報》第 6 期，1996 年 11 月。

46. 〈商君書的法治思想論略〉，陳慶煌，《淡江大學中文學報》第 3 期，1996 年 12 月。

47. 〈略論諸子思想在秦地之流變〉，余宗發，《國立僑生大學先修班學報》第 5 期，1997 年 7 月。

48. 〈商鞅法治學說中的尊君抑民現象〉，黃紹梅，《復興學報》，1999 年 12 月。

附錄一：由康德「窮智見德」論荀子的 道德實踐進路如何可能？

一、緒　論

　　「窮智見德」是勞思光先生用以說明康德的道德哲學之語。康德是一個道德的主智論者，「窮智見德」是要釐清「感觸界」與「智思界」的差異，[註1]藉以同時保留科學與道德、經驗與上帝共同存在的可能性。在康德的思路中，人需要經由感官直覺了解知識，但是這也同時指出了認知範圍的侷限性，事實上，有許多範疇並非人能經驗的，而是先驗的存在，人通過感官經驗所了解的認知對象，只是呈現於吾人認知主體的「現象」而已，並非物的本來面貌，康德稱之為「物自身」。[註2]但是康德又必須為上帝、道德、自由的存在找到一個出口，所以他給了「現象」和「物自身」之間一個超越的區分，要了解物自身不能靠感官經驗，而必須倚賴「智的直覺」，但是人只有感官觸覺，沒有智的直覺，智的直覺只有上帝才擁有。如此一來，物就具備了二種身分，就上帝創造物來說是物自身，就人認取物來說是現象，我們可以用下面的圖表示：

　　　　　　　　　　　上　　帝

　　　　　　　　　　　　　↓　創造

　　　　　　　　　　　　　物

　　　　　　　　　　　　　↑　認知

　　　　　　　　　　　　　人

〔註 1〕　參見楊祖漢：〈從儒家哲學的觀點看康德的道德哲學〉，《儒學與康德的道德哲學》（台北：文津出版社，1987 年 3 月），頁 3。「物自身，自由意志，上帝，及不滅之靈魂等，康德名之曰『智思界』（Intellgible World），而由經驗現象的世界，則名曰『感觸界』（Sensible World）。吾人只能對感觸界有所知，至於智思界究竟如何，則不能有所知。」
〔註 2〕　參見牟宗三：《現象與物自身》（台北：學生書局）。

　　這樣的思考肯定了一先驗的道德存在，而人亦成爲現象與物自身的雙重身分，只有在肯定人能作出眞正之道德實踐時，人才是以智思界的身分存在，此時的「我」才是「眞我」，否則只是受制於感官欲望的需求才有的假自由，〔註3〕因此通過經驗的、認知的、理性思考的自由都是不能被肯定證實的，所以在康德的思考脈絡中，「窮智見德」雖是以智爲首要，但是卻是「於思辨理性之窮處，顯道德之優越性」。〔註4〕

　　在中國儒學的思統中，首重知識性，以智心爲出發的要算荀子了。牟宗三先生說：

> 宋明儒者，因其不識性，不予尊重，故其基本靈魂遂隱伏而不彰，荀子之思路，實與西方重智系統相接近，而非中國正宗之重仁系統也。〔註5〕

事實上，荀子以重經驗、法後王的學術特質，一直被後代學者評價爲儒學的歧出，而其不能肯定人具備良知本心作爲道德之根源，更是不能與其他儒者相應，智識心如何能開出人爲善的道德，存在著根源性的問題，而使得荀子的道德修養成了沒有保證的懸案。

　　其實，荀子和康德同是以認知理性爲其哲學系統的出發，因此，或許可以藉由康德「窮智見德」的系統爲荀子的道德進路找到理論根據，筆者將嘗試以「窮智見德」爲題作一理論的開展，希望藉由此一理路，將荀子的修養進路作更清晰的展示。

　　本文首先必須先區分康德與荀子在對「智」、「德」概念上的不同定義，才能進入荀子自己的脈絡中，以免混淆了「智」、「德」二字的層次與分界。荀子不講「德」，而講「道」，「道」是不是能等同於康德的「德」，如果不能，那麼荀子思想中是否能找到一超越的根據，做爲人之爲善的保證，這是本文主要要釐清的問題。

〔註 3〕　參見楊祖漢：〈從儒家哲學的觀點看康德的道德哲學〉，《儒學與康德的道德哲學》，頁 3～4。「選擇性的自由，仍是在感性欲求之影響底下而作出的選擇，那是表面上看似是自由，而實則仍是由感性好所決定，仍是在自然因果決定之範圍底下，並不是眞正的自由。如人飢則欲食，寒則欲衣，見利則趨，見害則避，這是受感性性好所控制的，人於此是不自由的。」

〔註 4〕　參見楊祖漢：〈從儒家哲學的觀點看康德的道德哲學〉，《儒學和康德的道德哲學》，頁 5。

〔註 5〕　參見牟宗三：《名家與荀子》（台北：學生書局，1990 年 3 月），頁 193。

二、康德與荀子「智」、「德」概念的說明——形上形下之分

康德以「窮智見德」的系統作為其道德哲學的思考基礎，「智」指的是思辨理性，「德」則是一超越的、先驗的存在，其中「智」的思辨能力非常複雜，它包括了感觸直覺攝取對象，再經由想像及知性運作而完成。〔註6〕雖然這樣的認取過程同時包含了可經驗和非經驗（先驗）的部分才能完成，但是它必須有一個可被感官觸覺經驗的對象方能成立，因為如此，康德以為知識不能脫離經驗存在。但是道德卻不能透過感官觸覺去經驗，道德是智思界的存在，必須憑藉智的直覺，但智的直覺並非人所具備，是上帝才擁有的創造能力。如此一來，在康德的哲學系統中，「智」與「德」顯然有了層次上的區分：

【康德之德與智】

德	形上界	智思界	物自身	無執的存有	先驗的
智	形下界	感觸界	現象界	執的存有	可經驗的

因此，「德」與「智」便有了形上、形下的區分，只是康德將「德」、「智」作了一超越上的區別，其中他肯定「德」的存在像上帝的存在一樣是「無執」的存有，而「智」雖含有先驗的知性及經驗的對象，可畢竟所了解的只是「現象」，這樣一來二者間便有二層區分，牟先生稱其為「兩層存有論」。

荀子的「智」亦是一理智思辨的能力，通過心的認知作用，心只是如實的認知外物。但是此智識心不同於康德將「德」、「智」作了超越的劃分，康德認為正因為人憑藉「智」的顯發，也不能由經驗認取道德，才顯出道德的超越性，即所謂「窮智見德」。荀子的認知心卻是可以認知「道」的：

> 人何以知道？曰：心。心何以知？曰：虛壹而靜。（〈解蔽〉）

荀子的道不在心中，而在心外，心通過虛壹而靜的修養工夫，顯發虛用，由「知道」而後「可道」，進而「守道」、「以禁非道」，〔註7〕這裡有了一個層次上的轉折，如果「道」真如同康德的「德」在形上的智思界，那麼通過形下

〔註6〕 參見楊祖漢：〈從儒家哲學的觀點看康德的道德哲學〉，《儒學和康德的道德哲學》，頁1。「感性、想像、知性等能力，是帶著本身之先驗形式以攝取或了解外物的。若沒有感覺的與料（Sense data）提供，及感性之形式（時間與空間），想像的規模（Schema，或譯圖式）及知性的純粹概念（範疇 Category，如因果等），便絕不能有真正知識之產生。」

〔註7〕 《荀子·解蔽》：「心知道，然後可道，可道然後能守道，以禁非道。」

的經驗認知如何能契求形上的「道」呢？顯然這裡有了形上形下的二層關係，如果要了解荀子的修養工夫，如何通過認知心「知道」然後「守道」，就必須先將這樣的關係釐清才行。

這裡我們可以先從荀子的「道」究竟所指為何討論起，歷來學者皆言荀子的道沒有根源，因為在荀子的系統中，天是承道家而來的自然天，所謂「天行有常，不為堯存，不為桀亡」(〈天論〉)，而性又是被治的對象，心雖有認知道的能力，但是這只是一「虛而能藏」的認知作用之保存，且心亦是性的一部分，同是需要被治的對象之一，所以「道」指的是聖人「起偽化性」的「禮義之道」，那麼，「禮義之道」是什麼「道」呢？

荀子說：

> 道者，非天之道，非地之道，人之所以道，君子之所道也。(〈解蔽〉)

這裡可以得到一個訊息，荀子由虛壹而靜的認知心所執取的「道」，不是道家回歸自然的道，亦不完全等同於儒家天道下貫的道，而是人為制作的道。所以這裡「道」不必由天來，亦不必由「性」來，而是由聖人君子而來，荀子由「天生人成」開出「化性起偽」：

> 禮義者，聖人之所生也，人之所學而能，所事而成者也。不可學不可事而在人者，謂之性：可學而能，可事而成之在人者，謂之偽，是性偽之分也。(〈性惡〉)

> 聖人化性而起偽，偽起而生禮義，禮義生而制法度。(〈性惡〉)

「道」是人文化成的道，所以蔡仁厚先生說：「孔子之後，孟荀繼起，先後成為先秦儒學之大師。孟子順承孔子之仁而發揮，開出心性之學的義理規模。荀子則順承孔子外王禮憲之緒，彰顯禮義之統。」〔註8〕荀子所說的禮義，乃是從客觀的制度面來說，目的是透過禮義制度，使群體得到合理的安頓；而非由主觀面的心性主體來談，並不是將禮義視為道德之根本。楊祖漢先生也說：「因荀子認為人對超越義的所以然之理，是不能知的，於是所謂心知『道』的道，便不能是不可知的超越的所以然之理，而應是可知之天之理，及自然現象所表現出來的法象儀則；而這可知的法像儀則，便是荀子所重的禮義法度的根源。」〔註9〕經由這樣的分判之後，我們可以知道荀子的「道」不是康德那個屬於「智

〔註8〕 參見蔡仁厚：《孔孟荀哲學》(台北：學生書局，1984年12月)，頁349～353。
〔註9〕 參見楊祖漢：〈論荀子的知天與不求知天之辨〉，《儒學與康德的道德哲學》，頁157。

思界」的「德」，「道」既是「自然現象所表現出來的法象儀則」，那自然是可以透過認知心去認取的，因為有一定的禮義規範，將其客觀的制度化，荀學於是特別重視經由教育的途徑導人向善，這也可以用下列圖形表示之：

【荀子的道與智】

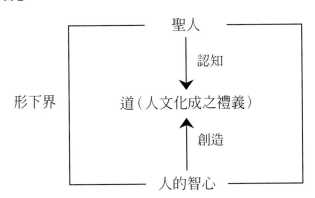

聖人

認知

形下界　　　　　　道（人文化成之禮義）

創造

人的智心

　　依照這個圖示，康德與荀子間有了根本的不同，在康德的系統中，「窮智見德」乃是「於思辨理性之窮處，顯道德之優越性」，區分了感觸界與智思界；在荀子的系統中，正是因為人有一虛靜靈明認知心，方能知道、可道、守道，「道」在荀子思想中有了形下的、可被經驗的特殊性格，所以可以經由形下的經驗執取人文之道。這裡明白顯出荀子的「道」並非康德的「德」。

　　但是，我們不禁要問，如果荀子的「道」不是道家回歸自然的宇宙本體之道體，亦非孔孟道德下貫、有本心義的天道，而是經由聖人君子所制的人文禮義之道，又如何能保證其所必然為善呢？如果如上表，「道」（人文化成之禮義）是由聖人所生，但是荀子說「聖人之同於眾者，性也」，那麼聖人憑藉什麼能成就荀子所謂的「人文之道」呢？這樣的缺乏根源性的疑惑仍舊被後代學者認定荀子是缺乏價值根源的。例如牟宗三先生就說：

> 特順孔子外王之禮憲而發展，客觀精神彰著，而本原又不足。本原
> 不足，則客觀精神即提不住而無根，禮義之統不能拉進來，植根於
> 性善，則流於義外，而義外非客觀精神也。及其被誤引于法家，則
> 任何精神亦不能說矣。〔註10〕

徐復觀先生亦說：

> 性惡不同於原罪，惡也一樣可以與性相離。既根本否定了形上的力

〔註10〕參見牟宗三：《名家與荀子》，頁203。

量，則他所主張的「化性而起偽」，便沒有可能。〔註11〕

於是，缺乏善的價值根源作爲保證，成了荀子的終極問題。如果荀子的「道」是人文化成的道，缺乏形上的價值保證，那麼我們是否可以在荀子的思考中，爲他找到形上的根源呢？也就是如果要用康德「窮智見德」的道德哲學爲基礎，是否在荀子的理路中，亦存在一個如同康德的「智思界」的「德」一般，屬於超越的存在而不能被智心所經驗的價值根源呢？筆者以爲那不是「道」，而是「禮義之統」。下面嘗試論之。

三、荀子價值根源的貞定 —— 價值眞假之分

爲荀子找到價值根源，便是要回應徐復觀先生所說荀子的化性起偽是沒有可能的批評，因爲如果失去價值的源頭，一切人爲的善便只是假善而已，所以對荀子價值根源的貞定，其實正是一種價值眞假之判別。而形上的價值根源才是本，現象界的物只是末，釐清形上界與現象界，其實其中已經隱含了價值之分。

「窮智見德」經由上一個部分對「智」與「德」定義的解析之後，我們可以發現是下列這種情形：

	【康德】	【荀子】
形　上	德	？
形　下	智	道
		智

如果我們把荀子的「道」理解爲康德的「德」，則有了明顯的形上形下界的差異及混淆，那麼顯然荀子的「道」不同於康德的「德」，我們將試著由荀子思想學說中找出可以相當於形上的「德」作爲荀學中的價值根源。

王邦雄先生在其學術論述中，多次爲荀子辯護，認爲荀子所謂的「禮義之統」即是荀子學說中的價值根源，筆者亦嘗試往此方向思考，如果「道」是現象界經由智心認知而可獲得的人文之道，那麼「道統」（禮義之統）確實是聖人成就「道」的依據。荀子說：

> 禮者，法之大分，類之綱紀也。學至乎禮而止矣，夫是之謂道德之

〔註11〕參見徐復觀：《中國人性論史·先秦篇》（台北：商務印書館，1999年9月），頁238-239。

> 極。(〈勸學〉)

> 立隆以爲極，而天下莫之能損益也。(〈禮論〉)

> 夫道者，體常而盡變。(〈解蔽〉)

> 百王之無變，足以爲道貫，一廢一起，應之以貫，理貫不亂。不知貫，不知應變，貫之大體，未嘗亡也。(〈天論〉)

> 禮者，人道之極也，……聖人者，人道之極也。(〈禮論〉)

這裡重申了荀子的「道」是人爲的道，是僞起而生禮義的道，禮義不從天來，不從性來，而荀子說「心如槃水」(解蔽)，心不生理，理在心外，如同水能照物，物並不在水中，心能照理，理自然也非心的本身。僞起而生禮義，「生」不是德性心的創生，而是虛靜心的橫攝認知，因此離不開現象世界。

荀子的道德哲學可以分爲下面幾項：

一、主觀依據——大清明的心。

二、客觀依據——禮義。

    (一)禮義之道生於聖人之僞。

    (二)禮義的根源在禮義之統。

荀學中特別重視「統」、「類」，荀子說：

> 類不悖，雖久同理。故鄉乎邪曲而不迷，觀乎雜物而不惑，以此度之。(〈非相〉)

> 以類行雜，以一行萬。(〈王制〉)

荀子法後王，[註12] 就是因爲可以依據傳統、道統而有所依循，且以類度類，類同而理同，雖久同理，古今一也。這個「理貫不亂」，「歷經百王而無變」，「貫之大體」就是禮義之統，聖王可以知類明統而創造客觀的禮義制度爲人民遵循，依據的就是統貫百年治道的文化精神。這些本是客觀制度中抽取出來的人文精神，彙集昇華爲一形上的價值本體。所以荀子每每用「道德之極」、「人道之極」稱之，而「極」就透露出根源義的訊息。王邦雄先生說：

> 荀子的價值根源，不在天，不在性，也不在心，而在歷史文化的大

〔註12〕《荀子·非相》：「欲觀聖王之跡，則於其粲然者矣，後王是也。彼後王者，天下之君也。舍後王而道上古，譬之是猶捨己之君而事人之君也。」《荀子·不苟》：「百王之道，後王是也。」

傳統。此一統貫文化傳統的貫之大體，是「未嘗亡也」的客觀實存，
代代相傳，做為每一世代禮義之道的超越根據，它是「極」，是終極
原理，是人道之極，不是天地之極，所以論斷荀子思想無根無本，
實非的當之論。〔註13〕

所以我們可以用圖表示荀子的道德哲學：

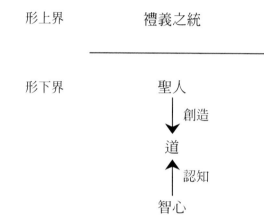

形上界 　　　　　禮義之統

形下界 　　　　　聖人
　　　　　　　　　↓ 創造
　　　　　　　　　道
　　　　　　　　　↑ 認知
　　　　　　　　　智心

　　這樣的思考理路，其中有一個關鍵點，即「心」的作用。心在荀子的學
說中，亦有二層區分不能不明，這牽涉到人如何能認知禮義，聖人又如何能
由禮義的統貫中，成就禮義之道。以下簡要論之。

四、心的二層區分

　　荀子的心有二層意義，一是「生而有之」的心，這裡的心指的是人天生
就具備的官能，而「性者，天之就也」，因此我們可以說心即是性。但是性惡
論中「性」是被治的對象，需要靠「偽」才能化「性」，心若只是性，荀子又
何以說「心能知道」？如此來看，心就不祇是被治的對象而已。

　　　心居中虛，以治五官，夫是之謂天君。(〈天論〉)

這裡荀子明白指出心是「天君」，是「天之就也」，因此心是性。但是心又有
知慮思辨的作用，如此一來，則心又不是性。

　　　情然而心為之擇，謂之慮。心慮而能為之動，謂之偽。慮積焉，能
　　　習焉，而後成，謂之偽。(〈正名〉)

〔註13〕 參見王邦雄：〈由老莊道家析論荀子的思想性格〉，《中國哲學論集》（臺北：
　　　　學生書局，2004 年 3 月增訂三版），頁 346。

由此，荀子提出心能對外界事象加以選擇判斷，所以偽的作用要靠心，而非靠性。則以心的發用而言，心又不是性。

　　所以，「心」顯然具備雙重身分，就其為人感官觸覺的一部分，則心是性，既是性就是被治的對象；但是心其實是可以經由修養的工夫，使其不僅是只能受到物欲牽引的感官作用而已，亦是能擁有「知、慮、擇」的認知心，此修養工夫即是「虛壹而靜」。心的二層意思，牟宗三先生說得很透徹：

> 治是從對治上著眼，一面刺出去為被治，一面造出來為能治，人能造治者，正所以治被治。〔註14〕

王邦雄先生進一步申論此義說：

> 此能治在心，所治在性，以心治性，而心也是性，是性一者刺出去為被治，此所謂「人之性惡」；二者又造出來為能治，此所謂「其善者偽也」。此所造出的能治，就是所謂「偽起而生禮義」。嚴格來說，也不是以心治性，而是起偽化性。〔註15〕

所以我們必須將心的二層意義區分開來，才能真正了解智心之所以能發揮其虛靜心的認知道的作用，其實必須經過使心清明的修養工夫，方能真正成就荀學人文化成的禮義之道。

【心的二層意義之圖示】

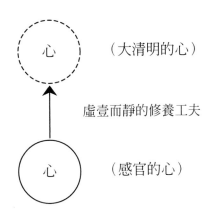

〔註14〕參見牟宗三：《名家與荀子》，頁215。
〔註15〕參見王邦雄：〈由老莊道家析論荀子的思想性格〉，《中國哲學論集》，頁336。

五、結　論

　　荀子的學思路線與康德接近，牟宗三先生即說「荀子之思路，實與西方重智系統相接近」，所以筆者希望通過康德「窮智見德」的道德哲學爲基礎，對比荀子的系統中是否也可以找到這樣的超越根據，經由前面的展示，可以知道，荀子的「道」是人文之道，可以透過教育的途徑，被經驗的使人由智心的認知作用，「知道」、「可道」然後「守道」，如此，則荀子的「道」自然不是康德系統中的「德」。那麼，荀學中是否存在一超越的根源，筆者認爲那是「禮義之統」，如此則使荀子的道德實踐進路找到出口，而不至使荀子的善成爲假善。最後將康德與荀子的道德哲學以圖示作一比對，（圖見下頁）這樣的理解雖然存在許多瑕疵，但是也是爲荀子長久以來缺乏價值根源而遭至批評尋找一個解決之道，本文嘗試作理論的開展，許多不周延的地方將進一步作補足的工作。

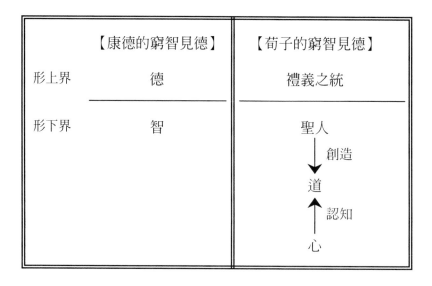

附錄二：朱子中和新說中的工夫問題

一、朱子中和新說中的工夫問題

（一）前　言

　　所謂「中和新說」，乃是朱子在孝宗乾道五年己丑春天，與蔡季通討論未發問題時，因爲自疑而重新反省舊說中關於已發未發的問題。朱子於〈中和舊說序〉一文中，對於自己體會中庸之旨的過程以及由舊說轉新說的經過都有所說明：

> 余早年從延平李先生學，受中庸之書，求喜怒哀樂未發之旨，未達，而先生沒。余竊自悼其不敏，若窮人之無歸。

> 聞張欽夫得衡山胡氏學，則往從而問焉。欽夫告予以所聞，予亦未之省也。退而沉思，殆忘寢食，一日喟然嘆曰：人自嬰兒以至老死，雖其語默動靜之不同，然其大體莫非已發，特其未發者爲未嘗發爾。自此，不復有疑，以爲中庸之旨果不外乎此矣。後得胡氏書，有與曾吉父論未發之旨者，其論又適與余意合，用是益自信。雖程子之言有不合者，亦直以爲少作失傳，而不之信也。然間以語人，則未見有能深領會者。

> 前道己丑之春，爲友人蔡季通言之。問辨之際，予忽自疑。斯理也，雖吾之所默識，然亦未有不可以告人者。今析之如此其紛糾而難明也，聽之如此其冥迷而難喻也，意者乾坤易簡之理、人心所同然者，殆不如是。而程子之言出其門人高弟之手，亦不應一切謬誤以至於

此。然則予之所自信者，其無乃反自誤乎？則復取程氏書，虛心平氣以徐讀之，未及數行，凍然冰釋。然後知情性之本然，聖賢之微旨，其平正明白乃如此。而前日讀之不詳，妄生穿穴，凡所辛苦而僅得之者，適足以自誤而已。至於推類究極，反求諸身，則又見其爲害之大，蓋不但名言之失而已也。于是，又竊自懼，亟以書報欽夫及嘗同爲此論者。惟欽夫復書深以爲然，其餘則或信或疑，或至于今累年而未定也。夫忽近求遠，厭常喜新，其弊乃至于此，可不戒哉！

暇日料檢故書，得當時往還書稿一編，輒序其所以，而題之曰中和舊說。蓋所以深懲前日之病，亦使有志于學者讀之，因予之所戒而知所戒也。獨恨不得奉而質諸李氏之門。然以先生之所已言者推之，知其所未言者，其或不遠矣。壬辰八月。〔註2〕

依據〈中和舊說序〉，可以歸納出幾個要點：新舊說的主要差異乃在於對已發未發的問題體會不同，而至工夫進路亦大不同；朱子學思之路由五峰轉歸伊川，而其思想體系自此定矣；另外值得一提的是朱子與延平之間的關係究竟爲何？

　　本文討論朱子的中和新說之工夫，是以朱子在〈中和舊說序〉中所提到與「欽夫及嘗同爲此論者」的書信往來爲主要文本資料，〔註3〕另以《朱子語類》、《朱文公文集》爲補充資料，期能將朱子自中和新說後的工夫體系作一展示。

　　朱子的道德實踐工夫，可分爲二大主軸來討論，一爲居敬，一爲窮理。〔註4〕這可說是依循伊川「涵養須用敬，進學則在致知」的進路，居敬在於涵養，窮理則在致知，前者主於內，後者求於外。以下就以這二者進行討論。

（二）涵養用敬

1、主敬以立本

《論語・學而》：

君子務本，本立而道生。

〔註2〕參見《朱文公文集》卷第七十五序文。
〔註3〕參見牟宗三：《心體與性體》第三冊（台北，學生書局，1995 年 12 月），頁130～152；176～202。
〔註4〕參見《朱子語類》卷第七：「學者工夫，唯在居敬、窮理二事。」

儒家哲學以道德爲依歸，根本既立，則一切做人處世的道理，皆可由此產生，朱子也說：

> 大本若立，外面應接事物上道理，都是大本上發出。〔註5〕

在道德實踐的根據上，「本」即指「本體」；在道德實踐的工夫上，「本」就是「本領」。朱子〈答何叔京書〉：

> 使心不昧，則是做工夫底本領。本領既立，自然下學而上達矣。〔註6〕

學習是十分複雜而龐大的工作，不能不立本領，〔註7〕本領一但確立，自然可以下學上達。朱子對於本領工夫十分重視，在〈已發未發說〉中，朱子即指出舊說的體系有一個嚴重的缺失，便是「欠缺本領一段工夫」：

> 《中庸》未發已發之義，前此認得此心流行之體，又因程子「凡言心者皆指已發」之云，遂目心爲已發，而以性爲未發之中。……再思之，乃之前日之說，雖于心性之實未始有差，而未發已發命名未當，且于日用之際欠缺本領一段工夫，蓋所失者不但文義之間而已。……〔註8〕

因爲缺乏未發時的工夫，使朱子重新檢討已發未發究竟爲何，而有了「命名未當」的體會。所謂「命名未當」，是因爲若以性爲未發，性理處自無工夫可做，而《中庸》中所謂：「喜怒哀樂之未發，謂之中；發而皆中節，謂之和」，未發就喜怒哀樂處說，自然可以談論未發的工夫。而此未發工夫，才是朱子最重視的本領工夫。

那麼在其工夫之思想體系中，本領工夫究竟指的是什麼？

> 未發之中，本體自然，不須窮索。但當此之時，敬以持之，使此氣象常存而不失，則自此而發之者，其必中節矣。此日用之際本領工夫。其曰：「卻于已發之處（際）觀之」者，所以察其端倪之動，而致擴充之功也。一不中，則非性之本然，而心之道或幾于息矣。故程子于此，每以「敬而無失」爲言。又曰：「入道莫如敬，未有致知而不在敬者。」又曰：「涵養須用敬，進學則在致知。」以事言之，則有動有靜，以心言之，則周流貫徹，其工夫初無間斷也。但以靜

〔註 5〕參見《朱子語類》卷第一一四。
〔註 6〕參見《朱文公文集》卷第四十。
〔註 7〕參見《朱子語類》卷十二：「人之爲學，千頭萬緒，豈可無本領？」
〔註 8〕參見《朱文公文集》卷第六十七。

爲本爾。

> 自來講論思索，直以心爲已發，而所論致知格物亦以察識端倪爲初
> 下手處，以故缺卻平日涵養一段工夫。其日用意趣常偏于動，無復
> 深潛純一之味，而其發之言語事爲之間，亦常躁迫浮露，無古聖賢
> 氣象，由所見之偏而然爾。〔註9〕

朱子反省中和舊說，以爲欠缺「平日涵養一段工夫」，主張未發時之中是本體
自然，不須窮索，只涵養便是，如此則能使心之發用處處中節，故以平日莊
敬涵養爲本領工夫。周濂溪首先提出「主靜以立本」，以爲主靜便可使心專一
無欲，〔註10〕二程則擔心耽於虛靜，廢棄事物，會入老釋之途，故改「靜」
爲「敬」，〔註11〕朱子繼承伊川之路，訓解周濂溪的「靜」時亦加入了「敬」
的涵義，《語類》有云：

> 濂溪言主靜，靜字只好作敬字看，故又言無欲故靜。若以爲虛靜，
> 則恐入釋老去。〔註12〕

「敬」是朱子思想中的本領工夫，在心之已發未發處皆應以敬爲工夫。

> 大凡學者，須先領合敬字。敬是立腳處。〔註13〕

> 敬之一字，萬善根本。涵養、省察、格物、致知，種種工夫皆從此
> 出，方有依據。〔註14〕

在〈答張欽夫書〉中對「敬」的工夫有進一步的闡述：

> 人有是心，而或不仁，則無以著此心之妙。人雖欲仁，而或不敬，則
> 無以致求仁之功。蓋心主乎一身，而無動靜語默之間，是以君子之于
> 敬，亦無動靜語默而不用其力焉。未發之前是敬也，固已立乎存養之
> 實；已發之際是敬也，又常行于省察之間。方其存也，思慮未萌而知
> 覺不昧，是則靜中之動，復之所以見天地之心也。及其察也，事物紛

〔註 9〕 參見《朱文公文集》卷第六十七。
〔註10〕 參見《通書》：「或問聖可學乎？濂溪先生曰：有。請問焉？曰：一爲要。一者，無欲也。無欲則靜虛動直。靜虛則明，明則通；動直則公，公則溥。明通公溥，庶矣乎。」
〔註11〕 參見《粹言》：「問敬猶靜歟？曰：言靜則老釋之學也。」又《二程遺書》卷第十五：「敬則自虛靜，不可把虛靜喚作敬。」
〔註12〕 參見《朱子語類》卷第九十四。
〔註13〕 參見《朱子語類》卷第十二。
〔註14〕 參見《朱文公文集》卷第五十。

糾而品節不差，是則動中之靜，艮之所以不獲其身、不見其人也。有
以主乎靜中之動，是以寂而未嘗不感；有以察乎動中之靜，是以感而
未嘗不寂。寂而常感，感而常寂，此心之所以周流貫澈，而無一息之
不仁也。……仁則心之道，而敬則心之貞也。〔註15〕

「人有是心，而或不仁，則無以著此心之妙。人雖欲仁，而或不敬，則無以
致求仁之功」，這段文字是朱子中和新説的關鍵句，而正足以看出朱子對本心
的誤解。孟子的心是本心，心即是仁，非心外有仁也；而仁之體本身即是敬，
非仁外有敬也。但朱子的心卻無此直貫創生義，而依據伊川「仁性愛情」之
説，將仁視爲性爲理，而心不是性，亦非理，故「仁則心之道，敬則心之貞」，
因爲此一轉折，則心不是仁，仁是心之道，將仁視爲道，故仁是理。「人有是
心，而或不仁，則無以著此心之妙」，是心的「周流貫澈」之妙用，必須因爲
仁（理）之顯而後能著；而仁（理）之顯又賴「敬」來致之，故「人雖欲仁，
而或不敬，則無以致求仁之功」。而「敬是心之貞」更突顯了「敬」是心氣之
凝聚與貞定的重要性。本段文字中已函「靜養動察，敬貫動靜」之義，「存」
是敬以存養，「察」是敬以察識，故能達到「寂而常感，感而常寂，此心之所
以周流貫澈，而無一息之不仁也。」

2、先涵養後察識

〈答張欽夫書〉：

又如所謂「學者須先察識端倪之發，然後可知存養之功」。則熹於此
不能無疑。蓋發處故當察識，但人自有未發時，此處便合存養。豈
可必待發而後察，察而後存耶？且從初不曾存養，便欲隨事察識，
竊恐浩浩茫茫，無下手處。而毫釐之差，千里之謬，將有不可勝言
者。此程子所以每言「孟子才高，學之無可依據，人須是學顏子之
學，則入聖人爲近，有用力處。」其微意亦可見也。且如灑掃應對
進退，此存養之事也。不知學者將先于此而後察識耶？亦將先察識
而後存養耶？以此觀之，則用力之先後，判然可觀矣。〔註16〕

這是朱子對南軒「學者先察識端倪之發，然後可加存養之功」提出質疑，朱
子雖不反對在已發處必須察識的工夫，卻認爲未發時存養的工夫更爲重要，
故有「且從初不曾存養，便欲隨事察識，竊恐浩浩茫茫，無下手處」的見解。

〔註15〕參見《朱文公文集》卷第三十二。
〔註16〕參見《朱文公文集》卷第三十二。

朱子引伊川所謂「孟子才高，學之無可依據，人須是學顏子之學，則入聖人為近，有用力處」之語，其實是朱子對於道德實踐的本質問題與教育程序問題之混淆，〔註17〕顏子之學亦是先肯定有一直貫創生的本心，而非如朱子空頭的涵養察識之學。

> 未接物時，便有敬以主乎其中，則事至物來、善端昭著，而所以察之者益精明爾。伊川先生所謂「卻於已發之際觀之」者，正謂未發則只有存養而已，發則方有可觀也。
> ……。
> 來教又謂熹言以靜為本，不若遂言以敬為本。此固然也。然敬字工夫通貫動靜，而必以靜為本。故熹向來輒有是語。今若遂易為敬，雖若完全，然卻不見敬之所失有先有後，則亦未得為諦當也。
> 至如來教所謂「要須察夫動以見靜之所存，靜以涵動之所本，動靜相須，體用不離，而後為無滲漏也。」此數句卓然，意語俱到。謹以書之座右，出入觀省。然上兩句次序似未甚安。意謂易而置之，乃有可行之實。不審尊意以為如何？

朱子在此重申「靜養動察」的工夫進路，並且主張二者先後次序不可混淆，即為「先涵養後察識」的工夫。朱子所謂的本領工夫即是「敬」，但朱子認為若只言「以敬為本」則不能明確將工夫先後次第表現出來，而強調「以靜為本」，主張涵養先於察識。對於「要須察夫動以見靜之所存，靜以涵動之所本」二句，依朱子的思路，是說在動時能見靜之存養，而存養的是寂然不動的中體，亦即心之知覺不昧而一性渾然；而在靜之存養中足以涵動時所依據的體，使動而不妄動，亦是此知覺不昧的中體，故說是「動靜相須，體用不離」。〔註18〕這二句為朱子極表贊同，仍然提出次序必須異動，便是本於朱子「先涵養後察識」的工夫體系。

宋明理學不論是心即理或性即理，修養工夫皆在心上做，在舊說中「直以心為已發」，故以「察識端倪」為本領工夫，而後體會到心有已發未發之分時，才將未發的涵養工夫突顯出來，其實這是朱子對「察識工夫」的錯解。牟宗三先生在《心體與性體》中對於「察」的工夫有以下的說解：

> 此「察」之義是于良心之因事發見或時露端倪，直下體證而肯認之

〔註17〕參見牟宗三：《心體與性體》第三冊，頁200～202。
〔註18〕參見蔡仁厚：《宋明理學－南宋篇》（台北：學生書局，1999年9月），頁101。

以立體，此函是一逆覺之工夫，亦是一種靜復之工夫，亦孟子所謂「反之」也，即不順習氣、私欲、利欲之流而滾下去之義。故現實生活雖是動，而此「察」字即表示靜。此種逆覺、靜復、反之之工夫，不管在靜時動時皆可作。〔註19〕

伊川以爲辨察的工夫一說便是已發，故在未發處只可言「存養」，不可言「求中」，朱子順由伊川的路子，亦錯解了「察」的工夫，遂有「靜養動察」的工夫分屬。其實朱子在中和舊說中所言「若不察于良心發見處，即渺渺茫茫，恐無下手處」，〔註20〕就已對所謂的察識工夫有了誤解，以爲此工夫是在已發之動時，也就是在心隨喜怒哀樂發用時的分別表現處來察識，這是朱子對本心發見之發與已發之發的混淆，本心的發見之發並非已發之動，可見朱子對於孟子本心的理解亦大有誤。察識工夫中並不曾缺乏涵養工夫，只是朱子將心性視爲平行二者，心是實然的心，而非義理的本心，雖存養寂然不動之體，亦只能莊敬持之，使其收斂凝聚，以確保在已發處合於道，而本身並不等同於道。故朱子的工夫體系一轉而成爲靜涵靜攝的系統，而終成爲空頭的涵養罷了。

（三）進學則在致知

1、格物致知窮理

依照朱子的工夫系統，道德修養有內外工夫的不同，內修是居敬工夫，外修則是窮理致知。所謂「敬以直內，義以方外」，這句話出自《易傳·文言》，朱子將其視爲工夫修養的準則，並一再強調「敬義只是一事」、「主敬窮理，其實一本」，〔註21〕這二種工夫其實是互相發明，互相助益的，故朱子說：

> 窮理涵養，要當並進。非稍有所知，無以致涵養之功；非深有所存，無以盡義理之奧。正當相互爲用，而各致其功耳。〔註22〕

朱子以爲居敬與窮理是互相助長的二者，不可偏廢其一，周天令先生說：

> 如果沒有居敬的工夫，以保存天賦的道德良知，固然無以盡義理之奧；但是，沒有窮理的工夫，此常存於人心的道德良知也同樣不能自明，更不能發揮效用。換句話說，朱子把居敬的工夫當作固本培

〔註19〕參見牟宗三：《心體與性體》第三冊，頁141。
〔註20〕參見《朱文公文集》卷第四十，〈答何叔京書〉。
〔註21〕參見《朱子語類》卷第十二。
〔註22〕參見《朱文公文集》卷第四十五，〈答游誠之書〉。

　　原的工作，屬於內修的工夫；把窮理的工夫當作發明擴充的工作，
　　屬於外修的工夫。〔註23〕

在「中和新說」中，朱子雖未將格物致知窮理的工夫架構十分清楚，但已略
及初貌。故我們在討論新說中的工夫問題時，亦不可忽略這個部分。

　　〈答林澤之書〉：

　　洒掃應對進退之間，便是做涵養底工夫了。此豈待先識端倪而後加
　　涵養哉？但從此涵養中，漸漸體出這端倪來，則一一便爲己物。又
　　只如平常地涵養將去，自然純熟。今日：「即日所學便當察此端倪而
　　加涵養之功」，似非古人爲學之序也。

　　……。

　　蓋義理，人心之固有。苟得其養，而無物欲之昏，則自然發見明著，
　　不待別求。格物致知亦因其明而明之爾。今乃謂「不先察識端倪，
　　則涵養個甚底」，不亦太急迫乎？〔註24〕

朱子以小學教育之「洒掃進退應對」爲涵養工夫，此是空頭的涵養。因爲朱
子的心性爲二，且超越的體是性，而使涵養的工夫成爲空頭的涵養，與自覺
的做道德實踐之工夫不同，故所謂「從此涵養中漸漸體出這端倪來」，只是由
學習中逐漸積累而成的道德行爲，仍不是眞正自覺而表現出來的道德。牟宗
三先生說：「所謂良心之得其養而自然生長，隨時表露出來，這良心端倪只是
在習氣中，在感性中混雜而流，人於此並不眞能知何者是良心，何者是良心
之端倪。……是以朱子如此講空頭的涵養以遮『先識端倪』之本體論的體證，
實是混習慣與自覺爲一。」〔註25〕

　　而朱子講致知格物，便是將察識的工夫移向致知格物來說，牟先生評此
爲「將向內轉者轉而爲向外轉，將向上透者轉而爲向下拖。……此其所以終
於爲他律道德之本質系統，而非自律道德之方向系統，所以終於爲靜涵靜攝
系統，本體論的存有之系統，而非本體宇宙論的、即活動即存有的實體之創
生直貫義之縱貫系統也。」〔註26〕朱子「義理，人心之固有」是順孟子而說，
但所了解的卻非孟子本意，因爲此「固有」並非心即理，而是就心能認知義

〔註23〕參見周天令：《朱子道德哲學研究》（台北：文津出版社，1999 年 11 月），頁
　　　　258。
〔註24〕參見《朱文公文集》卷第四十三。
〔註25〕參見牟宗三：《心體與性體》第三冊，頁 187。
〔註26〕參見牟宗三：《心體與性體》第三冊，頁 188。

理而說固有，雖用孟子語，走的卻是荀子認知心的系統。「苟得其養，而無物欲之昏，則自然發見明著，不待別求。格物致知亦因其明而明之爾」，心以敬養之，則可保持心的靈覺，屏除一切因物欲而造成的昏昧狀態，便能發揮其認知之明，格物致知也因心的認知之明而產生作用。這是朱子將察識工夫視爲已發時動的工夫，而混教育程序與本質關鍵的工夫問題爲一所導致。

2、積累與貫通

朱子認爲格物是不斷積累的過程，今日格一物，明日格一物，積累多了，一但豁然貫通，便能達到「吾心之全體大用無不明」的道德境界。〔註27〕

〈答汪尙書書〉：

> 聖門之教，下學上達，自平易處講究討論。積慮潛心，優柔饜飫，久而漸有得焉，則日見其高深遠大而不可窮矣。程夫子所謂「善學者求言必自近，易于近者、非知言者也。」亦謂此耳。今日：「此事非言語臆度所及，必先有見，然後有以造夫平易」。則是欲先上達，而後下學，譬之是猶先察秋毫而後觀山岳，先舉萬石而後勝匹雛也。夫道固有非言語臆度所及者，然非顏、曾以上幾于化者，不能與也。今日爲學用力之初，正當學問思辨而力行之，乃可以變化氣質，而入于道。顧乃先自禁切，不學不思，以坐待其無故忽然而有見，無乃溺心于無用之地，玩歲愒日，而卒不見其成功乎？救使僥倖于恍惚之間，亦與天理人心、敘秩命討之實、了無交涉，其所謂有待者，適足爲自私自利之資而已。此則釋氏之禍橫流稽天而不可遏者，有志之士所以隱憂浩歎，而欲火其書也。〔註28〕

朱子認爲孔門之教是下學而後上達，而直斥「必先有見」爲禪家之言。在〈答汪尙書書〉中，朱子便極力反對「不學不思，以坐待其無故而忽然有見」，其實這是朱子將逆覺天理本心的工夫搞混了，而將此一工夫等同於「禪家之說」。孔門雖講下學上達的修養進路，亦不偏廢仁心自覺的體認工夫，唯有仁之覺悟，才能爲下學上達的工夫路隨時指引修正方向。「必先有見，然後有以造夫平易」正是在道德實踐之學中的本質工夫，「必先有見」並不會成爲「下

〔註27〕參見《朱子語類》卷第十八：「一物格而萬理通，雖顏子亦未至此。但當今日格一件，明日又格一件，積習既多，然後脫然有個貫通處。」另《大學‧格物致知補傳》：「至於用力之久，而一旦豁然貫通焉，則眾物之表裡精粗無不到，而吾心之全體大用無不明矣。」

〔註28〕參見《朱文公文集》卷第三十。

「學上達」的妨礙，反而是「下學上達」端正方向之所必須。若不先自覺仁爲何，就只靠空頭的下學，也未必能上達，「平易」是就踐履的純熟說，而非專指「求言必自近」說。何況本心的呈顯而當下體證，亦是最平易平實的至近之處，因此朱子的「順取」之路並不能眞正把握道德。

〈答林澤之書〉：

> 蓋熹聞之，自昔聖賢教人之法，莫不使之以孝弟忠信、莊敬持養爲下學之本，然後博觀眾理，近思密察，因踐履之實，以致其知。其發端啓要，又皆簡易明白，初若無難解者；而及其至也，則有學者終身思勉而不能至焉。蓋非思慮揣度之難，而躬行默契之不易。故曰：「夫子之文章可得而聞也，夫子之言性與天道不可得而聞也。」夫聖門之學所以從容積累，涵養成就，隨其淺深，無非實學者，其以此與？〔註29〕

所謂「聖賢教人之法」是指小學大學的教育程序，朱子教人以順取而非逆覺，便是將教育程序與本質程序混而爲一，而不知《論》、《孟》、《學》、《庸》不以教育程序爲所足，而必須在其中有道德自覺的本質工夫。朱子以爲聖門之學是靠日用平常諸事逐漸積累而成，故「上而無極太極，下而至於一草一木，昆蟲之微，亦各有理。……一物不格就闕了一物道理，須著逐一件與他理會過。」〔註30〕

但是若如朱子所說萬事萬物皆有理，人生有限如何能窮所有事物之理？故朱子亦講「悟」，即「豁然貫通」。由「格物」到「致知」，就是一個由「積累」到「貫通」的過程，也就是由「漸」到「頓」的過程。凡居處、飲食、言語等事，都須一一格過，求得各個事物之理，這就是積累的工夫，但未必能貫通，積累和貫通之間並沒有個必然的保證。朱子雖也說「自一身之中，以至萬物之理，理會得多，自然豁然有個覺處。」〔註31〕但究竟何時才能「貫通」，朱子也沒有說明，只說由積累到貫通，須具備二個條件，也就是必須「窮盡」及「理會得透」。〔註32〕朱子雖認爲只要「積習多了，自然有個貫通處，

〔註29〕參見《朱文公文集》卷第三十八。
〔註30〕參見《朱子語類》卷第十五。
〔註31〕參見《朱子四書或問·大學或問》卷第二。
〔註32〕參見《朱子語類》卷第四十四：「只是這一件理會得透，那一件又理會得透，積累得多，便會貫通。」又《朱子語類》卷第一一九：「如此積之以久，窮理亦多，自然貫通，窮理須是窮得到底方始是。」

乃是零零碎碎湊合將來，不知不覺，自然醒悟」，〔註33〕但積累與貫通間仍缺乏必然的關聯性，只能説「積累」是爲了「貫通」而做的準備工作，這仍是因爲朱子的義理間架中缺乏一可作爲保證的本心所致。

（四）朱子與延平

王懋竑《朱子年譜考異》中，於「高宗紹興三十年庚辰，三十歲，冬見李先生于延平，始受學焉」，作考異云：

> （延平行狀），言求中於未發甚悉，而反而求之，未得所安。於是往問之南軒，而胡氏之學與延平不合。其後朱子自悟心爲已發，性爲未發，而又以已所悟合之延平所傳。其云：「已發未發之機，默識而心契焉」，則與「體認未發氣象」亦小不同。而與胡氏先察識後涵養之論反相近。及至潭洲，與南軒共講之，南軒蓋深以延平「默坐澄心，體認天理」爲不然。又力辯呂氏求中之説。而朱子卒從南軒受胡氏之學，以（南軒）艮齋銘爲宗旨。則與延平異矣。故戊子（三十九歲）諸書不及延平。迄己丑（四十歲）又悟其非，更定已發未發之分，以胡氏先察識後涵養爲不然，而於未發仍守延平之説。其云「以靜爲本」，又云「從靜中漸漸養出端倪來」，則猶「體認未發氣象」之論也。庚寅（四十一歲）始拈出程子「涵養須用敬，進學則在致知」二語。學問大指定於此。而壬辰（四十三歲）作中和舊説序謂「不得奉而質諸李氏之門」，「於所已言者，而未言者可推」，則已不專主延平之説。癸巳（四十四歲）以後，往來講論，亦不及延平。至甲辰（五十五歲）與呂士瞻書，戊申（五十九歲）與方賓王書，明言程子之説不可移易，延平自是一時入處，未免合有商量。

王懋竑此段説明了朱子參就中和問題的發展上與延平的異同，最後其實已超越延平而歸於伊川。但王懋竑對朱子及延平的工夫關係實有誤解，認爲朱子與延平的工夫路是先異後同，最後則不滿足於延平而歸宗於伊川。這樣的判斷是有偏差的，以下將就延平及朱子的工夫路做一釐清。

儒家肯定人有道德心作爲道德實踐的本體，此道德心是眞實的呈現，而非空懸的抽象概念。儒家逆覺以體證道德心的工夫的型態有二種：一爲「內在體證」，一爲「超越體證」。前者是就現實生活中，在道德心呈顯端倪時直

〔註33〕參見《朱子語類》卷第十八。

下體證，此道德心不假外求，當下即是。後者則是如靜坐閉關，與現實世界暫時隔離，由靜復以立體，延平「默坐澄心，體認天理」即是後者。朱子說延平的工夫路是「危坐終日，以驗夫喜怒哀樂未發之前氣象為如何，而求所謂中者。」〔註34〕在默坐危坐的工夫中，使本體從私欲、喜怒哀樂情變激發中突顯出來，而體現天理。這仍然是逆覺的工夫。張南軒以延平「默坐澄心，體認天理」為不然，是不了解延平的工夫亦是逆覺本體的工夫，只是需與現實生活隔離來做，南軒主張就在經驗、感性的生活中當下直證本心，是不隔的、內在的逆覺工夫，故南軒與延平的差別在於不隔與隔，而非動靜之別。就本質意義而言，二者均是逆覺體認之路，應不足以構成衝突，故南軒對延平實有誤解，朱子亦未了解延平的工夫，王懋竑在此說朱子起初「以己所悟合之延平所傳」，其實與事實不相干，朱子自悟心為已發，性為未發，但並未說此是受延平影響。且朱子對延平求未發之中亦不能真切領略，不知延平之工夫乃是靜坐隔離的超越體證，而因為誤以為延平偏於靜，故王懋竑說朱子最後又重歸延平甚至超過延平而宗於伊川之說，是有問題的。

朱子中和新說成立後，「更定已發未發之分，以胡氏先察識後涵養為不然，而於未發仍守延平之說」，看似復歸於延平，其實延平雖然重視未發時的涵養工夫，但是卻是直就孟子之本心與中庸的中體加之持守涵養，仍是超越的體證，故延平的涵養工夫並不否認「先識仁之體」。而朱子的「先涵養後察識」，卻是一靜涵靜攝的系統，因為不能先肯定人有本心，故是空頭的涵養，王懋竑於此說「於未發仍守延平之說。其云『以靜為本』，又云『從靜中漸漸養出端倪來』，則猶『體認未發氣象』之論也」，實在是因為對延平的工夫不能體會而導致。王懋竑以為朱子新說成立後遠於延平，是因為不滿足於延平，而超越他並宗於伊川，是錯誤的理解，真正的遠於延平乃是因朱子空頭之涵養察識，與延平縱貫系統的本體論之體證相去甚遠罷了。

〔註34〕參見《朱文公文集》卷第九十七。

附錄三：重探荀子天道人性論及其價值

一、問題的提出

　　蔡仁厚先生說：「孔子之後，孟荀繼起，先後成爲先秦儒學之大師。孟子順承孔子之仁而發揮，開出心性之學的義理規模。荀子則順承孔子外王禮憲之緒，彰顯禮義之統。」〔註1〕這裡很能說明孟荀二人不同的學說性格以及對儒學的重大貢獻。歷來學者多以荀子爲儒家歧出，根據的即是荀子著名的「性惡論」，「性惡論」在荀子的思想體系中，並非他最精彩的部分，〔註2〕卻因此說的爭議使得荀子遭受長期的貶抑，這是非常可惜的。其實在荀子的時代，社會動盪，人心失落，荀子認爲必須走向客觀化，不能再用自我生命的擔當來支撐，因此特別強調客觀經驗的價值。正如牟宗三先生所說的，孟荀二人其實各自發揮了孔子思想中最重要的二大系統，一爲內聖，一爲外王。〔註3〕孔子說仁義禮，孟子專以仁義爲重，荀子則向禮義一途，孟子的學說自仁義出，是向生命之內轉化提昇；荀子的學說則是自禮法入，是向生命之外轉化創造，二者有不同的著力點，分別將孔子思想的內聖與外王之道做了最佳的詮釋。

　　《荀子・儒效》：「不聞不若聞之，聞之不若見之，見之不若知之，知之

〔註1〕參見蔡仁厚：《孔孟荀哲學》（台北：學生書局，1999年9月），頁362。
〔註2〕參見蔡仁厚：《孔孟荀哲學》，頁392。「平常總說荀子『性主惡』，我覺得這個『主』字下得太重。『人之性惡』其實只是荀子的觀點、說法，而『化性起僞』才是荀子的正面主張。」
〔註3〕參見牟宗三：《歷史哲學》（台北：學生書局，1988年8月），頁122。

不若行之。學至於行之而止矣。行之，明也，明之爲聖人。……故聞之而不見，雖博必謬；見之而不知，雖識必妄；知之而不行，雖敦必困。不聞不見，則雖當非仁也。其道百舉而百陷也。」〔註4〕荀子「法後王」、「隆禮義」的思想皆來自於其經驗的學術性格，故其一切的理論，皆立足在感官所能經驗、事實可以驗證的基礎上。

荀子的天論及心性論，同樣具備了可經驗的客觀精神，以此天論和心性論爲基礎，發展出荀子以知性爲主體的文化內涵。〔註5〕備受爭議的荀子，主要是因爲他並未給出成聖成治〔註6〕的價值根源，使人在爲善時沒有先天的內在根據作爲保證。其實，荀子思想之精采處，正是因爲他的經驗性格，要人正視客觀制度的重要性，重建人文社會的禮憲精神。可不可能在荀學的體系中，爲他找到價值的根源？荀子的天在其理論中有何重要性？又荀子的「性惡論」究竟所指爲何？「性惡論」眞是與孟子的「性善論」相對嗎？亦或荀子「性惡論」等同於告子的「性無善無惡論」，而不及告子之說合理而一致〔註7〕呢？荀子的心與性關係爲何？究竟心是性，或心不是性？心在荀學中的價值何在？依荀子的自然天、性惡論以及認知心，可知荀子學說中沒有可做爲內在根據的價值根源，如此，則荀子的成聖成治思想如何可能？本文將依照

〔註4〕 荀子引文皆引自李滌生：《荀子集釋》（台北：學生書局，1994 年 10 月）。

〔註5〕 參見牟宗三：《歷史哲學》，頁126～127。「中國歷史精神之發展，首先將全宇宙以及全人間組織視爲一『道德的精神實體』之所函攝，吾人可說此是『仁智的全體』。然其初是不自覺的。經過孔子的反省，由其通體是德慧之表現，遂以其天地氣象之人格將此不自覺的潛存的『仁智的全體』表現而爲自覺的彰著的『仁智的全體』。此是『仁智的全體』之全體的透露。經過孟子之破裂，復將此全體透露之『仁智全體』之純精神性，經由其『道德的精神主體』之樹立而證實。……然經過荀子之破裂，則孔子所彰著之『仁智之全體』，孟子所彰著之主體精神與絕對精神，俱下降凝聚而爲一『知性主體』，自然成爲純自然，成爲被治之負面的，不復涵融於『道德的精神實體中』。『道德的精神實體』收縮而成爲一『知性主體』（即思想主體），依此絕對精神被否定；復透露於表層而爲『禮義之統』，依此成爲知性主體之所對，因而亦即爲此主體之成果。……他將『仁智全體』中之『智』彰著出，智涵蓋一切，照射一切。然而他忘掉智的本源，因而遂成爲『理智』之平面的，外在的。」

〔註6〕 成聖乃就道德修養而言，成治則是指社會秩序的建構。

〔註7〕 參見徐復觀：《中國人性論史》（台北：商務印書館，1999 年 9 月），頁230。「荀子對性的規定，與告子『生之謂性』，幾乎完全相同。而『可與如此，可與如彼』的說法，也與告子的『決諸東方則東流，決諸西方則西流』的說法，毫無二致。」另頁 255 中說：「性惡的判斷，又破壞了他性無定向的觀點。所以從理論上說，他的性惡說，實在不及告子性無善惡說的完整。」

上述各個問題加以釐清討論，並在討論中突顯荀子重視人文禮緒的價值。

二、荀子的天論 〔註8〕

　　荀子言天，一反孔孟天人合一的觀點，力主天人之分。孔孟主張天人合一，乃就修身成德而能達到天人一體來立論，荀子則是因當時「不遂大道，而營於巫祝，信機祥」（《史記‧孟子荀卿列傳》）而主張天人之分，動機主張雖有不同，但「修己安人」的目的卻是一致。

　　荀子之前的天約有三義，即宗教天、道德天及自然天，分別爲墨家、儒家、道家所發揮，三家雖然有異，但其「法天」的色彩卻是一致。墨家講：「順天意者，兼相愛，交相利，必得賞；反天意者，別相惡，交相賊，必得罰。」（〈天志〉）又說：「我有天志，譬若輪人之有規，匠人之有矩。」（〈天志〉）「天志」是最高的價值規範，且帶有賞罰的權威，人格神的意味相當濃厚。儒家的天偏重於道德義理的性質，孔子說：「唯天唯大，唯堯則之。」（《論語‧泰伯》）孟子說：「天與賢則與賢，天與子則與子。」（《孟子‧萬章》）亦具有「法天」的色彩。道家的天雖是自然性質的天，但老子有「法自然」的主張，老子說：「人法地，地法天，天法道，道法自然。」（《道德經》第二十五章）又說：「天地不仁，以萬物爲芻狗；聖人不仁，以百姓爲芻狗。」（《道德經》第五章）這裡說的天地是一自然的存在，此沖虛的道體仍具備價值的根源義，天地不偏所愛，故聖人應該效法天地純任自然，無所偏私。荀子對於天的看法，受到道家自然天的影響，然其間又有所不同。道家的天雖是自然的存在，但是人要「法自然」；荀子在天生萬物之後，從價值上人將往何處去思考，將天人關係割斷，相對於孟子的「盡心知性知天」，主張「天人分途」、「天生人

〔註8〕　參見陳大齊：《荀子學說》（台北：中國文化大學出版部，1989 年 6 月），頁16。「陳大齊先生以爲荀子的天有廣狹二義：『自狹義言之，只涵攝日月、星辰、陰陽、風雨、水旱、寒暑，甚或將寒暑列於天所攝的範圍以外，稱之爲時，以與天地並列。自廣義言之，則兼攝天地萬物，且攝及人的身心。攝及人的身心的，可稱之爲最廣義，與現代自然二字的意義正相符合。荀子在天論一篇中，論及天地萬物，而總稱爲天論，且稱好惡喜怒哀樂之情爲天情，稱耳目鼻口形體爲天官，稱心爲天君，這是天字的最廣義。……以四時與天地並列，這是天字的最狹義。荀子之用天字，時或用作廣義，時或用作狹義，其用作最廣義的例，其屬罕見』。」陳大齊先生將荀子的「天」做了細密的區分，也可以看出荀子在使用「天」一詞時並不一致，但不論其內容爲何，大抵皆是一自然的現象。

成」。

（一）天的自然義

1、天行有常

> 天行有常，不為堯存，不為桀亡。（〈天論〉）

荀子的天只是自然運行的現象，所謂「天行有常」，即是說天循著永恆的軌道，機械、自然的運行，不依人的好惡治亂而改變常軌，所謂「天有常道矣，地有常數矣。」（〈天論〉）荀子的「道」不含有宇宙本體的意味，只是一定不易的恆常軌道，而這運行的軌道是天地所遵行的，故曰「常道」、「常數」。荀子在《儒效》中說：「道者，非天之道，非地之道，人之所以道也，君子之所道也。」所以牟宗三先生認為：「荀子只言人道以治天，而天則無所謂道，即有道，亦只是自然之道也。」〔註9〕那麼，荀子如何解釋自然界中變異的現象呢？

> 夫日月之有蝕，風雨之不時，怪星之黨見，是無世而不常有之。……
>
> 夫星之隊，木之鳴，是天地之變，陰陽之化，物之罕至者也。怪之，
>
> 可也，而畏之，非也。（〈天論〉）

古人將日月蝕視為變異的現象，但荀子卻認為這是「無世而不常有之」，依然是出於天的常道，〔註10〕所以「怪之，可也；畏之，非也」，頗富有近世科學的懷疑精神。

2、天生萬物

> 天地者，生之始也。（〈王制〉）
>
> 天地生君子，君子理天地。（〈王制〉）
>
> 天地合，萬物生；陰陽接，而變化起。（〈禮論〉）
>
> 列星隨旋，日月遞炤，四時代御，陰陽大化，風雨博施，萬物各得
> 其和以生，各得其養以成，不見其事，而見其功，夫是之謂神。（〈天
> 論〉）

荀子雖承認天地是生之始，但是天地的生，乃是自然之生，非有德有心的生，而是陰陽氣化的生，所以荀子說「天地合，陰陽接」，這是因精和感應而起的

〔註 9〕 參見牟宗三：《名家與荀子》（台北：學生書局，1994 年 8 月），頁 214。

〔註10〕 參見陳大齊：《荀子學說》，頁 18。「荀子於此，雖未明說星墜木鳴亦有其一定
不易的常軌，但變化不一定沒有軌道，罕至只是不常常發生，更不能謂其不
遵循著一定的軌道。所以雖有日蝕月蝕、星墜木鳴等變異現象，並不與『天
行有常』、『天有常道』有所牴觸，『天行有常』這一原則亦因而無可動搖。」

變化，荀子認為天的自然現象以及萬物的變化，是可以見到的，但是它如何成就此等現象，也就是「不見其事而見其功……皆知其所以成，莫知其無形」（〈天論〉）的天職和天功，就是我們所不能知的了。

這裡荀子的天，看起來似乎承襲了道家的自然天，其實二者間仍有差異。牟宗三先生說：「道生德畜，是超越意義的生、畜，是繫屬於道與德而言者。物形勢成，是內在意義的形成，是繫屬於物與勢而言者。」道家的天有「道生之，德畜之」的形上原理義，但荀子顯然只是素樸的自然現象義，缺乏形而上的玄思。〔註11〕所以荀子不就超越意義的實現之理說，而就內在意義的形構之理來論。王邦雄先生說：「天行有常不涉及應然的評價，而僅是實然的描述。相對於儒家的道德法則而言，它是自然義，相對道家的形上原理而言，它是現象義。」〔註12〕道家講的是超越的自然，荀子講的是現象的自然，荀子雖受到道家的影響，但在天生萬物的主張中，顯然去除了道家思辨性的形上思考，他認為天地一旦生了萬物後，萬物與天就沒有什麼關係，這與道家「人法地，地法天，天法道，道法自然」的主張迥然不同。

3、天無意志

天能生物，不能辨物也；地能載人，不能治人也。宇中萬物生人之屬，待聖人然後分也。（〈禮論〉）

荀子將「辨」視為心知的作用，天不能辨物，是天之無知。荀子又說：

不為而成，不求而得，夫是之謂天職。（〈天論〉）

為、求皆是意志的作用，知而有志，天既「不能辨物」，可見其無知；天既「不為」、「不求」，可見其無意志。天既然無意志，自然沒有感應可言，所以說「天行有常，不為堯存，不為桀亡。」（〈天論〉）又「天不為人之惡寒也輟冬，地不為人之惡遼遠也輟廣。」（〈天論〉）因其無意志，故無愛憎可言，所以說「天非私曾騫孝己而外眾人也……天非私齊魯之民而外秦人也。」（〈性惡〉）

天地萬物既是遵行一定不易的法則，天沒有福人禍人的意志，也不會隨人的意志而改變其軌道。

雩而雨，何也？無何也，猶不雩而雨也。（〈天論〉）

下雨是自然的現象，依照一定的法則運行，不會因人間的祈禱而應驗。陳大

〔註11〕參見牟宗三：《才性與玄理》（台北：學生書局），頁156。

〔註12〕參見王邦雄：〈由老莊道家析論荀子的思想性格〉，《鵝湖學誌》，27卷，2001年12月，頁18。

齊先生說：「荀子此一言論，在積極方面闡發了自然現象的眞相，在消極方面破除了根深蒂固的迷信，在當時的思想界中確是精闢而獨到的見解。」〔註13〕荀子將天視爲無意志、無愛憎、昧然無知的自然現象，試圖打破愚妄的迷信，卻又說要事天敬天，不但未廢除祭祀祈禱的舉動，反而認爲事天事地皆爲禮之不可或缺，這與自然天的主張看似矛盾而不相容，其實其中正蘊含了荀子的文化傳承之精神，容待後面再討論。

（二）天人之分，天生人成

荀子天人關係可以用「天生人成」一語概括。荀子說：

> 天行有常，不爲堯存，不爲桀亡。應之以治則吉，應之以亂則凶。彊本而節用，則天不能貧；養備而動時，則天不能病；修道而不貳，則天不能禍。故水旱不能使之飢渴，寒暑不能使之疾，祆怪不能使之凶。本荒而用侈，則天不能使之富；養略而動罕，則天不能使之全；倍道而妄行，則天不能使之吉。故水旱未至而飢，寒暑未薄而疾，祆怪未至而凶。受時與治世同，而殃禍與治世異，不可以怨天，其道然也。（〈天論〉）

> 治亂天邪？曰：日月星辰、瑞曆，是禹、桀之所同也，禹以治，桀以亂，治亂非天也。時也？曰：繁啓蕃長於春夏，畜積收藏於秋冬，是又禹、桀之所同也，禹以治，桀以亂，治亂非時也。地邪？曰：得地則生，失地則死，是又禹、桀之所同也，禹以治，桀以亂，治亂非地也。（〈天論〉）

天是自然，天生萬物，但只是無目的、無意志的生，之後則天人分途，各有各的職分。禹和桀時，天地四時都是一樣的，也就是天提供的環境是相同的，而最後治亂的結果卻不同，原因在「應之以吉」或「應之以亂」，治亂的標準在於是否合於禮義，〔註14〕所以治亂乃人的作爲，而非天的作用。荀子說：

> 天有其時，地有其財，人有其治，夫是之謂能參。舍其所以參，而願其所參，則惑矣。（〈天論〉）

人只能在天地所供給的四時中，進行治理天地的職責，也就所謂的「參天地」。不應放棄人事應盡的努力，而去盼望風調雨順，五穀豐收，否則就是昏惑的

〔註13〕參見陳大齊：《荀子學說》，頁29。
〔註14〕參見《荀子・不苟》：「禮義謂之治，非禮義謂之亂。」

－170－

表現。

　　荀子天人之分的思想可以從他說「知天」與「不求知天」來理解。在〈天論〉中，荀子同時提到「聖人不求知天」與「夫是之謂知天」，看似矛盾，其實並不相衝突，而正可以看出天人之分：

> 不爲而成，不求而得，夫是之謂天職。如是者，雖深，其人不加慮焉；雖大，不加能焉；雖精，不加察焉，夫是之謂不與天爭職。天有其時，地有其財，人有其治，夫是之謂能參。舍其所以參，而願其所參，則惑矣。列星隨旋，日月遞炤，四時代御，陰陽大化，風雨博施，萬物各得其和以生，各得其養以成，不見其事而見其功，夫是之謂神。皆知其所以成，莫知其無形，夫是之謂天功。唯聖人爲不求知天。天職既立，天功既成，形具而神生，好惡喜怒哀戚臧焉，夫是之謂天情。耳目鼻口形能各有接而不相能也，夫是之謂天官。心居中，虛以治五官，夫是之謂天君。財非其類以養其類，夫是之謂天養。順其類者謂之福，逆其類者謂之禍，夫是之謂天政。暗其天君，亂其天官，棄其天養，逆其天政，背其天情，以喪天功，夫是之謂大凶。聖人清其天君，正其天官，備其天養，順其天政，養其天情，以全其天功。如是，則知其所爲，知其所不爲矣；則天地官而萬物役矣。其行曲治，其養曲適，其生不傷，夫是之謂知天。（〈天論〉）

荀子此處的「不求知天」與「知天」看似矛盾，其實二處所指的天意思並不相同。楊祖漢先生說：「荀子很明顯的是以後者（知天之天）爲天之實義，而前者（不求知的天）則爲虛說。」〔註15〕也就是說，知天的「天」，乃是「列星隨旋，日月遞炤，四時代御，陰陽大化，風雨博施」的自然現象；不求知天的「天」，則是「不爲而成，不求而得」、「皆知其所以成，莫知其無形」的天職和天功，而這天職和天功正是萬物的存在之理及實現之理（此處的存在之理與實現之理是往實然的方向解釋，並非有價值的意味），荀子採取的是存而不論的態度，認爲是人不能知的，〔註16〕聖人「知其所爲，知其所不爲」，

〔註15〕參見楊祖漢：〈論荀子的知天與不求知天之辨〉，《儒學與康德的道德哲學》（台北：文津出版社，1987年3月），頁155。

〔註16〕參見楊祖漢：〈論荀子的知天與不求知天之辨〉，《儒學與康德的道德哲學》，頁156。「人對於一切存在之所以然之理（超越的所以然之理，而不是自然的，研究物的結構的經驗之所以然之理），即物之所以會存在而不是不存在之存在之理，或使物如是而生成之實現之理，是不能知的。」

是「明於天人之分」(〈天論〉),故對於天職之「深、大、精」,抱持「不加慮、不加能、不加察」的態度,在其可知的範圍用力,也就是「不與天爭職」,亦是〈修身〉篇中所說「將有所止之」的止處。何以要在「天人之分」處止之,因爲若是追究天職或天功,則會淪入「窮無窮、逐無極、終身不可以相及」(〈修身〉)的窘困局面。

牟宗三先生首先提出荀子思想之基本原則可以「天生人成」一語概括,〔註17〕這是從《荀子・富國》的「天地生之,聖人成之」一語而論。荀子說:

> 故天地合而萬物生,陰陽接而變化起,性僞合而天下治。天能生物,不能辨物也;地能載人,不能治人也。宇中萬物生人之屬,待聖人然後分也。(〈禮論〉)

> 天有其時,地有其財,人有其治,夫是之謂能參。舍其所以參,而願其所參,則惑矣。(〈天論〉)

> 天地者,生之始也;禮義者,治之始也;君子者,禮義之始也;爲之,貫之,積重之,致好之者,君子之始也。故天地生君子,君子理天地:君子者,天地之參也,萬物之摠也,民之父母也。無君子,則天地不理,禮義無統,上無君師,下無父子,夫是之謂至亂。(〈王制〉)

天地只能生物而不能治,禮義才能行治之實,而禮義是君子所生,所以君子是「天地之參也,萬物之摠也,民之父母」。荀子說:「道者,非天之道,非地之道,人之所以道也,君子之所道也。」(〈儒效〉)荀子只以此君子所生的禮義之道爲可貴,其他的天道、地道都不是荀子所關注的重點,天地之道爲自然的形構之理,近於科學理智的對天地自然的認知,但此科學精神不是荀子的目的,他只是希望藉由「天人之分」,破除人對天的依賴,重新回到人的自身來思考。正如楊祖漢先生所言:「他知天的目的在於裁萬物以厚人之生」,〔註18〕所以「無君子,則天地不理,禮義無統,上無君師,下無父子,夫是之謂至亂」,這即是「天生人成」之旨。

另外,荀子又將是否能明辨「天人之分」,以求在其「人職」範圍中努力行人道,作爲君子、小人之所以「日進」、「日退」的區分。荀子:

> 君子當敬其在己者,而不慕其在天者,是以日進也;小人錯其在己

〔註17〕 參見牟宗三:《名家與荀子》,頁213。
〔註18〕 參見楊祖漢:〈論荀子的知天與不求知天之辨〉,《儒學與康德的道德哲學》,頁157。

者，而慕其在天者，是以日退也。（〈天論〉）

唐君毅先生以為這是荀子將孔子「君子求諸己，小人求諸人」的觀點做了進一步的推擴。唐君毅先生說：「君子求諸己，即盡其在己之義。而荀子則推擴孔子之此義以對天，以言君子不特當敬其在己而不求諸人，亦當敬其在己而不希慕天。則荀子之言人不當慕其在天者，固非只本于天之常行中之規律，非人之希慕所能改變之故；而亦本於儒者求諸己，盡其在己之教；故人當對天自盡人事也。」〔註 19〕這亦是就「天行有常」之義，說明「天人分途」的重要性，荀子要人在天職、天功之外，盡人之職，以成人之功。

（三）制天用天，事天敬天

荀子主張「天人之分」、「天生人成」，在「知天」的基礎上，進而衍生出「制天用天」的思想，荀子說：

> 大天而思之，孰與物畜而制之！從天而頌之，孰與制天命而用之！望時而待之，孰與應時而使之！因物而多之，孰與騁能而化之！思物而物之，孰與理物而勿失之也！願於物之所以生，孰與有物之所以成！故錯人而思天，則失萬物之情。（〈天論〉）

這是說明對於自然，不要只盼望等待，可以加工改變，使其可以利用。荀子將天視為自然物而加以制裁它，應時耕作而使役之，運用人的智能而加以變化，雖然物之生在天，可是可以成物的卻只有人。

舜禹之所以能成就治世，原因就在他們能「裁萬物以養萬民」，〔註20〕而制天用天的方法何在？荀子著眼的是「時」，也就是應時與順時。荀子說：

> 故養長時，則六畜育，殺生時，則草木殖。……聖王之制也：草木榮華滋碩之時，則斧斤不入山林，不夭其生，不絕其長也。黿鼉魚鱉鰍鱣孕別之時，罔罟毒藥不入澤，不夭其生，不絕其長也。春耕、夏耘、秋收、冬藏，四者不失時，故五穀不絕，而百姓有餘食也。汙池淵沼川澤，謹其時禁，故魚鱉優多，而百姓有餘用也。斬伐養長不失其時，故山林不童，而百姓有餘材也。（〈王制〉）

這一段可以作為「望時而待之，孰與應時而使之」的註解，「時」是自然法則，

〔註19〕參見唐君毅：《中國哲學原論・原道篇（一）》（台北：學生書局，1992 年 3 月），頁 442。

〔註20〕參見《荀子・王制》：「王者之法：等賦、政事、財（裁）萬物，所以養萬民也。」

想要制天用天，就必須適應天時而不與之相違背，同樣的道理在〈天論〉篇中也有論及：

> 財非其類以養其類，夫是之謂天養。順其類者謂之福，逆其類者謂之禍，夫是之謂天政。

人類以外的物類，是人民生活所資者，這是自然之道，所以稱爲「天養」。順著所裁的物類的性質而用之，則可以致福；違逆物類的性質而用之，則會致禍，這種福禍如同自然的政令，〔註21〕所以稱爲「天政」。禍福之分來自順逆與否。

陳大齊先生以爲：「荀子這一番話，可說是其自然學說中最精彩的言論，亦最值得後世所重視。荀子欲物畜天地而役使之，欲騁人之智力以增益生產，此與西洋人所嚮往的征服自然，初無二致，與現代自然科學的精神，亦甚切合。」〔註22〕這裡必須說明的是，荀子雖有制天用天的思想，但不宜解釋爲「征服自然」，因爲荀子雖強調人事，但是一面也說「上事天，下事地」（〈禮論〉），對天仍然持尊敬的態度。

荀子說：

> 禮有三本，天地者，生之本也。先祖者，類之本也。君師者，治之本也。無天地，惡生？無先祖，惡出？無君師，惡治？三者偏亡，焉無安人。故禮上事天下事地，尊先祖，而隆君師，是禮之三本也。
> （〈禮論〉）

蔡仁厚先生認爲荀子非「理智一元論者」，而是「理智的人文主義者」，〔註23〕因爲荀子雖不贊成頌天、大天，但仍強調事天敬天，並將事天地、尊先祖、隆君師視爲禮之三本。荀子的事天敬天，並非希慕祈求天，只是因爲這是人應盡的人文之事，荀子講禮義之統，特別重視人文的傳承，而天地是「生之本」，又說「無天地，惡生」，所以事天敬天其實是一種不忘本的精神，與祭祖的意義是一樣的。蔡仁厚先生將荀子「制天用天」與「事天敬天」的思想說明的很清楚，他認爲「制天用天」的「天」是自然義，而「事天敬天」的「天」是本始義，蔡先生說：「事天是報本返始，是道德眞誠的流露，亦是人文精神之表現。」〔註24〕由此可知，荀子事天之說與制天之說二者並不衝突，

〔註21〕此處政令是自然的，而非天的賞罰意志。
〔註22〕參見陳大齊：《荀子學說》，頁25。
〔註23〕參見蔡仁厚：《孔孟荀哲學》，頁384。
〔註24〕參見蔡仁厚：《孔孟荀哲學》，頁384。

反而更加突顯了荀子對人文之禮的重視。

三、荀子的「性惡論」

在先秦人性論三種基本不同的主張中，孟子「性善論」的獨特性幾乎是學術界的定論，但是對於告子「性無善無惡論」與荀子的「性惡論」，學者們則認爲二者沒有顯著差異。徐復觀先生就以爲荀子的「性」的內容與告子的「性」幾乎相同，但推論至最後對人性所下的結論卻不及告子「性無善無惡論」來的完備。〔註25〕荀子的「性」是否同於告子的「性」？又荀子論「性」是否眞的不如告子論「性」完備？這是第一個要解決的問題；再來就是根據荀子學說中「性」的內容，討論何以荀子會有「性惡」的結論。

（一）「性」的內容

荀子學說中「性」的內容，岑溢成先生將其區分爲形式及實質二方面的界定來討論，〔註26〕這樣的區分確實可以使《荀子》一書中對於「性」的討論更加清晰。

所謂形式的界定，乃是對於「性」之形式條件加以說明，荀子說：

> 生之所以然者，謂之性。……不事而自然，謂之性。（〈正名〉）

> 凡性者，天之就也，不可學，不可事。……不可學，不可事，而在
> 人者，謂之性。（〈性惡〉）

就荀子所言「性」的形式條件來看，似乎和告子所謂「生之謂性」的形式界定相同，也就是以「天生的」做爲「性」的條件。但是若依據「性」的實質內容，荀子似乎並沒有將所有「天生的」都當作「性」。岑溢成先生認爲若說「天生的」是「性」的必要條件是可以的，但「天生的」並不是「性」的充分條件，所以荀子和告子在對於「性」的形式界定上並不相同。〔註27〕告子和荀子在「性」的實質內容之主張是否如岑溢成先生所言並不相同，以下試討論之。

就荀子所言「性」的實質內容來看。在荀子的思想中，天性情欲一路貫

〔註25〕同註7。參見徐復觀：《中國人性論史》，頁230。

〔註26〕參見岑溢成：〈荀子性惡論析辯〉，頁39。「荀子對於『性』，也有形式的和實質的等兩方面的界定。所謂形式的界定，基本上說明『性』的形式條件；所謂實質的界定，則說明了『性』的實質內容。」

〔註27〕參見岑溢成：〈荀子性惡論析辯〉，《鵝湖學誌》，第三期，1989年，頁40。

串下來，〈正名〉中說：

> 性者，天之就也；情者，性之質也；欲者，情之應也。

「性者，天之就也」，性是先天生就，生而即有；「情者，性之質也」，性以情爲本質，故情即是性，性、情同質且同位，故荀子常以「情性」二字連用；〔註28〕「欲者，情之應也」，耳目聲色的欲望都是應情而生。荀子雖然將性、情、欲三者分別界定，但三者其實是一樣的，因此徐復觀先生以及蔡仁厚先生都認爲荀子是「以欲爲性」，〔註29〕這和告子「食色性也」的人性主張似乎也是一致。

我們可以由荀子舉出「性」的具體內容來檢視荀子是否「以欲爲性」，荀子「性」的內容，可以分爲以下三點來看：

1、由人之天生感官知覺說性

在天生感官知覺方面，是指吾人的感官對於外物的辨識能力。

> 今人之性，目可以見，耳可以聽，夫可以見之明不離目，可以聽之聰不離耳，目明而耳聰，不可學明矣。（〈性惡〉）

> 目辨白黑美惡，耳辨音聲清濁，口辨酸鹹甘苦，鼻辨芬芳腥臊，骨體膚理辨寒署疾養，是又人之所常生而有也，是無待而然者也，是禹桀之所同也。（〈榮辱〉）

這是荀子由人的耳目官能去說人性，目可以見、耳可以聽、口有味覺、鼻有嗅覺、身體有觸覺等等都是人天生具備的，是生而有之，不必學習的。

2、由人之自然生理需求說性

> 飢而欲食，寒而欲暖，勞而欲息，好利而惡害，是人之所生而有也，是無待而然者也，是禹、桀之所同也。（〈榮辱〉）（同樣的文字亦出現在〈非相〉篇）

> 今人之性，飢而欲飽，寒而欲暖，勞而欲休，此人之情性也。（〈性惡〉）

這單是由人性的生理需求爲出發，肚子餓了要找東西吃，感覺寒冷便想要溫暖，身體疲累了就想休息，這是每個人都相同的需要，不因聖人或百姓而有不同。

〔註28〕例如《荀子・性惡》：「好利而欲得，此人之情性也。」又《荀子・性惡》：「今人之性，飢而欲飽，寒而欲煖，勞而欲休，此人之情性也。」

〔註29〕參見徐復觀：《中國人性論史》，頁234。蔡仁厚：《孔孟荀哲學》，頁390。

3、由人之原始情識好惡說性

> 今人之性，生而有好利焉，順是，故爭奪生而辭讓亡焉；生而有疾
> 惡焉，順是，故殘賊生而忠信亡焉；生而有耳目之欲，有好聲色焉，
> 順是，故淫亂生而禮義文理亡焉。（〈性惡〉）

> 若夫目好色，耳好聲，口好味，心好利，骨體膚理好愉佚，是皆生
> 於人之情性者也。（〈性惡〉）

> 夫好利而欲得，此人之情性也。（〈性惡〉）

> 人之情，食欲有芻豢，衣欲有文繡，行欲有輿馬，又欲夫餘財蓄積
> 之富也。（〈榮辱〉）

以好利好色言性，是由人的好惡，也就是情緒言性，[註30] 荀子認爲這也屬
於「自然人性」的一部份，是人人皆具，聖人與百姓同，生而有之，不可學
不可事之在人者。

其中 2 和 3 項，由人之自然生理需求說性，或由人之原始情識好惡說性，
都可說是「以欲爲性」，而第 1 項，由人之天生感官知覺說性，雖無關於「欲」，
但從第 3 項「目好色、耳好聲、口好味」來看，和天生感官有一定的關係。
所以我們初步認可荀子是「以欲爲性」的想法沒有問題，但這同時表示「以
欲爲性」和「天生的即是性」的說法是有衝突的。「以欲爲性」和動物性幾乎
一致，但荀子的「性」是否就是動物性？牟宗三先生說：

> 其論人之性完全從自然之心理現象而言。從好利，疾惡，耳目之欲，
> 方面言，則性是喜怒哀樂愛惡欲之心理現象，是即人欲之私也。從
> 飢而欲飽，寒而欲煖，勞而欲休，方面言，則性是生物生理之本能。
> 自人欲之私與生物生理之本能而言性，是即等於自人之動物性而言
> 性。[註31]

荀子的「性」是否可以判定爲動物性，以下列出唐端正先生和陳大齊先生的
看法。唐端正先生以爲：

> 許多人認爲荀子只從動物性去了解人性，這實在是個非常嚴重的錯
> 誤。所謂動物性，大體是指自然情欲與自然本能而言，人是動物，
> 當然也有動物性。飢而欲飽，寒而欲煖，好利惡害，懷生畏死，都

[註30] 參見《荀子・正名》：「性之好、惡、喜、怒、哀、樂謂之情。」
[註31] 參見牟宗三：《名家與荀子》，頁 223。

是生而然的性，荀子當然承認。但荀子除了說「人生而有欲」（〈禮論〉）以外，還說「人生而有知」（〈解蔽〉）。他認為「塗之人也，皆有可以知仁義法正之質，皆有可以能仁義法正之具。」（〈性惡〉）又說：「才性知能，君子小人一也，好榮惡辱，是君子小人之所同也。」（〈榮辱〉）知本於心，心生而有知，可見荀子和孟子一樣，除了承認人的自然情欲是性外，還認為人的心知形能也是性。不過，荀子所著重的心，……是智心或知性心。〔註32〕

唐端正先生以為荀子的「心」亦是「性」，因而若說「荀子只從動物性去了解人性，這實在是個非常嚴重的錯誤」。但是，陳大齊先生依照荀子〈正名〉篇〔註33〕將「性」、「情」、「慮」、「偽」、「事」、「行」、「知」、「能」所下的定義，而認為在荀子體系中，此八個概念可以統攝於「性、知、能」三個基本範疇。〔註34〕如此，則以「知」為作用的「心」，便不能將其視為「性」的內容。

荀子的「心」究竟是不是「性」，牽涉了荀子是否以動物性言「性」的問題。其實，唐端正先生及陳大齊先生分別道出荀子的「心」之二種身分，荀子說：

> 心居中，虛以治五官，夫是之謂天君。（〈天論〉）

> 人生而有知，……心生而有知。（〈解蔽〉）

心是天所生，從「性者，天之就也」的定義看，心是性。而心的知能作用，也是性。但若依荀子對「性偽之分」所下的定義：

> 不可學，不可事，而在人者，謂之性；可學而能，可事而成之在人者，謂之偽。是性偽之分也。（〈性惡〉）

性偽不同，「偽」出於心的知慮能動，〈性惡〉：「禮義者，聖人之所生也，人之所學而能，所事而成者也。」「心」是能治的主體，「性」是被治的對象，

〔註32〕 參見唐端正：〈荀子善偽論所展示的知識性問題〉，《先秦諸子論叢》（台北：東大圖書，1981年5月），頁173～174。

〔註33〕 參見《荀子·正名》：「散名之在人者：生之所以然者，謂之性，性之和所生，精合感應，不事而自然，謂之性。性之好、惡、喜、怒、哀、樂謂之情。情然而心為之則謂之慮，心慮而能為之動謂之偽。慮積焉，能習焉而後成謂之偽。正利而為謂之事。正義而為謂之行。所以知之在人者謂之知。知有所合謂之智。智之所以能之在人者謂之能。能有所合謂之能。」

〔註34〕 參見陳大齊：《荀子學說》，頁33～37。

如此，則「心」不是「性」。

就「心」是「性」來說，荀子的「性」似乎不等同於動物性，但就「心」不是「性」而言，荀子的「心」就不能算是「性」的實質內容了，故「性」就和動物性沒有兩樣。

岑溢成先生說：

> 荀子界定「性」的具體內容時，並沒有嚴格遵守「性」的形式定義。
>
> 荀子似乎只把與「欲」有關的才算爲「性」的內容，不是所有天生的東西都算是性。這是荀子和告子明顯的差異。〔註35〕

岑溢成先生顯然是站在「性僞之分」，也就是同意陳大齊的立場來立論，因而認爲荀子和告子的「性」在實質內容上有差異，荀子雖以「天之就也」來定義「性」，但是並非所有「天生的」都是「性」，所以只能說「天生的」是「性」的必要條件，而非充分條件，而岑溢成先生認爲「單從形式的定義看，荀子和告子的觀點已經不相同了」，〔註36〕故可知岑是將告子「生之謂性」視爲「性」的充分條件。告子的「性」是否眞的遵守「性」的形式條件，從「食色性也」的實質內容來看，似乎也只是就「欲」的部分來論，而告子是否將所有「天生的」的視爲性，現存的資料似乎無法給予充分的解釋，因爲「仁內也，非外也；義外也，非內也」（《孟子・告子上》）的說法，只說明了「仁」這種愛人的情感和情緒是發自於內的，亦是人性的一部份，但如何接受外加的「義」，則是告子沒有討論的。

因此，岑溢成先生以「形式」作爲區分，反對徐復觀先生所主張的「告子與荀子二人對「性」的說法幾無二致」，此處尚有考慮的空間，但是我們不可否認荀子對於「性」的討論與主張，已經是在告子的基礎上更進一步。而岑溢成先生從辨析荀子「性惡論」的結論何以產生，以作爲反駁徐復觀先生所主張「從理論上來說，他的性惡說，實在不及告子性無善無惡說的完整」的判斷，則可說是我們在了解荀子「性惡論」時很重要的一個切入點。

（二）「性惡」的論證

從以上三種「性」的實質內容來看，「性」只是中性，實在很難導出「惡」的結論，正如徐復觀先生認爲：

> 荀子發揮了「食色，性也」這一方面的意義，更補充了「目明而耳

〔註35〕 參見岑溢成：〈荀子性惡論析辯〉，頁44。
〔註36〕 參見岑溢成：〈荀子性惡論析辯〉，頁40。

聰」的另一方面的意義，這比告子更周密。但正因爲更爲周密，便更應當得出「性無分於善惡」的結論。因爲食色不可謂之善，也不可謂之惡；而「目明而耳聰」，更不可謂之惡。〔註37〕

徐先生所言甚是。但是徐復觀先生似乎沒有眞正體認荀子「性惡」的要旨。已經有許多學者提出荀子之言「性惡」的理由，其中比較具代表性的大約有二種。一是說：荀子的「性惡」並非「性本惡」，而是就「順是」的結果說「惡」，也就是認爲荀子是一個結果論者，如陳大齊。另一種則是說：荀子的「惡」是相對於「善」而言，也就是要了解荀子「性惡」之說，必須從「性僞之分」來談，如唐君毅。這二種說法並不衝突。在討論之前，先看荀子如何論證「性惡」。

1、以人欲之放縱言之

> 今人之性，生而有好利焉，順是，故爭奪生而辭讓亡焉；生而有疾惡焉，順是，故殘賊生而忠信亡焉；生而有耳目之欲，有好聲色焉，順是，故淫亂生而禮義文理亡焉。<u>然則從人之性，順人之情，必出於爭奪，合於犯分亂理而歸於暴</u>……用此觀之，人之性惡明矣，其善者僞也。（〈性惡〉）

> 人生而有欲，欲而不得，則不能無求，求而無度量分界，則不能不爭。爭則亂，亂則窮。（〈禮論〉）

由此可之，人的欲求是天生的，窮出自於亂，亂則是因欲求的不被滿足，「順是」二字是關鍵，即是放縱無度的意思。荀子並不認爲人追求欲望有何可惡，重點在於不加節制所引發出的爭亂殘賊的結果才是惡的。

2、以師法禮義所生言之

> 枸木必將待檃栝烝矯然後直，鈍金必將待礱厲然後利，今人之性惡，必將待師法然後正，得禮義然後治。今人無師法，則偏險而不正；無禮義，則悖亂而不治，古者聖王以人性惡，以爲偏險而不正，悖亂而不治，是以爲之起禮義，制法度，以矯飾人之情性而正之，以擾化人之情性而導之也，始皆出於治，合於道者也。今人之化師法，積文學，道禮義者爲君子；縱性情，安恣睢，而違禮義者爲小人。用此觀之，人之性惡明矣，其善者僞也。（〈性惡〉）

荀子認爲人性是自然之質，本無禮義的成分，而禮義卻存在於社會，這乃是因

〔註37〕 參見徐復觀：《中國人性論史》，頁235。

為古之聖人深曉人之性惡，認為社會若缺乏合理的安排，將流於偏險而不正。因此制定禮義制度，用以導正百姓的行為，使天下得以治，百姓合於善也。

3、由生而離其朴離其資言之

> 孟子曰：「今人之性善，將皆失喪其性故（惡）也。」曰；若是則過矣。今人之性，生而離其朴，離其資，必失而喪之。用此觀之，然則人之性惡明矣。所謂性善者，不離其資而利之也。使夫資朴之於美，心意之於善，若夫可以見之明不離目，可以聽之聰不離耳，故曰目明而耳聰也。今人之性，飢而欲飽，寒而欲煖，勞而欲休，此人之情性也。今人見長而不敢先食者，將有所讓也；勞而不敢求息者，將有所代也。夫子之讓乎父，弟之讓乎兄，子之代乎父，弟之代乎兄，此二行者，皆反於性而悖於情也；然而孝子之道，禮義之文理也。故順情性則不辭讓矣，辭讓則悖於情性矣。用此觀之，人之性惡明矣，其善者偽也。（〈性惡〉）

孟子認為人性是善的，而人之所以為惡則是因為喪失了他的本性。荀子反駁說，人的本性是不能離開他原本的材質，就好像耳聰目明是天生所具有的，如果人生而喪其明與聰，則耳聰目明便不能成立。同樣的，若人性生而離其朴、離其資，則皆喪失其善，那麼只能稱之為惡，不能稱為善。

4、以人之欲為善言之

> 凡人之欲為善者，為性惡也。夫薄願厚，惡願美，狹願廣，貧願富，賤願貴，<u>苟無之中者，必求於外</u>。故富而不願財，貴而不願埶，<u>苟有之中者，必不及於外</u>。用此觀之，人之欲為善者，為性惡也。今人之性，固無禮義，故彊學而求之有也；性不知禮義，故思慮而求知之也。然則生而已，則人無禮義，不知禮義。人無禮義則亂，不知禮義則悖。……用此觀之，人之性惡明矣。（〈性惡〉）

由人希望為善而得知人之性為惡，這是根據「苟無之中者，必求於外……苟有之中者，必不及於外」（〈性惡〉）的原則來論。荀子認為人若貧賤則渴望富貴，是因為人本身沒有，才會去追求。若本身就已富貴，又怎會去追求富貴呢！因此，人本身並沒有善可言，禮義是外加而非本有，人才會想要為善，才會制定禮義。由此得知人之性惡的結論。

由以上荀子對「性惡」的論證，我們可以看出在第1項中，荀子是由「欲」作為「性」的實質內容來論，但是「欲」在此處是人的本能，而很難由此導

出「性惡」的結論。荀子也知道這一點，所以補上了「人生而有欲，欲而不得，則不能無窮。求而無度量分界，則不能不爭。爭則亂，亂則窮。」（〈禮論〉）欲望是無窮盡的，〈榮辱〉篇亦說：

> 人之情，食欲有芻豢，衣欲有文繡，行欲有輿馬，又欲夫餘財蓄積
> 之富也。然而窮累世不知足，是人之情也。

欲望總是不滿足，本也不是什麼問題，但是因為可以提供這些欲求的資源有限，使得「求而無度量分界，則不能不爭」。荀子說：「欲惡同物，欲多而物寡，寡則必爭矣。」（〈富國〉）欲望無窮，加上資源有限，使得荀子得出因「順是」（〈順欲〉）而不加節制就會「淫亂生而禮義文理亡焉」的「性惡」主張。

　　以上由「順是」而導出的「性惡論」，透露出荀子在對「性惡」界定時，是以「結果」來論「惡」，那麼我們再去看其餘三項討論，會發現其中有一個共同點，就是岑溢成先生所說的：「人性在現實上沒有善，所以說人性為惡。」〔註38〕在第 2 項中，荀子以為「枸木必將待櫽栝烝矯然後直，鈍金必將待礱厲然後利」，是從工具可以矯飾物的本性而使其呈現相反的特質來論「性惡」，今既有禮義，則可反推禮義之所以存在的目的是為了矯飾某種性質相反的東西，故人性是惡。在第 3 項中，尚且不論荀子對孟子的「性善」是否有正確的認知，〔註39〕只從荀子推斷來看，荀子以為「飢而欲飽，寒而欲煖，勞而欲休」是人共同的表現，這些現實的表現顯然和「辭讓」的美德相反，而荀子直接斷言「欲」是「性」的基本內容，那麼與這些「欲求」相反的「辭讓」，就不成為「性」的內容，因而說「性惡」。且如果「辭讓」是「性」天生固有的素質，但種種「欲求」的現實表現卻總離開這種美德而出現，那麼就不如說人性是惡來的合理。在第 4 項中，依然是對現實的強調與重視，荀子由是否「求於外」的表現來判斷是否「存於中」，所以荀子是由現實生活中所呈現的「結果」非善來論「性惡」。

　　荀子說：

> 禮義之謂治，非禮義之謂亂。（〈不苟〉）

> 凡古今天下之所謂善者，正理平治也；所謂惡者，偏險悖亂也，是
> 善惡之分也已。（〈性惡〉）

〔註38〕參見岑溢成：〈荀子性惡論析辯〉，頁 48～52。

〔註39〕荀子以為「性善」的意思是：「所謂性善者，不離其資而利之也。」（性惡）
　　　　可是孟子並非以為「不離人原初固有的素質就是美好的。」這是荀子的誤解。

這裡透露出一個訊息，荀子是用不合於「善」的標準來說「性惡」，「禮義」
是價值的標準，合於「禮義」者可以「治」，不合「禮義」者則會流於「亂」，
而「治」者爲「善」，「亂」者爲「惡」，故可知荀子是以社會秩序的狀態來論
「善惡」，並非以個人德行來論「善惡」，〔註 40〕因此「惡」是「禮義」的缺
乏，是消極概念。岑溢成先生說：

> 荀子是先肯定了禮義（包括了構成禮義的各種積極因素，如：分、辨
> 等）爲價值之所在，然後針對人並非天生即「現實地」具備或表現禮
> 義而斷言人性爲惡。因此，「性」是個積極概念，以「欲」爲主要內
> 容。「惡」只是消極概念，並不是說「欲」本身有甚麼惡，而只是說
> 就天生的狀態而言，人是不具備禮義的，必須經過「僞」才會正理平
> 治。從這個觀點來看，缺乏現實的正理平治就是「惡」。〔註 41〕

唐君毅先生亦有同樣的看法：

> 唯人愈有理想，乃愈欲轉化現實，愈見現實之墮落性強，而若愈與
> 理想成對較相對反；人遂愈本其理想，以判斷此未轉化之現實，爲
> 不合理想中之善，爲不善而惡者。荀子的性惡論，不能離其道德文
> 化上之理想主義而了解。……以有此一道德文化理想之情形下，對
> 此理想之實現，必待於人對於其現實生命之狀態能有所轉化之義，
> 荀子之所認識者，實較孟子爲深切。既欲轉化之，即不以之爲善，
> 而當以之爲惡；性惡之論，即在此義上，爲不能不立者矣。〔註 42〕

岑溢成先生更進一步指出：

> 「善」是有待人爲的努力去創造的，作惡固然是惡，沒有創造出善
> 來，也是惡。在這裡是不容許有所謂無善無惡的。〔註 43〕

因此，要了解荀子「性惡」的主張，只從「順是」理解是不夠的，更應由「性
僞之分」探究荀子「性惡」眞義，「天生的」是沒有善的，這裡正好給予了人
創造積極面的空間。岑溢成先生基於這個理由，以爲荀子的「性惡說」未必
眞如徐復觀先生所謂「不即告子性無善無惡說的完整」。

〔註 40〕 參見岑溢成：〈荀子性惡論析辯〉，頁 52～55。
〔註 41〕 參見岑溢成：〈荀子性惡論析辯〉，頁 54。
〔註 42〕 參見唐君毅：《中國哲學原論・原性篇》（台北：學生書局，1991 年 6 月），頁
66～70。
〔註 43〕 參見岑溢成：〈荀子性惡論析辯〉，頁 56。

四、荀子的認知心

荀子的心有二層意義，一是「生而有之」的心，這裡的「心」指的是人天生就具備的官能，而「性者，天之就也」，因此我們可以說心即是性。但是「性惡論」中「性」是被治的對象，需要靠「偽」才能化「性」，「偽」出於「心」的知慮能動，如此則「心」不是「性」。

> 心居中，虛以治五官，夫是之謂天君。(〈天論〉)

> 情然而心爲之擇，謂之慮。心慮而能爲之動，謂之偽。慮積焉，能習焉，而後成，謂之偽。(〈正名〉)

荀子和孟子都非常重視「心」，只是孟子主要是把握「心」的道德性，而荀子則是把握「心」的認知性，也就是分別屬於「以仁識心」及「以智識心」二條進路以下就荀子「心」在其思想中如何發揮成聖成治的作用來討論。

（一）心的認知作用

> 故人心如槃水，正錯而勿動，則湛濁在下，而清明在上，則足以見鬚眉而察理也。微風過之，湛濁動乎下，清明亂於上，則不可以得大形之正也，心亦如是矣。故導之以理，養之以清，物莫之傾，則足以定是非，決嫌疑矣。(〈解蔽〉)

人心既如槃水，則理在心外，如同水能照物，物並不在水中，心能照理，理自然也非心的本身。心是橫攝的認知。

> 凡以知，人之性也；可以知，物之理也。(〈解蔽〉)

以主觀面「能知」的「心」，去認知客觀面「所知」之物，心物必須接遇，才能發揮「心」的認知功能。

> 所以知之在人者，謂之知；知有所合，謂之智。(〈正名〉)

「知之在人者，謂之知」指的是「人，生而有知，心，生而有知」(〈解蔽〉)這個生而即有的認知作用，這屬於「能知」的範疇，是就「知」的作用而言；而「知有所合」則是指心與物的接合，「能知」之心發揮功能，便能形成對物的知識，是「能知」與「所知」的結合，是就「知」的結果而言。〔註44〕

「認知心」的作用可以成就知識，但這並不是荀子用心的重點，荀子重視的是知「道」，並非西方如實的認知客觀事物，而是以「知」將物納入人文制度中思考：

〔註44〕參見蔡仁厚：《孔孟荀哲學》，頁408。

> 人何以知道？曰：心。

> 故心不可以不知道。心不知道，則不可道而可非道。……心知道，
> 然後可道；可道，然後能守道以禁非道。(〈解蔽〉)

荀子認為心能「知道」，便進而能「可道」，然後能「守道以禁非道」。心不是「道」，卻能「知」道，「知道」是「可道」、「守道」的先決條件。

> 情然而心為之擇，謂之慮。(〈正名〉)

> 能思索謂之能慮。(〈大略〉)

> 人之所以為人者，何已也？曰：以其有辨也。(〈非相〉)

「認知心」可以發揮作用，是因為有知慮思辨的能力，順著此義，則可以推出「心」具有主宰義。

（二）心的主宰義

心在荀子思想中具有主宰性，但絕不等於孟子的良知本心，心只是透過知、慮、擇的能力去認知事物的理，這裡仍是「知理」的認知心，而非「生理」的道德心。

> 心者，形之君也，而神明之主也。出令而無所受令；自禁也，自使
> 也，自奪也，自取也，自行也，自止也。故口可劫而使墨云，形可
> 劫而使詘申，心不可劫而使易意，是之則受，非之則辭。(〈解蔽〉)

> 心，道之工宰也。(〈正名〉)

> 心居中，虛以治五官，夫是之謂天君。(〈天論〉)

荀子用「君」字去定名「心」，就是因為心有主宰性，靠的是知慮擇的發用，雖不能「生理」，但卻能「受理」。「心」之為「君」，是「心」由「性」轉為「非性」的關鍵。天是自然義，君是主宰義，「心」是「形之君」、「神明之主」，所以只「出令」，而不「受令」。所謂「自禁、自使、自奪、自取、自行、自止」，都是說心的活動乃「由自」而「不由他」，而心能是其所是，非其所非，故能「是之則受，非之則辭」，都是強調心的主宰能力。

但是「知道」並不能保證行為的道德性，孟子的「道德心」，可以由心的四端擴充來使人為善，但荀子的為善，並不是由「認知心」擴充的。在論心的主宰性時，是指心對行為的決定性，大過其他官能，故心可以決定為善，也可以決定不善，也就是「有中理」，「有不中理」，要使心的認知能力可被信

賴，則需依靠外在的道，來規定認知的方向。〔註45〕

> 無師，吾安之禮之爲是也。……不是師法，而好自用，譬之是猶以
> 盲辨色，以聾辨聲也。(〈勸學〉)

> 無師，吾安之禮之爲是也。(〈修身〉)

> 夫人雖有性質美（指目明而耳聰等）而心辯知，必將從賢師而事之，
> 擇良友而友之。得賢師而事之，則所聞者堯舜禹湯之道也。(〈性惡〉)

徐復觀先生說：

> 心知並不是可靠的，而須要憑藉者道做標準的知，才是可靠。他所
> 謂道，是生於聖人或聖王；他之所謂心求道，並不是直憑自己的知
> 去求道，而是要靠外在的師法的力量。……他對於學，並不是從知
> 開始，而是從君、師、執（勢）等外在強制之力開始。〔註46〕

如此，則形成了先有客觀的道，才有「心」去認知道，進而「可道」、「守道」
的學之進路。

（三）心的蔽端與虛壹而靜的清明心

人之能夠「知道」、「可道」而「守道」，是靠心的作用，荀子說「心如槃
水」，必須保持水的清明，才能照現出理來。若「微風過之，湛濁動乎下，清
明亂於上，則不可以得大形之正也。」心如果不能保持它的清明，就會遭到
蒙蔽而產生成見，如此便不能認識理，不能辨是非，行爲也就容易流於邪僻。

> 凡人之患，蔽於一曲，而闇於大理。(〈解蔽〉)

因此人必須把成見破除，才能保持一顆大清明的心，沒有成見遮蔽，心便能
做爲生理活動、意志作用的主宰，成爲客觀的心，可以超越突破時空的障礙，
「坐於室而見四海，處於今而辨久遠」。那如何才能破除成見，荀子認爲須靠
虛壹而靜的修持工夫。

> 人何以知道？曰：心。心何以知？曰：虛壹而靜。(〈解蔽〉)

此工夫如何實踐，屬於荀子修養工夫的問題，此處暫不討論。

五、荀子學說中可能之價值根源

荀子思想中，天爲自然天，性爲惡，皆是被治的對象，心雖有認知道的

〔註45〕參見徐復觀：《中國人性論史》，頁242。
〔註46〕參見徐復觀：《中國人性論史》，頁246～247。

作用，卻不能保證行為之善，故賴以有外在客觀的禮義之道作為心認知時的標準，禮義之道生於聖人之偽，可是聖人之性與百姓同，那麼唯一能擔負荀子思想中的價值根源的大概只有「禮義之統」了。

綜合以上所述，人之所以能成聖成治的實踐根據主要分為以下幾項：

一、主觀依據——大清明的心。

二、客觀依據——禮義。

（一）禮義的根源在禮義之統。

（二）禮義之道生於聖人之偽。

荀子的「道」是禮義人為之道，前面已經說過心是知性主體，心要認知道，在主觀面上，必須保持心的清明狀態；在客觀面上，則必須依賴可以師法的禮義法度，而這是聖人所生。〔註47〕聖人如何能生，根據的即是「禮義之統」。

> 百王之道，後王是也。君子審後王之道，而論於百王之前，若端拱而議，推禮義之統，分是非之分，總天下之要，治海內之眾，若使一人。（〈不苟〉）

> 百王之無變，足以為道貫。一廢一起，應之以貫，理貫不亂。不知貫，不知應變。貫之大體未嘗亡也。（〈天論〉）

百王之道，應世而變，雖然變革損益，但其中有不變之理，禮義之道，之所以可以貫通古今，端賴禮義之統。故「夫道者，體常而盡變」（〈解蔽〉），又「舉統類以應之」（〈儒效〉），歷時百代而不衰的是文化傳統的常道，故「禮義之統」是「禮義之道」的根源。王邦雄先生說：

> 荀子一者言禮是人道之極，二者言聖人是人道之極，將客觀的禮義之道，與主觀的聖人之道，推上人道之極的高峰，「立隆以為極」，此極當該是統貫禮義之道的禮義之統，所謂「道德之極」，就是荀子思想的價值根源。

> 原來，荀子的價值根源，不在天，不在性，也不在心，而在歷史文化的大傳統。此一統貫文化傳統的貫之大體，是「未嘗亡也」的客觀實存，代代相傳，做為每一世代禮義之道的超越根據，它是「極」，是終極原理，是人道之極，不是天地之極，所以論荀子思想無根無

〔註47〕 《荀子・性惡》：「聖人積思慮，習偽故，以生禮義而起法度，然則禮義法度者，是生於聖人之偽，非故生於人之性也。」

　　本，實非的當之論。〔註48〕
我們不能否認，荀子思想中確實存在著價值無根的問題，一切的解釋都只是
在荀子的系統中，嘗試為其找到價值可以存在的原因，「禮義之統」或許是荀
子思想中可能的價值根源。

六、結　論

　　從孔孟到荀子，儒學精神轉向客觀化，儒學失去了價值根源是轉化的負
面義，但正面積極的作用也正是荀子被認為歧出的原因，荀子心、性、天均
受道家影響，卻發展出與道家反人為的極端主張，強調「化性起偽」。荀子的
「性惡論」或許不是荀子正面的主張，但經由「性惡」，卻表現出一種極為積
極的人生態度，這是荀子最精采的地方。荀子的價值根源在歷史，在文化傳
統，對解釋儒學的現代化其實很有利，要能從這樣的角度看荀子，才能不拘
泥於對天、性、心的執著，發現荀學的大用。

〔註48〕參見王邦雄：〈由老莊道家析論荀子的思想性格〉，《鵝湖學誌》，27 卷，2001
　　　　年 12 月，頁 33～34。